资助基金

国家社科基金重大专项
"社会主义核心价值观融入生态法治的基本路径和法律样态"
（19VHJ016）

教育部人文社会科学重点研究基地重大项目
"生态文明与环境法体系化发展"
（19JJD820003）

西安工程大学博士科研启动经费资助项目
（BS1621）

生态文明法治研究丛书

美国页岩气开发的法律调控及对我国的启示

万丽丽 ◎ 著

中国社会科学出版社

图书在版编目 (CIP) 数据

美国页岩气开发的法律调控及对我国的启示 / 万丽丽著. —北京：中国社会科学
出版社，2021. 3

（生态文明法治研究丛书）

ISBN 978-7-5203-7800-0

Ⅰ.①美…　Ⅱ.①万…　Ⅲ.①油页岩资源—油气田开发—能源法—研究—美国
②油页岩资源—油气田开发—能源法—研究—中国　Ⅳ.①D971.226②D922.674

中国版本图书馆 CIP 数据核字（2021）第 017652 号

出 版 人	赵剑英
责任编辑	梁剑琴
责任校对	周　昊
责任印制	郝美娜

出　　　版	中国社会科学出版社
社　　　址	北京鼓楼西大街甲 158 号
邮　　　编	100720
网　　　址	http：//www.csspw.cn
发 行 部	010-84083685
门 市 部	010-84029450
经　　　销	新华书店及其他书店

印刷装订	环球东方（北京）印务有限公司
版　　　次	2021 年 3 月第 1 版
印　　　次	2021 年 3 月第 1 次印刷

开　　　本	710×1000　1/16
印　　　张	13.5
插　　　页	2
字　　　数	231 千字
定　　　价	78.00 元

总　序

我国在 20 世纪 80 年代改革开放后，高强度的工业发展和建设使经济保持高速增长 40 多年，创造了人类经济史上的奇迹。西方资本主义社会早期经历过的对自然资源掠夺性开采和污染物随意排放等而导致的生态急剧退化、环境严重污染的弊端，也在我国重演。虽然同时，我国提出了环境保护的基本国策，赋予环境保护在国家治理中以基础性地位，极大提高了环境保护在国家事务中的分量，但远不足从总体上改变"以环境换发展"的发展格局。

到了 20 世纪 90 年代，我国提出可持续发展战略，党的十四届五中全会首次提出把实现可持续发展作为现代化建设的一个重大战略，开始将环境保护理念引入经济发展的决策之中，开始改变经济发展与环境保护分别决策、分别处置的隔阂状态。但是，环境保护还没有成为全社会的主流意识，不足以深刻地影响和约束人们的经济行为和生活行为。生态环境的进一步恶化以及与环境相关的高危害的食品卫生和公共安全事故的频发，大大抵消了改革开放带来的红利和福利。环境资源公共产品质量的恶化逐渐引发了环境资源公共福利丧失，社会群体利益冲突，人民福祉和幸福感减损等社会负面影响。

党的十七大报告首次鲜明提出了"生态文明建设"的新概念和新战略，把建设生态文明作为与中国特色社会主义的经济建设、政治建设、文化建设、社会建设相并行的五大目标之一。党的十八届一中全会报告指出，坚持节约资源和保护环境的基本国策，坚持节约优先、保护优先、自然恢复为主的方针，着力推进绿色发展、循环发展、低碳发展，形成节约资源和保护环境的空间格局、产业结构、生产方式、生活方式，从源头上扭转生态环境恶化趋势。报告还明确了今后一个时期推进生态文明建设的重点任务，即优化国土空间开发格局、全面促进资源节约、加大自然生态系统和环境保护力度、加强生态文明制度建设。党的十八届三中全会报告进一步指出，加快生态文明制度建设是我国全面深化改革的重大任务，强调建设生态文明，必须建立系统完整的生态文明制度体系，实行最严格的源头保护，完善环境治理和生态修复，用制度保护生态环境。随后，我国生态文明制度建设和体制创新紧锣密鼓地开展起来，领域聚焦于：健全自然资源资产产权制度和用途管制制度，健全国家自然资源资产管理体制，统一行使全民所有自然资源资产所有者职责；划定生态保护红线，建立生态环境损害责任终身追究制；实行资源有偿使用制度和生态补偿制度；改革生态环境保护管理体制。党的十八届四中全会通过的《关于全面推进依法治国若干重大问题的决定》，强调通过发挥法治的引领和规范作用来实现经济发展、政治清明、文化昌盛、社会公正、生态良好的国家治理目标。

新时代发展了习近平法治思想与生态文明建设的全新理念，即坚持人与自然和谐共生，坚持绿水青山就是金山银山，坚持良好生态环境是最普惠的民生福祉，坚持山水林田湖草是生命共同体，坚持用最严格制度、最严密法治保护生态环境，坚持共谋全球生态文明建设。这"六大原则"成为新时代中国可持续发展的基本原则，折射出我国生态环境理念和治理方式的深刻变革。它要求整个社会摒弃过去环境资源不友好、生态不文明的发展理念和发展方式，要求社会各主体（政府、企业和公众）实现行为方式的根本转变。而行为模式的改变往往比观念的改变更具艰巨性，行为的改变还必须借助制度来实现和巩固。在现代社会，制度的扬弃和创新必须紧紧围绕法治的架构、符合法治的精神和要求，法治是我国开展可持续发展和生态文明建设的基本路径。在习近平法治思想的指导下，从人类社会中心主义向人与自然和谐共生的社会主义生态文明法治转型，成为我国社会主义法治建设的一个重要内容。

当前，我国发展的需求仍很急迫，碳排放峰值尚未来临，环境状况恶化的总体趋势尚未得到根本遏制，环境问题仍然是人体健康、公共安全和社会稳定的一个实在的现实威胁。发展越是带来人民群众生活水平的提高，人民群众对良好生存和生活环境的追求就越强烈。由于我国环境法制还不健全，环境法缺乏刚性约束力，环境保护的"自律"和"他律"成效普遍不理想。生态文明制度建设的法治改革，将从反思经济主义、片面增长模式、科技功利主义等现实理性开始，再借政治文明和文化文明制度建设之历史契机，对现有环境资源管理制度开展整合与继承、批判与改革的扬弃，完善环境法制的实施功能和约束效力，创新和发展具有立法、执法、检察和司法合力效应的社会主义生态文明法治机制。

在大力弘扬习近平法治思想和生态文明思想的当下，生态文明法治研究无疑成为现代环境法学研究的核心课题。为此，北京航空航天大学环境资源法经济法中心启动了"生态文明法治研究丛书"的出版活动。"生态文明法治研究丛书"将是一个切磋、交流和展示我国生态文明法治建设的理论和制度创新的研究成果平台，欢迎志同道合的法学同仁贡献智慧和学识成果。

杜　群

"生态文明法治研究丛书"主编

北京航空航天大学环境资源法经济法中心主任

2020 年 11 月 27 日于北航如心楼

前　　言

　　页岩气是非常规天然气的一种，全球页岩气储量约为 456 万亿立方米，是常规天然气的两倍。然而由于其存在于岩层裂缝或空隙中，需要使用特殊手段开采。2003 年，美国米歇尔能源公司成功将水力压裂和水平钻井两项技术结合，使页岩气实现商业化开采，产量呈现井喷式增长。2009 年美国首次超越俄罗斯，成为世界第一大能源生产国，实现天然气自给，世界油气中心西移，北美成为新的中东，改变了世界地缘政治和能源格局，使美国在有望实现能源独立和能源安全的基础上，继续增强其在世界的影响力。

　　我国能源消费中煤炭占主导地位为 68%，石油天然气比重较低为24%。天然气 2010 年的消耗量为 1200 亿立方米，对外依存度为 47%，2017 年天然气消耗量达到 1900 亿立方米，2018 年天然气消费量达到 2050亿立方米，增长 7.3%，能源供需矛盾日益突出。我国页岩气资源的可采储量为 25 万亿立方米，居世界第一，2011 年国务院将页岩气列为独立矿种，相继出台多项政策鼓励页岩气发展，页岩气勘探开发取得初步进展，截至 2018 我国页岩气产量达 108 亿立方米，仅次于美国、加拿大，位居世界第三位，而目前我国页岩气发展仍然面临很多问题，包括市场机制不健全、管网设施不完善、不能有效解决环境污染问题、缺乏对相关权利主体的保护等。

　　美国作为页岩气开发的先驱，通过能源法律和环境保护法律调控制度，在实现页岩气高效开采的同时，最大限度地规避了页岩气开发的负效应，希望这些制度，成为我国的有益借鉴，实现我国页岩气开发经济效益、环境效益和社会效益的统一。

目　　录

绪论 ……………………………………………………………… (1)

　　一　研究背景与意义 …………………………………………… (1)

　　二　中外页岩气开发的研究现状 ……………………………… (3)

　　三　研究目标和研究方法 ……………………………………… (16)

　　四　逻辑框架和研究思路 ……………………………………… (17)

　　五　研究内容和重点、难点 …………………………………… (18)

第一章　页岩气概述和中美开发现状 ………………………… (23)

　第一节　页岩气概述和全球分布开发现状 …………………… (23)

　　一　页岩气范畴的界定和全球分布开发现状 ………………… (23)

　　二　页岩气的基本特征 ………………………………………… (26)

　　三　页岩气开发利用的积极影响 ……………………………… (32)

　第二节　美国页岩气开发概况 ………………………………… (34)

　　一　美国页岩气储量及分布 …………………………………… (35)

　　二　页岩气开发对美国的影响 ………………………………… (36)

　　三　美国对页岩气开发的扶植 ………………………………… (38)

　第三节　我国页岩气开发概况 ………………………………… (41)

　　一　我国能源消费结构及页岩气分布情况 …………………… (41)

　　二　我国页岩气开发现状 ……………………………………… (43)

　　三　我国页岩气开发的困境 …………………………………… (45)

　本章小结 ………………………………………………………… (47)

第二章　美国页岩气开发的政策立法 ………………………… (49)

　第一节　美国能源政策立法概述 ……………………………… (49)

　　一　美国能源政策的演变 ……………………………………… (49)

二　美国页岩气开发的能源立法 ……………………………… (53)

三　美国页岩气开发的能源政策立法分析 ……………… (56)

第二节　美国联邦页岩气开发的环境保护立法 ……………… (58)

一　水污染和空气污染防治的立法 ……………………… (59)

二　有关废弃物处置和预防泄漏的立法 ………………… (60)

三　其他相关立法 ………………………………………… (62)

第三节　各州页岩气开发的环境保护法律原则和法律法规 ……… (63)

一　各州页岩气开发的环境保护法律原则 ……………… (63)

二　各州页岩气开发的环境保护立法 …………………… (67)

本章小结 ………………………………………………………… (74)

第三章　美国页岩气开发的产权调整机制及对利益关联
　　　　方的保护 ……………………………………………… (75)

第一节　美国页岩气产权原则体系 …………………………… (75)

一　杜哈姆原则 …………………………………………… (77)

二　获取原则 ……………………………………………… (79)

三　非常规天然气对杜哈姆和获取原则的适用情况 ……… (80)

第二节　强制联营原则及对相邻权的保护 …………………… (84)

一　强制联营原则内容及立法 …………………………… (84)

二　强制联营原则对页岩气的适用 ……………………… (87)

三　对土地所有权人和当地居民相邻权的保护 ………… (88)

第三节　对当地生态环境的修复和补偿 ……………………… (90)

一　生态补偿制度的理论基础 …………………………… (91)

二　美国的生态补偿制度 ………………………………… (95)

第四节　对美国页岩气产权制度的分析 ……………………… (97)

一　美国页岩气产权制度形成的背景 …………………… (97)

二　论述美国页岩气产权制度的意义 …………………… (98)

本章小结 ………………………………………………………… (99)

第四章　美国页岩气开发的行政管制机制 …………………… (101)

第一节　美国页岩气开发的能源行政管制机制 ……………… (101)

一　联邦能源行政管制机制 ……………………………… (101)

二　地方能源行政管制机制 ……………………………… (103)

第二节　美国页岩气开发的环境行政管制机制 ……………… (104)

　　一　联邦页岩气开发的环境行政管制机制 ……………（105）

　　二　州页岩气开发的环境行政管制机制 …………………（107）

　　三　开采地政府的环境行政管制机制 ……………………（110）

　第三节　美国页岩气开发行政管制机制的分析 …………………（116）

　　一　美国的联邦制政治体制 ………………………………（116）

　　二　对美国能源行政管制机制的分析 ……………………（117）

　　三　对美国环境保护行政管制机制的分析 ………………（118）

　本章小结 ……………………………………………………（120）

第五章　美国页岩气开发的经济激励机制和社会监督机制 ………（121）

　第一节　能源经济激励机制——矿产资源税费制度 ……………（121）

　　一　矿产资源的税收理论 …………………………………（122）

　　二　美国非常规天然气税费优惠制度 ……………………（123）

　　三　美国适用于页岩气的矿产资源税费制度

　　　　（2012 年后）……………………………………………（125）

　第二节　环境保护经济激励机制——排放权交易 ………………（126）

　　一　排放权交易的理论框架和要素 ………………………（127）

　　二　美国排放权交易制度形成及主要内容 ………………（131）

　　三　排放权交易在页岩气开发中的应用 …………………（132）

　第三节　页岩气开发的社会监督机制 ……………………………（133）

　　一　公众参与的理论基础 …………………………………（133）

　　二　美国页岩气开发公众参与的实践 ……………………（137）

　本章小结 ……………………………………………………（140）

第六章　对我国页岩气开发法律调控的启示 ………………………（141）

　第一节　对我国立法体系的启示 …………………………………（141）

　　一　我国页岩气的产业发展政策及内容 …………………（141）

　　二　我国页岩气开发的立法体系 …………………………（143）

　　三　美国页岩气开发的立法对完善我国立法的启示 ……（145）

　第二节　对我国产权调整机制的启示 ……………………………（150）

　　一　我国页岩气产权制度及评价 …………………………（150）

　　二　我国对开采地生态环境的修复和补偿 ………………（152）

　　三　美国页岩气产权调整机制对我国的启示 ……………（154）

　第三节　美国页岩气开发的行政管制机制对我国的启示 ………（158）

　　一　我国页岩气开发的行政管制机制 ……………………（158）

　　二　我国行政管制机制的弊端及改善路径 ……………（161）

　　三　明确我国行政管理机构具体的职权划分 …………（163）

　第四节　美国页岩气开发的经济激励机制和社会监督机制对

　　　　　我国的启示 ……………………………………………（167）

　　一　美国矿产资源税费制度对我国的启示 ……………（167）

　　二　美国排放权交易制度对我国的启示 ………………（174）

　　三　美国社会监督制度对我国的启示 …………………（175）

本章小结 ………………………………………………………（177）

结语和后续的讨论 ……………………………………………（179）

　　一　结语 ………………………………………………………（179）

　　二　后续的讨论 ……………………………………………（183）

参考文献 ………………………………………………………（185）

后记 ……………………………………………………………（202）

绪　论

一　研究背景与意义

　　能源对于一个国家的战略格局具有举足轻重的作用，由于天然气排放的温室气体少于煤炭，因此被称为"清洁能源"，我国天然气资源储量有限，仅够 17 年的常规消费，[①] 与此同时，天然气的消费与日俱增，天然气缺口持续增大，天然气的生产和进口已经无法满足日益增长的能源需要，供求矛盾日益凸显。

　　页岩气是埋藏于页岩层或泥页岩中的天然气，属于非常规天然气的一种，美国作为页岩气产业发展的先行者，探索出较完善的开采经验，为此全球很多国家效仿美国，纷纷加入页岩气开发的大潮。我国从 2006 年开始发展页岩气，页岩气为我国能源供求矛盾的解决带来希望。全球页岩气资源储量丰富大约有 456 万亿立方米，是常规天然气储量的 2.5 倍，全球有 30 多个国家进行页岩气的开采，资源储量位居世界前五名的依次是中国、美国、阿根廷、墨西哥和南非。中国页岩气可采储量为 25 万亿立方米，其次是美国，可采储量为 18 万亿立方米。[②] 由于页岩气埋藏于岩层裂缝或空隙中，岩层渗透性差，因此需要使用特殊技术进行开采。20 世纪 80 年代，美国米歇尔能源公司加强对页岩气开采技术的研发，在 2003 年将水力压裂和水平钻井两项技术成功用于页岩气的开采，提高采收率，降低开采成本，使页岩气产量大幅增加，1990—2013 年，页岩气增长 450 倍，2009 年产量达到 6240 亿立方米，超越俄罗斯成为世界第一大天然气生产国，2011 年美国能源首次实现出口，预计页岩气储量能够为美国提

[①]　求实：《拉美：页岩气开发不断增长的力量》，《产业国与石油组织》2014 年第 3 期。

[②]　杜群、万丽丽：《美国页岩气能源资源开发的法律管制及对中国的启示》，《中国政法大学学报》2015 年第 6 期。

供 100 年的能源供应。① 随着美国页岩气的蓬勃发展，地缘政治格局也将随之改变，据预测北美将成为全球最重要的油气生产和进口国，美国将成为新的中东，北美在地缘政治中的重要性将得到提升，俄罗斯、委内瑞拉和中东的石油权力将大大削弱。此外页岩气开发促进了美国经济复苏，技术突破促使页岩气成本下降 85%，从而降低了化工、钢铁等产业的原料成本，有利于制造业的复兴，到 2020 年，页岩气将使美国国内生产总值额外增长 2%—3%，创造 270 万—360 万个工作岗位，同时减少对进口能源的依赖，实现能源独立，增强国家安全。②

  美国页岩气的成功开发，给我国提供了宝贵经验。自 2011 年国务院将页岩气列为独立矿种以来，我国出台多部页岩气产业发展政策，页岩气开采技术取得重大进展，同时开始大规模进行输气管网建设，加大对页岩气开发利用的政策补贴，2018 年页岩气产量达到 108 亿立方米，仅次于美国、加拿大，居世界第三位，到 2018 年年底页岩气开采量在江西、四川、重庆、河南四省实现了大幅增加，然而我国页岩气的发展还面临很多困境，包括水资源严重短缺、市场机制不健全、输气管网的第三方接入机制不完善以及页岩气开发带来的大气污染、水污染、土壤污染、水资源浪费、动植物种群威胁、损害工人健康和诱发地震，页岩气开发侵犯土地所有权人的利益等问题，而目前我国对页岩气发展的研究主要限于开采技术层面，对于页岩气开发的法律研究较少，对于上述问题，可以通过能源法律法规、能源行政管理、能源经济激励和社会监督以及页岩气开发的环境保护法律法规、环境保护行政管理、环境保护的经济激励和社会监督机制，页岩气产权制度的研究等法律调控加以解决。不容忽视的是，我国能源缺口问题日益严峻，作为页岩气储量大国，页岩气产业的成功发展，将有效解决能源供求不足的问题，因此本书希望通过加强页岩气开发的法律研究，规避负效应，充分发挥页岩气开发带来的多重正效应，对页岩气开发持谨慎态度，加强对页岩气开发法律调控的研究，将页岩气开采带来的负面影响降至最低。

---

① Michael Esposito, "Water Issues Set the Pace for Fracking Regulations and Global Shale Gas Extraction", *Tulane Journal of International and Comparative Law*, Vol. 22, 2013, p. 167.

② P. Tomain, Helen Ziegler, "The Law and Policy of Hydraulic Fracturing", *Case Western Reserve Law Review*, Vol. 63, 2013, p. 967.

二　中外页岩气开发的研究现状

由于页岩气是新兴能源，对于页岩气开发的法律研究相对较少，在中国知网、万方数据库、维普、北大法意、CALIS 学位论文数据库、Lexis、Springer、Heinonline 等数据库分别以页岩气、非常规天然气、新能源为关键词进行查找，从法律角度对页岩气进行研究的国内论文不足 60 篇，硕士论文 12 篇，外文论文 500 余篇。与页岩气发展相关的能源著作有肖乾刚教授和肖国兴教授主编的《能源法》，约瑟夫·P. 托梅因和理查德·D. 卡达希撰写的《美国能源法》，杜群教授等撰写的《能源政策与法律——国别和制度比较》，曹明德教授等翻译的由澳大利亚艾德里安·J. 布拉德布鲁克和美国理查德·L. 奥汀格主编的《能源法与可持续发展》，肖国兴教授和叶荣泗教授主编的《2008 中国能源法研究报告》，王文革教授等主编的《能源法》，张勇教授撰写的《能源资源法律制度研究》，金自宁教授撰写的《环境与能源法学》，张忠民教授撰写的《能源契约论》，张剑虹副教授主编的《中国能源法律体系研究》，于文轩教授撰写的《石油天然气法研究》，刘超教授撰写的《页岩气开发法律制度研究》等。

（一）有关能源法基本制度和立法的研究

1. 对中国能源法律的研究

能源法基本制度的研究。肖乾刚教授在《能源法》中对能源法的基本制度进行了深入研究，包括[①]：能源市场供给制度、能源政府规制制度、能源资源环境制度、能源技术创新制度和能源法律责任制度。王文革教授在《能源法》中，提出能源宏观管理制度，能源环境与绿色能源制度，鉴于能源战略储备的重要性，因此应通过能源环境与绿色能源制度鼓励新能源和可再生能源的发展，并通过财政税收政策、开展绿色能源示范建设和新能源配额制度，实现新能源和可再生能源的快速发展。[②] 张勇教授在《能源立法中生态环境保护的制度建构》中，将能源发展与生态环境保护结合起来，主张除制定能源基本法之外，应制定石油天然气单行法，强调在单行法中完善石油天然气开采的清洁生产制度、环境风险评价制度和税费制度等，

[①] 肖乾刚：《能源法》，法律出版社 1996 年版，第 80—92 页。
[②] 王文革、莫神星主编：《能源法》，法律出版社 2014 年版，第 156—167 页。

将能源发展与生态环境保护和应对气候变化有机结合起来。① 这些学者论述的能源市场供给制度、能源政府规制制度、能源资源环境制度、能源宏观管理制度、税费制度等，为本书的制度研究做出铺垫。

能源政策和立法的研究。杜群教授在《能源政策与法律——国别和制度比较中》，介绍了我国的能源政策立法，将改革开放后的能源战略分为两个阶段，以《中国 21 世纪议程》为分界点，1994 年之前是开发与节约并举阶段，1994 年之后秉承可持续发展战略，制定了一系列文件，包括《中国能源中长期发展规划》《中国能源状况与政策》《能源发展"十三五"规划》《中国能源政策 2012 白皮书》。随后介绍了能源立法体系，以《能源法（2007 征求意见稿）》为核心，包括石油天然气、电力、煤炭、可再生能源和原子能立法在内，其中在石油天然气立法部分对国家所有权、石油矿业权、石油环境保护、管道保护、油气价格监管、油气安全生产等内容进行了介绍。② 这些内容对于本书介绍我国页岩气的立法研究，提供了参考。

能源行政监管体制的研究。于文轩教授在《石油天然气法研究》中，介绍了石油天然气的监管体制，我国石油天然气中央一级的监管部门为国家能源局，呈现出多头管理、职能不清、监管缺失等问题；随后介绍了加拿大的联邦、省级和联邦与省级之间合作的监管体制，联邦的主要监管部门是加拿大自然资源部、能源政策局和能源技术与计划局以及国家能源委员会，省级监管部门是阿尔博省能源监管局；日本的能源监管部门为资源能源厅、石油天然气与金属矿产资源机构，通过对这些国家监管机构及权限的介绍，提出对我国的借鉴。③

能源市场法律监管的研究。王明远教授在《我国天然气输配管网经营准入制度》一文中指出：应该对天然气输配管网进行专门立法，现行专项法律包括《石油天然气管道安全保护条例》和《城市燃气管理办法》，这两部法律的立法缺陷在于，法律体系和立法内容不完整，政策与立法内容存在明显的矛盾冲突，不能有效发挥市场机制的调节作用，对行

---

① 张勇：《能源立法中生态环境保护的制度建构》，上海人民出版社 2013 年版，第 5—17、256—260 页。

② 杜群等：《能源政策与法律——国别和制度比较》，武汉大学出版社 2014 年版，第 210—220 页。

③ 于文轩：《石油天然气法研究》，中国政法大学出版社 2014 年版，第 111—146 页。

政机构的监管权限划分不明确等，在这部法律中应该确定天然气中下游传输的政策目标，明确监管原则，明确监管机构的组织体系和监管权限，详细规定管网经营准入制度，对天然气中游跨省长距离运输、存储及下游配套设施和安全管理做出规定。① 张勇教授在《能源资源法律制度研究》提出我国应该建立天然气第三方管网接入机制，管网接入由管网运营行政机关监管，管网运营公司定期向管理部门报告其收费标准，收费标准事前需经过专门机构批准，管网运营行政管理部门在对各公司的收费标准进行综合评估的基础上，对价格进行行政指导。② 张忠民教授对能源契约进行了研究，能源契约包括能源开发、能源加工、能源储存和运输、能源供应、能源贸易以及能源规制契约。③ 这些内容为本书的市场调节机制和输气管网公平准入机制的建立提供了借鉴。

划定新能源的范畴，将环境与能源结合研究。金自宁教授在《环境与能源法学》中，将环境与能源问题结合起来，即在环境保护法中对能源产业的发展问题给予格外关注，也在能源法中增加环境保护法的内容，以促进能源法的生态化，主张建立环境能源法律体系，制定环境能源规划许可制度、标准制度、环境影响评价制度和行政契约制度等。④ 李艳芳教授在《新能源与可再生能源法律与政策研究》中，对新能源做出界定，将页岩气划分在新能源的范畴中，并对新能源的产业规划、市场规制、政策补贴和能源配额法律制度做出介绍。⑤ 学者的这些研究，对页岩气的范畴做出了界定，将页岩气列为清洁能源的范围，然后又将环境与能源问题结合起来，强调在能源领域进行环境保护的重要性，成为本书的写作初衷之一。

石油天然气立法的研究。孟雁北教授在《中国〈石油天然气法〉立法的理论研究与制度构建》中，提出由于我国石油天然气产业的管理体制、市场准入制度存在不足，石油天然气供应存在隐忧，现行的石油天然气的专项立法层次较低，建议制定石油天然气单行法，并将环境保护作为

---

① 参见肖国兴、叶荣泗主编《2008 中国能源法研究报告》，法律出版社 2009 年版，第 178—183 页。

② 张勇：《能源资源法律制度研究》，中国时代经济出版社 2008 年版，第 91 页。

③ 张忠民：《能源契约论》，中国社会科学出版社 2013 年版，第 51 页。

④ 金自宁、薛亮：《环境与能源法学》，科学出版社 2014 年版，第 16—22 页。

⑤ 李艳芳：《新能源与可再生能源法律与政策研究》，经济科学出版社 2015 年版，第 127—251 页。

这部法律的重要内容，完善油气资源开采的污染防治。① 杨解君教授在《变革中的中国能源法制》中，对石油天然气法制进行介绍，列举了适用石油天然气的两部法律和十几部行政法规，通过分析阐述，建议制定专项立法。② 何楠在《我国海洋石油天然气管道保护立法研究》中，介绍了《石油天然气管道保护法》，包括适用范围、管理体制、管道企业的义务、管道规划与建设、管道运行中的保护等③。这些文献对于分析我国页岩气产权立法完善的内容具有启发作用。

2. 对外国能源法律的研究

能源经济学的研究。约瑟夫·P. 托梅因等在《美国能源法》一书中，对能源经济学做出介绍，主要向初学者介绍能源经济学的初步知识，该著作对于市场运行的需求、供应、供需平衡、成本和边际收入、需求的价格弹性5要素以及市场失效的9要素进行分析，为本书研究市场监管模式，奠定了初步的经济学基础。④

能源政策研究。胡德胜教授在《美国能源法律与政策》中，将美国的能源政策分为三个时期：自由市场主导期、散碎政策时期和统一能源政策时期，其划分依据是政府和市场在不同时期发挥的主导作用。⑤ 赵庆寺在《美国能源法律政策与能源安全》中，也对美国能源政策进行介绍，将能源政策分为松散的尼克松政府、福特政府和卡特政府时期，综合能源管制的布什、克林顿、小布什和奥巴马时期，其间分别出台了《能源重组法》《1978国家能源法》《能源政策和节约法》《2005能源政策法》等，能源政策逐渐向有利于应对气候变化和能源安全的方向演进。⑥ 本书在介绍美国能源政策演变中介绍了这些文献内容。

能源立法研究。张剑虹教授梳理了美国能源立法包括：单一法案《2003年能源税收激励法案》，综合性法案《1978年国家能源法案》

---

① 孟雁北：《中国〈石油天然气法〉立法的理论研究与制度构建》，法律出版社2012年版，第210—213页。

② 杨解君：《变革中的中国能源法制》，中国出版集团2013年版，第111—113页。

③ 何楠：《我国海洋石油天然气管道保护立法问题研究》，硕士学位论文，华北电力大学（北京），2010年，第46页。

④ 参见［美］约瑟夫·P. 托梅因、理查德·D. 卡达希《美国能源法》，万少廷译，法律出版社2008年版，第1—26页。

⑤ 胡德胜：《美国能源法律与政策》，郑州大学出版社2010年版，第57—73页。

⑥ 赵庆寺：《美国能源法律政策与能源安全》，北京大学出版社2012年版，第124—148页。

《1980 年能源安全法案》；专门法案包括开发地热能、风能、太阳能、海洋能、生物质能等立法；配套法案是与能源发展密切相关的立法：第一类为电力规制法案《联邦电力法》和《1999 全面电力竞争法案》；第二类是节能和能效法案《1975 能源政策和节约法案》《1976 能源节约和生产法案》《1978 国家节能政策法》《1989 可再生能源和能效技术竞争力法案》；第三类是环境保护法案《清洁空气法》《清洁空气法 1977 修正案》和《清洁空气法 1990 修正案》。[1] 杨敏在《我国页岩气开发管理法律制度研究》中，介绍了美国能源开发管理的立法体系，包括规范市场价格的法律：《1938 天然气法案》《1978 天然气政策法》和《1989 天然气井口价格解除管制法》。税收优惠法律有：《1978 天然气政策法》《1980 原油暴利税法》和《1992 能源法》。鼓励技术创新的立法有：《1977 国家能源计划》成立"天然气研究、开发和示范项目"，鼓励加大对非常规天然气的研究。[2]

有关能源权属的研究。杜群教授在各国能源资源权属制度比较中将能源资源所有权分为两种类型：以美国为代表的土地所有制体系，即土地所有权人拥有地下矿产资源的所有权；以澳大利亚为代表的土地所有权与能源资源权属相分离的法律制度，即能源所有权独立于土地所有权的制度，土地所有权人并不当然成为矿产资源所有权人。[3] 潘皞宁教授在《我国矿产资源产权及权益分配制度研究》中将世界能源权属的类型分为土地所有制体系、特许权体系和要求权体系。美国属于土地所有制体系，我国属于特许权体系。[4] 王威在《中国页岩气资源开发管理的法律制度研究》中提出，美国的矿产资源分属于联邦、州和私人所有。矿产资源开发者可通过购买或租赁两种方式，获得矿业权。租赁主要是指优先租借，即探矿权人在完成矿产资源勘查之后，享有筹措资金和提高开采技术的缓冲时间，以达到开采矿产资源的条件。购买主要是获得矿产资源的所有权。[5] 这些

---

[1]　张剑虹：《中国能源法律体系研究》，知识产权出版社 2012 年版，第 14—16 页。

[2]　杨敏：《我国页岩气开发管理法律制度研究》，硕士学位论文，中国政法大学，2012 年。

[3]　杜群等：《能源政策与法律——国别和制度比较》，武汉大学出版社 2014 年版，第 243—248 页。

[4]　潘皞宁：《我国矿产资源产权及权益分配制度研究》，法律出版社 2014 年版，第 132—133 页。

[5]　王威：《中国页岩气资源开发管理的法律制度研究》，博士学位论文，中国地质大学，2012 年。

关于权属制度的介绍为本书的页岩气产权研究奠定了基础。

　　能源管理体制的分析。王曦在《美国环境法概论》中，介绍了联邦环境行政监管机构，包括联邦环保局、国家环境质量委员会、联邦农业部、联邦能源监管委员会等，并介绍了这些机构的监管职责和法律权限。① 杜群教授提出各国能源管理体制大致分为四种模式：部级能源机构进行集中管理的模式；部级能源部门分类管理模式；部级下属能源部门集中管理模式；部属能源部门分类管理模式；我国采用的就是第三种管理模式，美国是部级机构集中进行管理的模式。② 卫德佳教授在《石油天然气法律制度研究》中，将国外石油监管分为两种类型：独立监管模式和非独立监管模式，我国属于非独立的监管模式。③ 本书在介绍页岩气环境行政管制机制中，对美国联邦的环境行政管理则是以这些文献为基础展开的。

　　（二）有关页岩气开发的法律研究现状

　　国内外关于页岩气开发的研究内容主要包括页岩气基本概念、页岩气的储量分布、页岩气的开采历史等关于页岩气基本认知的内容，页岩气开采的环境污染介绍；波兰页岩气权属制度的研究；美国页岩气开发利用税费制度、美国页岩气的管理制度，页岩气能源利用效率，页岩气开发中关于规范市场价格、鼓励技术创新的立法，联邦水污染防治的立法，页岩气能源开发的税费改革方向，美国页岩气的联邦管理体制，提高能源利用效率。我国适用的页岩气开发的国内立法，页岩气开发的法律制度，页岩气开发的水污染防治，我国关于页岩气开发的利弊因素等。本书借鉴了这些内容中的关于页岩气基本认知、页岩气开采的环境污染介绍、美国联邦管理体制、美国联邦水污染防治的立法、美国页岩气开发管理的法律制度、美国页岩气开发利用税费制度等，并加以创新和拓展。

　　1. 对国外页岩气开发的研究

　　页岩气基本认知的研究。首先对于页岩气概念的界定：Michael Esposito 等将页岩气界定为以游离或吸附状态存在于页岩空隙或裂缝中的天然气，属于非常规天然气。国际能源署对全球页岩气资源储量进行了评估，全球页岩气资源储量是常规天然气的 2 倍，大约有 456 万亿立方米，中国位居第

---

① 王曦：《美国环境法概论》，武汉大学出版社 1992 年版，第 208—211 页。
② 杜群等：《能源政策与法律——国别和制度比较》，武汉大学出版社 2014 年版，第 258—248 页。
③ 卫德佳：《石油天然气法律制度研究》，石油工业出版社 2010 年版，第 112—114 页。

一，可采储量为 25 万亿立方米，美国排名第二为 18 万亿立方米。① 其次对美国页岩气开采历史的研究，Joseph P. Tomain 提出美国作为开发页岩气最早的国家，1821 年美国使用泡沫压裂和垂直钻井技术在纽约州的弗里多尼亚开采出第一口页岩气井，到 2003 年，米歇尔能源公司成功将水力压裂和水平钻井技术结合，实现页岩气的商业化开采，页岩气产业蓬勃发展起来。② 最后，Thomas W. Merrillt③、Kulander、Christopher S. ④、Sullivan Mary Anne⑤ 对美国页岩气开发的政府支持政策做出阐述，包括技术支持、税收减免、管理豁免和政策鼓励等，这些政策和措施鼓励民营企业投入页岩气的开采，降低页岩气的开发成本。

　　页岩气发展对环境负面影响的研究。刘超教授在《页岩气开发中法律制度研究》中提出，页岩气燃烧排放的温室气体远远小于煤炭，因此被称为清洁能源，是化石能源过渡到可再生能源的桥梁能源，然而由于水力压裂技术的使用，给环境带来一系列负面影响。⑥ 此外，Bernard D. Goldstein⑦、Michael Goldman⑧、Beren Argetsinger ⑨等对页岩气开发的环境污染和生态破坏进行介绍，包括水资源浪费，页岩气开采需要使用水力压裂技术，水力压裂是将压裂液以高压注入水平井，使岩层破裂，从而使页岩气从岩层裂缝中流出，每个水平井要进行 8—9 次水力压裂，大量消耗水资源。水力压裂使用的压裂液含有多种的化学添加剂，其中含有大

---

① Michael Esposito, "Water Issues Set the Pace for Fracking Regulations and Global Shale Gas Extraction", *Tulane Journal of International and Comparative Law*, Vol. 22, 2013, p. 167.

② Joseph P. Tomain, Helen Ziegler, "Shale Gas and Clean Energy Policy", Case Western Reserve Law Review, Vol. 63, 2013, p. 1190.

③ Thomas W. Merrill, "Four Questions about Fracking", *Case Western Reserve Law Review*, Vol. 63, 2013, pp. 976-990.

④ Kulander Christopher S., "Shale Oil and Gas State Regulatory Issues and Trends", *Case Western Reserve Law Review*, Vol. 63, 2013, p. 1132.

⑤ Sullivan Mary Anne, "Voluntary Plans Will not Cut Greenhouse Gas Emissions in the Electricity Sector2002", *Sustainable Development Law and Policy*, Vol. 6, 2013, p. 64.

⑥ 刘超：《页岩气开发中法律制度研究》，法律出版社 2019 年版，第 10—11 页。

⑦ Bernard D. Goldstein, "Challenges of Unconventional shale Gas Derlopment：so What's the Rush?", Notre Dame Journal of Low, Etheics and Public Polily, Vol. 27, 2013, p. 5.

⑧ Michael Goldman, "Drilling into Hydraulic Fracturing and Shale Gas Development：a Texas and Federal Environmental Perspective", *Texas Wesleyan Law Review*, Vol. 19, 2012, p. 185.

⑨ Beren Argetsinger, "The Marcellus Shale：Bridge to a Clean Energy Future or Bridge to Nowhere? Environmental, Energy and Climate Policy Considerations for Shale Gas Development in New York State", *Pace Environmental*, *Law Review*, Vol. 29, 2011, p. 331.

量毒性物质，容易造成含水层污染；此外水力压裂完成后，大概有 10%—70%的压裂废水回流到地表，这些压裂废水中含有芳香烃、重金属等毒性物质，回流到地表后，对地表水环境带来威胁，美国因为页岩气的开采，使水污染事件频发。

关于页岩气权属制度的介绍。刘超教授介绍了波兰页岩气权属及法律监管制度，[①] 波兰页岩气资源所有权属于国家，国家保留对页岩气监管、勘探开发和利用的控制权，页岩气的所有权与管理权的监管部门是波兰环境保护、自然资源和森林部，行使对页岩气的探矿权和采矿权的许可。此外，美国宾夕法尼亚州[②]、俄亥俄州等高等法院做出了关于美国矿产资源的近 10 个案件的判决。此外，Joshua P. Fershee[③] 和 Kenneth W. Costello [④] 和 Elizabeth Burlesont[⑤] 等对美国矿产资源开发过程中对相邻权的保护进行研究，包括对土地的利用、使用设备的时间、道路的维护以及生态补偿制度等。

美国页岩气开发利用税费政策制度。康玮在其硕士学位论文中，介绍了美国页岩气资源税费制度并提出我国页岩气资源税费改革的方向。[⑥] 维托·斯泰格利埃诺介绍了美国政策立法，提出页岩气发展享受的优惠政策，《能源意外获利法》等立法为鼓励非常规能源的发展，对其实行"先征后返"的政策，即先按照税收法律的规定对非常规能源开采进行征税，然后再根据税收优惠政策给予返还或补贴，非常规能源开采者以此获得的补贴和税收优惠比上缴的税款多，因此极大地提高了企业开发非常规能源的积极性。[⑦]《2005 能源政策法案》是一部综合性的能源法案，为能源节

---

① 刘超：《我国页岩气开发管理的法律制度需求——以波兰页岩气开发管理制度为镜鉴》，《社会科学研究》2015 年第 2 期。

② Dunham and Short V. Kirkpatrick, Supreme Court of Pennsylvania, 1881, https：//w3. Lexis. com/research2 delivery/working/download. do? pageEstimate = 9&jobId = 2827% 3A542044280& deliveryStateRef = 0_ 207305917 4 & _ md5 = 58153ccc18e270ec8ec5bca88bd68467, 2014 年 6 月 20 日访问。

③ Joshua P. Fershee, "The Oil and Gas Evolution：Learning from the Hydraulic Fracturing Experiences in North Dako ta and West Virginia", *Texas Wesleyan Law Review*, Vol. 19, 2012, p. 27.

④ Kenneth W. Costello, "Exploiting the Abundance of U. S. Shale Gas：Overcoming Obastacles to Fuel Switching and Expanding the Gas Distribution System", *Energy Law Journal*, Vol. 34, 2013, pp. 548-550.

⑤ Elizabeth Burlesont, "Climate Change and Natural Gas Dynamic Governance", *Case Western Reserve Law Review*, Vol. 63, 2013, pp. 1221-1223.

⑥ 康玮：《页岩气资源税费制度研究》，硕士学位论文，中国地质大学，2012 年。

⑦ ［美］维托·斯泰格利埃诺：《美国能源政策：历史、过程与博弈》，郑世高译，石油工业出版社 2008 年版，第 76 页。

约和提高能源利用效率规定指标和达标时间表，鼓励企业利用可再生能源和非常规能源，将页岩气确定为具有战略意义的国内资源。《2005 能源税收激励法》为鼓励和促进新能源的运用，对页岩气等非常规能源提供多项税收优惠和政策鼓励，包括发行可再生能源债券，对节能商业建筑提供税收减免，对新型燃料机动车实行税收折抵等。《2005 能源税收激励法》的立法目的是通过能源的高效利用，减少对常规能源的依赖，限制碳排放。该法案对页岩气在美国的发展奠定了良好基础，本书通过对美国页岩气开采税费制度的借鉴，提出我国税费改革方案，如征收页岩气资源税，减免资源补偿费、企业所得税和开采税等。

联邦和各州页岩气开发的环境保护立法。以 Minott Joseph、Skinner、Jonathan①，John R. Nolont、Steven E. Gavinl②，Jennifer Hayes③ 为代表，对美国联邦和各州的页岩气开发的环境保护立法进行研究。包括大气污染、水污染、噪声防治、生态系统保护、水资源的高效利用，涉及联邦以及德克萨斯州、宾夕法尼亚州、纽约州、俄克拉荷马州、密歇根州、北达科他州、怀俄明州和西弗吉尼亚州等钻井的全过程监管。

管理体制研究。敖晓文教授在《美国三大体系为页岩气开发护航》中对美国页岩气开采的联邦监管体制做出介绍。联邦页岩气开发的能源主管部门是能源部以及隶属于能源部的能源监管委员会，协同管理部门包括以下机构：土地管理局、林务局、财政部、卫生部、运输部等，分别负责财税优惠政策的制定，工人健康的保护，管网传输的监管；联邦环保局负责联邦环境法律监管的主要部门，负责环境法律法规的执行。④ Sheila Olmstead、Nathan Richardso ⑤，John R. Nolont、Steven E. Gavinl⑥ 等介绍了联邦和各州承担页岩气开采的环境监管权限。

————————————

①　Minott Joseph, Skinner Jonathan, "Fugitive Emissions: the Marcellus Shale and the Clean Air Act", Natural Resources and Environment, Vol. 26, 2012, p. 45.

②　John R. Nolont, Steven E. Gavinl, "Hydrofracking: State Preemption, Local Power and Cooperative Governance", Case Western Reserve Law Review, Vol. 63, 2013, pp. 1009-1032.

③　Jennifer Hayes, "Protecting Pennsylvania's Three Rivers' Water Resources from Shale Gas Development Impacts", *Duke Environmental Law and Policy Forum*, Vol. 22, 2012, pp. 393-402.

④　敖晓文：《美国三大体系为页岩气开发护航》，《中国石油报》2014 年 6 月 3 日第 6 版。

⑤　Sheila Olmstead, Nathan Richardso, "Managing the Rish of shale Gas Development using Innovative Legal and Regulatory Approaches" Environental Law Polily Review, Vol. 177, 2014-2015, p. 127.

⑥　John R. Nolont, Steven E. Gavinl, "Hydrofracking: State Preemption, Local Power and Cooperative Governance", Case Western Reserve Law Review, Vol. 63, 2013, pp. 1013-1020.

此外，有些学者建议改进页岩气的能源利用效率，到 2025 年通过改进家庭、商业、学习、政府和工业的页岩气使用效率，使能源效率增加 50%，通过成本—效益原则，降低碳排放，以低成本获得较高的环境收益，减少实现气候政策目标的资金投入。[1]

制度包括环境影响评价制度和信息公开制度，监控规制型制度包括环境保护许可证制度和环境标准制度，救济保障型制度包括财政调控制度和生态补偿制度。[2]

页岩气开发的水资源保护。罗牧云在《页岩气开发中的水资源保护法律研究》中，对我国页岩气开发水资源保护立法进行梳理，分析出立法缺少对以下内容的规定，包括公布页岩气开发信息，对地下水和饮用水的保护明确做出法律界定，水资源分配制度单一，流域管理不完善、水资源规划制度不完善等。[3]

我国页岩气开发的利弊分析。刘龙在《页岩气开发利用管理研究》中，对中国开发利用页岩气的有利和制约因素进行分析，有利因素包括中国页岩气储量丰富、政府高度重视、有美国的成功经验可供借鉴，制约因素包括理论基础薄弱，实践支撑不足，勘探开发关键技术尚未突破，基础设施建设滞后，环境保护形势严峻等。[4]

（三）其他相关的学术研究

关于矿产资源产权制度的研究。潘皞宁教授在《我国矿产资源产权及权益分配制度研究》中，对我国矿产资源产权进行了界定，并介绍我国矿产资源产权制度的现状、不足和改进方式。[5] 郗伟明教授在《矿业权法律制度研究》中，对矿产资源产权和矿业权做出区分，并介绍了我国矿业权制度的演进历史，矿业权权能、矿业权规制的路径和保障机制。[6]李晓燕在《矿产资源法律制度的物权化》中，将我国与英国、德国、日

---

① Joshua P. Fershee, "The Oil and Gas Evolution: Learning from the Hydraulic Fracturing Experiences in North Dakota and West Virginia", *Texas Wesleyan Law Review*, Vol. 19, 2012, pp. 25-30.

② 朱炳成：《我国页岩气开发利用环境保护法律问题研究》，硕士学位论文，中国政法大学，2015 年。

③ 罗牧云：《页岩气开发中的水资源保护法律研究》，硕士学位论文，北京理工大学，2015 年。

④ 刘龙：《页岩气开发利用管理研究》，硕士学位论文，长安大学，2014 年。

⑤ 潘皞宁：《我国矿产资源产权及权益分配制度研究》，法律出版社 2014 年版，第 160—200 页。

⑥ 郗伟明：《矿业权法律规制研究》，法律出版社 2012 年版，第 130—232 页。

本等国的矿产资源物权进行了比较，并将矿产资源所有权的归属模式分为地下权与地表权相统一的模式，地下权与地表权相分离的模式，地下权与地表权有限统一的模式。① 房绍坤教授在《矿业权法律制度研究》中，介绍了矿业权用地制度、出让制度、转让制度、评估制度、税费制度和整合制度。② 廖欣在《我国矿产资源保护法律制度完善路径分析》中提出，应进一步区分矿业权的物权属性和行政许可裁量属性，规范政府部门的行政许可职责和矿业主体行使民事权利的范围。③

关于页岩气经济激励机制的研究。赵爽介绍了欧盟排放权交易的成功经验，欧盟通过一系列指令，建立完备的碳排放交易制度，包括较成熟的配套监测系统，实行国家配额计划制度，积极推荐碳排放交易与其他贸易制度的衔接，这些制度有利于我国以配额为基础的碳排放交易制度的构建。④ 史玉成教授等在《排污权交易法律制度研究》⑤ 中，分析了排污权初始分配制度、排污权交易合同制度、排污权交易模式与运行机制、排污权公众参与制度、排污权市场参与制度等。王小龙在《我国排污权交易市场建设研究》中，介绍了排污权交易的理论基础——外部性理论、公地悲剧、产权理论与科斯定理。⑥ 王清军教授在《排污权初始分配的法律调控》中，介绍了排污权交易的立法和实践，对各省市排污权交易的法律法规进行梳理，并重点列举了山西太原和浙江嘉兴等地的排污实践。⑦ 沈满红教授等在《排污权交易机制研究中》介绍了美国和欧盟的排污权交易立法及实践，包括美国《清洁空气法》关于二氧化硫排污权交易的规定以及欧盟的 2003/87/EC 指令中对于二氧化碳和甲烷排放交易的规定，并提出对我国的排放权交易的完善。⑧ 王军山等在《论我国油气资源开发利用生态税费制度》中提出，加大对非常规油气等资源的税收优惠

①　李晓燕：《矿产资源法律制度的物权》，中国社会科学出版社 2014 年版，第 111—130 页。

②　房绍坤：《矿业权法律制度研究》，中国法制出版社 2013 年版，第 138—209 页。

③　廖欣：《我国矿产资源保护法律制度完善路径分析》，《学术论坛》2018 年第 1 期。

④　赵爽：《能源变革与法律制度创新研究》，厦门大学出版社 2012 年版，第 234—240 页。

⑤　史玉成、蒋春华：《排污权交易法律制度研究》，法律出版社 2008 年版，第 99—200 页。

⑥　王小龙：《我国排污权交易市场建设研究》，《中国经贸导刊》2010 年第 6 期。

⑦　王清军：《排污权初始分配的法律调控》，中国社会科学出版社 2011 年版，第 211—223 页。

⑧　沈满洪等：《排污权交易机制研究》，中国环境科学出版社 2009 年版，第 194—198 页。

力度，对利用页岩气废气实行减免税。① Jennifer Hayes 等对美国矿产资源税费制度进行研究，将美国的矿产资源税费分为红利、权利金、矿业权租金等，美国的矿产资源税收制度体现了国家所有者权益（在联邦土地上开采矿产资源），提高了资源开采效率，防止了收入不公。②

生态补偿制度的研究。杜群教授在《生态保护法论——综合生态管理和生态补偿法律研究》中介绍了生态补偿理论基础的综合生态管理制度，以及我国和外国生态补偿的实践及立法。③ 宋蕾教授在《矿产资源开发的生态补偿研究》中，对矿产资源开发保证金做了介绍，将保证金分为一次性保证金和阶段性保证金，保证金的类别包括不可撤销信用证、履约保证、信托基金，并列举了山西、浙江和安徽矿产资源开发的生态补偿案例。④ 王莹等在《基于演化博弈的矿产资源生态补偿机制研究》中分析了政府、企业和居民三方主体在矿产资源开发过程中的利益均衡关系，采用多元化、以市场为导向的生态补偿机制，实现生态补偿的最优结构。⑤ 郭恒哲教授在《矿产资源生态补偿法律制度研究》中，对国外生态补偿进行考察，包括德国的水资源生态补偿制度、美国的生态公益林补偿制度和日本、韩国的土地征用补偿制度。⑥ 徐田伟教授在《矿产资源生态补偿机制初探》中介绍了国外生态补偿的 4 种类型，包括直接公共补偿、限额交易计划、私人直接补偿和生态产品认证计划，多样化的生态补偿方式保证了补偿资金的来源，有利于补偿的实现。⑦

公众参与制度的研究。朱谦教授在《环境公共利益的宪法确认及其路径选择》中提出公众环境保护参与权是一组权利的集合，即公众拥有的获取环境信息、参与和监督环境保护的权利。⑧ 李卫华教授在《公众参与对行政法的挑战和影响》中，分析了公众参与对行政程序制度的挑战，

① 王军山等：《论我国油气资源开发利用生态税费制度》，《新疆大学学报》（哲学人文社会科学版）2018 年第 3 期。

② Jennifer Hayes et al, "Protecting Pennsylvania's Three Rivers' Water Resources from Shale Gas Development Impacts", *Duke Environmental Law and Policy Forum*, Vol. 22, 2012, pp. 390-402.

③ 杜群：《生态保护法论——综合生态管理和生态补偿法律研究》，武汉大学出版社 2012 年版，第 303—400 页。

④ 宋蕾：《矿产资源开发的生态补偿研究》，中国经济出版社 2012 年版，第 101—160 页。

⑤ 王莹等：《基于演化博弈的矿产资源生态补偿机制研究》，《环境科学与技术》2019 年第 6 期。

⑥ 郭恒哲：《矿产资源生态补偿法律制度研究》，硕士学位论文，中国地质大学，2008 年。

⑦ 徐田伟：《矿产资源生态补偿机制初探》，《环境保护与循环经济》2009 年第 4 期。

⑧ 朱谦：《环境公共利益的宪法确认及其路径选择》，《中州学刊》2019 年第 8 期。

即公众参与为行政主体附加了告知义务和听证义务。[①] 卡罗尔·帕特曼在
《参与和民主理论》中，对精英主义的核心民主理论进行批判，认为真正
的民主应体现为所有公民直接充分地参与公众事务的民主。[②] 埃里克·诺
德林格在《民主国家的自主性》中提到民主国家与社会意愿的关系存在
分歧，而最终是国家意愿上升为公众政策，因此公众参与能够改变这种结
果。[③] 卓光俊教授在《环境保护中的公众参与研究》中，对美国、日本、
加拿大和欧盟的公众参与进行介绍，美国《国家环境政策法》中首次提
出公众参与，在《应急计划和社区知情法》中规定了公民的知情权，日
本在《环境基本法》中对公众参与做出规定，在《水污染防治法》中确
定了环境公益诉讼制度，并对私人污染防治协议做出规定。加拿大 1999
年修订了《环境保护法》，对知情权、调查请求权和环境诉讼权做出规
定。[④] Morgan Michael、Check Mary Jo.[⑤]，Susan D. Daggett[⑥] 等对美国公众
参与进行介绍，美国的公众参与形式多样，对能源开发和环境保护领域关
于产业生产和政府监管的全过程监督，增强了权力行使的透明度，发挥了
当地民众自主管理地方事务的积极性。

（四）整体评价和反思

国内外学者关于页岩气开发法律制度的研究，主要集中于能源开发的
法律制度、能源开发的监管体制，能源开发的市场制度等，而对于页岩气
能源领域的研究主要集中于对页岩气的基本认知，美国页岩气联邦立法、
页岩气税费等，在能源开发的整体研究方面已经较完善，而对页岩气开发
的法律研究处于初步介绍阶段。而我国页岩气开发的问题主要有环境污
染、水资源短缺、市场垄断、管网传输的第三方准入机制不健全，因此应
该通过立法、经济、行政管制和社会监督等多重措施和手段，加强页岩气

---

① 李卫华：《公众参与对行政法的挑战和影响》，上海人民出版社 2014 年版，第 74 页。

② ［美］卡罗尔·帕特曼：《参与和民主理论》，陈尧译，上海人民出版社 2006 年版，第
20 页。

③ ［美］埃里克·诺德林格：《民主国家的自主性》，孙荣飞译，凤凰出版传媒集团 2010 年
版，第 110 页。

④ 卓光俊：《环境保护中的公众参与研究》，知识产权出版社 2017 年版，第 72—73 页。

⑤ Morgan Michael, Check Mary Jo., "Local Regulation of Mineral Extraction in Colorado", *Colorado Lawyer*, Vol. 22, 1993, pp. 51-52.

⑥ Susan D. Daggett, "NGOs as Law Makers, Watchdogs, Whistle - blowers, and Private Attorneys General", *Colorado Journal of International Environmental Law and Policy*, Vol. 13, 1984, p. 99.

开发的法律调控，而目前这方面的研究还存在一定的空白。因此本书在借鉴专家学者对能源及环境行政管制机制、矿产资源产权、能源开发及环境保护的经济激励、公众参与及生态补偿的基础上，通过系统介绍美国页岩气开发的法律调控，提出适用于我国页岩气开发的法律调控制度。

三　研究目标和研究方法

（一）研究目标

系统阐述美国页岩气开发的政策立法、产权调整机制、行政管制机制、经济激励机制和社会监督机制，分析我国页岩气开发法律调控的现状，提出健全我国页岩气开发的立法体系、产权制度，完善页岩气开发的行政管制、经济激励和社会监督机制，以解决我国页岩气开发的环境污染、水资源短缺、市场机制不健全等问题，为我国页岩气产业的发展提出对策建议。

（二）研究方法

本书采用比较研究方法、政策分析方法、法条阐释方法、判例分析方法、文献资料方法等。

比较研究方法。在研究美国页岩气开发的立法体系，产权制度，联邦、州和地方的能源行政管理体制和环境保护行政管制机制，排放权交易制度及公众参与制度时，结合中国的现状，进行比较分析。

政策分析方法。本书在第二章介绍美国页岩气的政策立法时，分析了从尼克松到奥巴马时期的能源政策及能源战略演进，阐述页岩气产业发展的政策原因，在第六章对我国的启示中，对我国的页岩气产业政策进行了分析介绍。

法律条文阐释方法。本书在阐述中美两国的法律调控时，涉及美国联邦和州以及我国国家和地方的法律法规，对这些法规的介绍，即采用法律条文阐释方法。

判例分析方法。美国作为判例法国家，研究美国页岩气开发的法律调控，必然要对美国的判例进行分析，本书在页岩气产权形成脉络中梳理了产权确定的全部经典判例，分析强制联营原则和州与地方管辖权限的划分也是通过判例的梳理完成的。

文献资料方法。通过多渠道搜集、翻译、整理美国和中国的相关文献资料，进行总结、分析、比较。

四　逻辑框架和研究思路

（一）逻辑框架

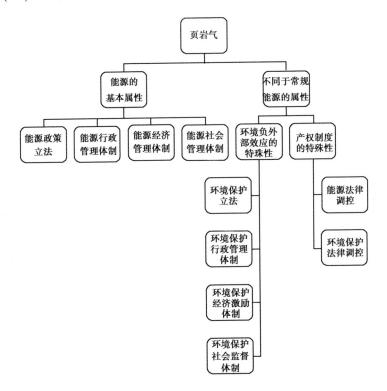

图 0-1　逻辑框架

（二）研究思路

　　法律调控包括法律制定、行政管制、经济激励和社会监督四种手段。页岩气具有两大基本属性，首先它属于能源，其次具有不同于常规能源的基本属性。因此对美国页岩气开发的法律调控就是围绕这两个基本属性展开的。作为能源，受能源法律调控的约束，因此对适用于页岩气的美国能源政策立法、能源行政管制机制、能源经济激励机制和能源社会监督机制进行介绍。此外页岩气具有不同于常规能源的基本属性，即因为埋藏地理位置的特殊性，需要使用水力压裂和水平钻井技术开采，特殊的开采技术就使美国对页岩气产权制度适用于不同于常规天然气的产权分配原则，以及产生不同于常规天然气的负外部环境影响。因此基于其作为非常规天然气的特点，首先对美国页岩气产权制度的特殊性进行介绍，产权制度既适用能源法律的调控又适用环境保护法律的调控，产权制度明确了页岩气所有权的资源权属，产权制度中颁布的强制联营原则的目的是保证油气资源的成片开采，提高资源开采效率，遏制获取原则带来的竞相开采和无序开采的现象，同时强制联营原则中对于土地所有权人股份分红的规定，保护了土地所有权人的权益，从这点看是能源法律调控的内容，另外产权制度还包括相邻权和当地生态环境的修复和补偿，从这个角度看，又是环境保护法律调控的内容。其次美国对于页岩气开发环境污染的法律调控是通过环境保护立法、环境保护行政管制机制、环境保护经济激励机制和环境保护社会监督机制等实现的。在论述完美国页岩气开发的法律调控手段之后，介绍我国页岩气开发法律调控的现状，分析我国适用于页岩气开发的能源政策立法、适用于页岩气开发的能源行政管制机制、适用于页岩气开发的能源经济激励机制、适用于页岩气开发的能源社会监督机制、页岩气产权调整机制、适用于页岩气开发的环境保护立法、适用于页岩气开发的环境行政管制机制、适用于页岩气开发环境保护的经济激励机制、适用于页岩气开发环境保护的社会监督机制等。最后提出我国页岩气开发法律调控的启示。

五　研究内容和重点、难点

(一) 研究创新点

由于页岩气是新兴能源，国内对于页岩气的法律研究较少，国内外学者关于页岩气开发法律制度的研究，主要集中对能源开发的法律制度、能源开发的监管体制，能源开发的市场制度等内容，对页岩气开发的法律研究处于初步介绍阶段。我国页岩气开发的问题主要有环境污染、水资源短缺、市场垄断、技术不完善、管网传输的第三方准入机制不健全等，本书对页岩气开发从能源法和环境法两个视角进行研究，提出通过立法、产权调整机制、经济激励、行政管制和社会监督等多重措施和手段，加强页岩气开发的法律调控，弥补页岩气开发法律调控中的一些空白。

现有能源比较法成果认为美国页岩气所有权适用矿产资源所有权制度，认为矿产资源产权类型归结为三大体系，并对这些所有类型进行比较，形成较完备的所有权理论。本书在对美国判例法和大量原文文献研究的基础上，对产权制度进行历史考察和研究发现，页岩气的产权认定与传统矿产资源的权属认定完全不同，美国通过一系列判例和成文法树立了美国的页岩气所有权及经营权的法律原则。美国石油天然气的所有权认定适用杜哈姆原则，即不适用一般矿产资源所有权确认依从土地所有权确认的天空原则。石油天然气作为非固体矿产资源，遵行获取原则确定所有权归属。获取原则主张原土地所有人原则上拥有位于土地之下的石油天然气资源，但在他实际控制这些石油天然气之前，不能排除相邻土地所有权人获取这些石油天然气的权利。由于页岩气需要使用水力压裂和水平钻井两种技术，由于技术限制，可能造成对他人土层的破坏和页岩气的大量不当开采，因此页岩气所有权对获取原则做了变通适用。在充分考虑页岩气的物理特性、页岩气矿产分布的相邻关系及其开发利用的经济效率、环境外部性管制等因素后，美国石油天然气开发经营实行强制联营原则。美国的这些页岩气产权法律原则为所有权主体、相邻权主体和资源开发经营主体的利益提供较有效的法律保护，美国的这些造法思维和成文法经验对完善我国页岩气所有权和经营权体系、健全我国页岩气的经济管理体制和环境保护管理体制有着积极的参考意义。

此外，美国在页岩气环境监管中，联邦对水污染、空气污染和挥发性有机物排放的防治，废弃物的处置，地方物种的保护以及应急处置进行了全方位立法，各州对于页岩气监管的法律及对策，包括钻井前、钻井中和钻井后的全程监管，对我国页岩气开采地政府的环境监管提供了借鉴。在页岩气开发的能源行政管制机制中，各州的判例和立法是州和地方政府行政权限划分的法律依据，表明美国页岩气产业发展的行政监管特点是地方政府承担主要的环境监管职责。在经济激励机制中，美国排放权交易制度在页岩气领域进行了初步探索，包括氮氧化物和挥发性有机物的排放权交易。

美国页岩气开发的法律调控手段，规避了页岩气开发的负效应，最大限度上发挥了正效应，在发挥经济效益的同时，实现对环境和生态的保护，这些成为我国页岩气开发的有益借鉴。

（二）研究内容

全书共分为三个部分：

第一部分为页岩气开发的基本认知，为全书第一章。首先要对页岩气的范畴进行界定，根据《能源百科全书》对能源的定义和分类，① 以及《页岩气发展"十二五"规划》对页岩气的定义，页岩气属于非常规能源，即页岩气具有能源属性的同时，又有不同于常规能源的特点。本书所指的页岩气，是页岩气能源资源，而不是页岩气能源产品。接下来介绍页岩气的全球储量、分布和开发现状，随后介绍页岩气开发的影响，主要包括改变地缘政治、改善能源结构和加强管网等基础设施的建设等。其次介绍美国页岩气产业发展概况，即美国页岩气的储量和各州发展状况，页岩气革命对美国的影响，以及美国页岩气产业成功发展的原因，包括市场主体多元化、政府的资金支持和信息共享，以及税收减免和管理豁免等。最后介绍我国页岩气开发的现状与问题，包括我国的能源消费结构及页岩气储量情况，页岩气的勘探开发现状、技术、基础设施、市场发展和环境保护现状。

第二部分是全书的第二、三、四、五章，第二章介绍美国页岩气开发的政策立法，首先介绍美国能源政策演变和能源立法，美国一直奉行的能源独立政策以及完备的能源立法为页岩气的发展奠定了基础，接下来介绍美国页岩气开发的环境保护立法，包括联邦与各州的相关立法。第三章介绍美国对页岩气产权分配原则与常规天然气的产权分配原则不完全相同，美国的矿产资源产权制度是经过一系列的判例和立法发展起来的，形成了完备的产权制度，页岩气产业发展起来后，这些产权制度没有理所当然地适用于页岩气，而是通过一些判例确定了其产权原则，并通过生态补偿制度和强制联营原则解决相邻权问题。我国的页岩气产权制度和美国的完全不同，但美国强制联营原则、对页岩气开采效率的规定以及通过相邻权和生态补偿对利益关联方保护的产权调整机制，可以为我国提供借鉴。第四章介绍美国联邦、各州和地方政府的能源行政和环境保护的管制机制、机构和职责划分，由于美国联邦制的政治体制，美国的能源行政监管权主要由各州承担，联邦只承担地方无力监管的事项。而对于美国页岩气开发的环境行政管理体制而言，开采地政府承担更多的环境监管权限，联邦只承担法律明确规定的事项，因为开采地负责噪声防治、水污染监管、道路维护、信息披露的监督等事项，有联邦和州政府无法比拟的优势，因此其权限划分主要是根据事权原则，与联邦制的政治体制关联不大。我国与美国

① 中国大百科全书出版社编辑部：《能源百科全书》，中国大百科全书出版社1997年版，第1页。

有截然不同的政治体制，介绍美国能源管制机制的目的，主要是学习美国能源行政管理权责分明、各部门协调配合的管理模式，弥补我国页岩气能源行政管制机制的不足，美国页岩气环境管理权限的划分，可以为我国所借鉴。第五章介绍了经济激励机制和社会监督机制，页岩气开发的经济激励机制包括排放权交易和矿产资源税收，其中矿产资源税收的作用主要在于提高矿产资源的开采效率，遏制采富弃贫和浪费开采的不良开采行为，体现国家的所有者权益和实现收入公平。虽然矿产资源税收中也有环境税的内容，但总体上属于能源领域的经济激励机制，而排放权交易主要是鼓励企业减少污染物的浪费，防治环境污染，主要属于环境保护的经济激励机制。对于排放权交易而言，美国目前已经将开采页岩气排放的氮氧化物和挥发性有机物纳入监管范围，并在页岩气开采区域进行氮氧化物排放权交易的有益尝试。我国目前已经进行了包括二氧化硫和二氧化碳在内的排污权交易的实践，在此基础上继续完善现有的排放权交易，将有利于减少空气污染物的排放。美国目前已经取消了对页岩气开采的税收减免，并通过权利金、红利、矿业权地租和环境影响税等方式将绝对地租、级差地租和环境税得以体现，我国对页岩气的税收减免持续到2021年，2021年之后将适用矿产资源税收体系，然而我国目前的税收制度较混乱，改革现有不足，是体现国家所有者权益、平衡收入不公和减少环境破坏的税收目的得以实现的必由之路。页岩气开发的社会监督机制主要是公众参与制度，社会监督是页岩气能源开发的一种行之有效的法律调控手段，美国页岩气开发公众参与机制的完备主要体现在参与程序和参与形式上，本书将以德克萨斯州为例进行介绍。

第三部分是对我国的启示，首先对我国的政策立法、产权制度、行政管制机制、经济激励机制和社会监督机制进行介绍，然后结合美国产权制度和政治体制的社会背景，提出对我国的启示，以解决我国页岩气开发面临的问题。

(三) 研究重点、难点

产权包括财产所有权以及附着于所有权之上的权利束，与页岩气开采相关的产权包括页岩气所有权、土地所有权以及相邻权。我国页岩气所有权的一元体系与土地所有权二元体系的矛盾，导致对集体土地所有权人权利的侵犯，借鉴美国的强制联营原则，赋予集体土地所有权人独立的民事主体地位，是解决这一矛盾的有效途径。

美国矿产资源所有权适用天空原则，然而石油天然气等被排除在矿产资源的范畴之外，油气资源为何被排除在矿产资源范畴之外？对石油天然气产权的确定适用何种原则？本书通过介绍一系列判例立法，阐述页岩气产权原则的确定过程，这种谨慎严密的造法思维，值得为我国借鉴。

分析美国联邦制政体对美国能源行政管制机制的影响，美国能源行政管理的现状，以及美国能源行政管制机制的可借鉴之处。

通过外部性理论、科斯定理、排放权交易理论等确定排放权交易的理论逻辑框架，表明市场是除行政管制之外，鼓励页岩气开采企业减少污染物排放的有效手段之一；地租包括绝对地租、级差地租和垄断地租，将地租理论适用于页岩气开采领域，表明对其征收矿产资源税费的必要性，矿产资源税费应包括体现矿产资源所有者绝对地租的权利金，矿业权人因级差收益而缴纳的红利和矿业权租金，以及包括环境税在内的非所有者权益的税收。地租理论也是我国矿产资源税收的征收依据之一，而矿产资源补偿费和矿产资源税的设置彼此重复，主次颠倒，因此有必要改革现有税费制度，待 2021 年后矿产资源税收适用于页岩气产业时，能够成为提高页岩气开采效率，避免浪费开采的有效手段。

通过论述参与和民主理论、公共资源治理理论和人民赋权理论，表明公众参与页岩气开发的必要性，美国页岩气公众参与在这些理论的指引下，建立了独具特色的公众参与形式，为各国页岩气开采的社会监督提供了宝贵经验。

第一章

页岩气概述和中美开发现状

美国作为页岩气开发的先驱，在发展页岩气产业的同时，提升了美国的能源安全，减少了能源对外依存度，由此掀起了全球页岩气产业发展的热潮，欧洲、北美洲、亚洲、拉丁美洲、非洲的一些国家，纷纷进行页岩气储量评估及勘探开发工作。我国作为全球页岩气资源储量最丰富的国家，对页岩气产业的发展进行了有益尝试，本章对页岩气的概念和基本特点以及中美两国的勘探开发情况进行介绍，是引入后文页岩气开发法律调控的基础内容。

第一节　页岩气概述和全球分布开发现状

一　页岩气范畴的界定和全球分布开发现状

（一）页岩气范畴的界定

能源是指"可以直接或经转换提供人类所需要的光热、动力等任一形式能量的载能体资源，包括煤炭、石油、天然气、太阳能和风能等"[1]。可见天然气属于能源的范畴，天然气又包括常规天然气和非常规天然气，非常规天然气是指尚未充分认识，还没有可借鉴的成熟技术和经验进行开发的一类天然气资源，主要包括致密气、煤层气（页岩气、瓦斯、可燃冰）等。

此外根据《页岩气发展"十二五"规划》，页岩气是"赋存于有机制泥页岩及其夹层中，以游离或吸附状态为主要存在方式的非常规天然气，

---

[1]　中国大百科全书出版社编辑部：《能源百科全书》，中国大百科全书出版社1997年版，第1页。

成分以甲烷为主，是一种清洁高效的能源资源"。通过对这些概念分析，可以看出页岩气属于非常规天然气，非常规天然气属于天然气的一种，天然气又包含在能源的范围内，因此页岩气属于能源的范畴。

鉴于页岩气属于能源，因此页岩气首先具有能源的属性，其次由于页岩气的埋藏位置的特殊性，它又具备不同于常规天然气的特点，本书对页岩气开发的研究则是围绕着页岩气作为能源的基本属性以及作为非常规天然气的独特属性这两个特点展开。

能源又包括能源资源和能源产品，能源资源是指未经过劳动过滤的赋存于自然状态下的能源，能源产品是指经过劳动过滤并符合人类需要的能源，[①] 本书要解决的是对赋存于天然状态下的页岩气的合理勘探开发的法律调控问题，因此本书所称的页岩气主要是指页岩气能源资源（简称为"页岩气"）而不是页岩气能源产品。

（二）页岩气的全球分布概况

2011 年根据国际能源署调查显示，全球页岩气储量约为 456 万亿立方米，是煤层气和致密气储量的总和，占非常规天然气储量的 50%，是世界常规天然气的 2.5 倍。从全球分布来看，北美洲储量最多为 54.69 万亿立方米，居世界第一，亚洲拥有 50.55 万亿立方米，位居第二，非洲拥有 29.51 万亿立方米，欧洲拥有 18.1 万亿立方米，分别位居第三和第四，其他地区则拥有 34.7 万亿立方米。从各国探明情况来看，我国页岩气可采储量为 25 万亿立方米，位居全球第一；美国的可采储量仅次于我国，排名第二，为 23.16 万亿立方米；位居前五名的其他国家分别是阿根廷、墨西哥和南非。[②]

（三）页岩气的全球开发现状

除美国外，世界很多国家在探明页岩气储量的基础上，进行了先期的勘探开发工作，并得出支持或暂缓页岩气发展的结论。

欧洲。俄罗斯的页岩气储量为 8.07 万亿立方米，2010 年着手开发页岩气，预计到 2017 年页岩气将实现大规模开采。[③] 波兰的页岩气储量为

---

① 张剑虹：《中国能源法律体系研究》，知识产权出版社 2012 年版，第 4 页。

② 杜群、万丽丽：《美国页岩气能源资源开发的法律管制及对中国的启示》，《中国政法大学学报》2015 年第 6 期。

③ 何滔、郭周明：《中国天然气供需趋势及进口策略研究》，《经济研究参考》2014 年第 8 期。

5.3万亿立方米，可为波兰提供300年的能源供应，2012年以来波兰先后发放了100个页岩气勘探许可证，环境保护问题是波兰目前面临的主要挑战。乌克兰是欧洲页岩气产业的领跑者，乌克兰页岩气储量为1.2万亿立方米，由于地质条件较好以及完善的输气管网系统，预计到2020年将实现天然气自给。① 英国页岩气的可采储量为0.78万亿立方米，然而由于环保问题，2010年英国决定暂停使用水力压裂技术开采页岩气，2012年12月英国政府重新批准水力压裂的使用，② 2018年5月决定简化页岩气规划应用的监管流程，以促进页岩气产业的发展，预计英国页岩气在两年内实现商业化开采，并已经批准Cuadrilla能源公司进行首个水平页岩气井的开采。③ 西班牙、保加利亚、罗马尼亚禁止使用水力压裂技术开采页岩气。④

北美洲。美国是现今世界上页岩气发展最快、开采最成熟的国家。继美国之后，成功实现页岩气商业化开采的北美洲国家是加拿大，加拿大的页岩气储量是16万亿立方米，是世界上第二个对页岩气进行商业化开采的国家，加拿大与美国处于同一地质板块，页岩气主要分布在西部盆地和东部地区，美国开采页岩气的技术和经验可以直接为加拿大所用，水力压裂和水平钻井技术已经在加拿大得到推广和利用，2011—2018年页岩气产量增速达50%，艾伯特省、不列颠哥伦比亚省、魁北克省和新不伦瑞克省都进行了页岩气勘探开发。⑤

亚洲及大洋洲。亚洲页岩气储量位居全球第二，中国、印度和印度尼西亚已经进行页岩气资源调查和勘探开采工作。印度是第一个发现页岩气的亚洲国家，资源储量可满足印度29年的能源供应，然而由于基础设施落后、技术不完备以及水资源短缺等问题尚未解决，印度页岩气产业发展缓慢。⑥ 印度尼西亚页岩气储量为30万亿立方米，2012年开始陆续启动4个页岩气开采项目，但受地理条件和地质结构限制，开采成本是美国的4

---

① 范世涛等：《世界能源格局四大趋势》，《经济研究参考》2013年第3期。
② 胡彦：《页岩气对俄欧天然气贸易的影响》，硕士学位论文，华东师范大学，2013年。
③ 舟丹：《全球页岩气开发动向》，《中外能源》2019年第1期。
④ 钱伯章：《世界天然气开发利用对乙烯产业的影响》，《经济分析》2011年第10期。
⑤ 顾场：《我国页岩气产业的现状和对策研究》，《产业经济》2018年第4期。
⑥ 樊志刚等：《页岩气革命与全球能源市场大变局》，《上海证券报》2012年6月22日第9版。

倍，预计从 2018 年开始进行商业化开发。① 澳大利亚的页岩气储量为 30 多万亿立方米，位居世界第四，由于页岩气储层位于偏远地区，澳大利亚页岩气开采的基础设施建设成本将是美国的两倍。②

拉丁美洲。拉丁美洲页岩气储量最丰富的国家是阿根廷，储量为 24 万亿立方米，目前已经掌握水力压裂和水平钻井两项技术，预计到 2020 年，页岩气产量占天然气产量的 50%。③ 墨西哥的页岩气储量为 24 万亿立方米，位居世界第四，能满足墨西哥近 100 年的能源需求，然而由于能源改革不彻底以及缺少关键技术支撑，页岩气开采工作进展缓慢，目前尚未成功开采出页岩气生产井。④

非洲。南非页岩气储量为 12 万亿立方米，2018 年 5 月南非正式宣布南非政府正在加快南卡罗来纳州主卡鲁盆地勘探页岩气，南非计划加快完成勘探权申请并促进相关行政司法案的推进，最大限度地提高产量并重塑该国的能源经济，同时强调了页岩气在南非经济稳定中的重要性。南非页岩气的发展将进一步推动天然气成为全球能源供应的主要组成部分⑤。

二　页岩气的基本特征

页岩气作为非常规天然气的一种，与常规天然气的最主要区别在于其储存在页岩或泥岩中的岩层裂缝或空隙中，导致页岩气需要使用特殊技术和手段开采，即水力压裂和水平钻井技术，水力压裂和水平钻井技术的使用，又为页岩气的开采带来与传统油气资源不同的环境负外部影响及不同的所有权认定方式。本书研究的是页岩气开发的法律调控，法律调控包括政策立法、行政管制、经济激励和社会监督四种手段，页岩气属于能源的范畴，因此受能源开发的政策立法、能源开发的行政管制机制、能源开发的经济激励机制和能源开发的社会监督机制的制约；而页岩气埋藏位置的特殊性，因此需要使用特殊技术开采，这就导致页岩气有不同于常规能源的基本特征，即所有权确定的特殊性（美国）和产生的环境负外部效应的特殊性。

① 邹才能等：《中国非常规油气资源开发与理论技术进展》，《地质学报》2015 年第 6 期。
② 赵宏图：《世界页岩气开发现状及影响》，《现代国际关系》2011 年第 12 期。
③ 张抗、谭云冬：《世界页岩气资源潜力和开采现状及中国页岩气发展前景》，《当代石油石化》2009 年第 3 期。
④ 钱伯章：《世界天然气开发利用对乙烯产业的影响》，《经济分析》2011 年第 10 期。
⑤ 舟丹：《全球页岩气开发新动向》，《石油化工应用》2019 年第 1 期。

（一）开采技术特殊

由于页岩气埋藏地理结构的特殊性，必须使用水力压裂和水平钻井两种技术开采。水平钻井是指先垂直向下钻井，然后逐渐转变钻井方向为水平，整个钻井影像呈"L"型。水平钻井有很多益处，管道可以打孔的距离更长，产出率更大，因此开采商从一个井场同时钻多口井，节省大量成本。[1] 水力压裂技术是在水平钻井之后使用，将混合沙子、水和各种化学物质的压裂液注入井口，以巨大压力将压裂液注入地下，使页岩层破裂，天然气从这些裂缝流入水平井，最后到达地表。[2] 美国通过水平钻井和水力压裂两项技术，大大降低了页岩气开采成本。

水力压裂和水平钻井技术的发展可追溯于19世纪初期，[3] 1821年美国在纽约州的弗里多尼亚钻出第一口商业性页岩气井，但由于采用的泡沫压裂和垂直钻井技术成本高、产出率低，能源公司转而把精力投入到石油钻井的生产，较少关注页岩气的发展，导致近百年期间，钻井技术进展缓慢。20世纪30年代美国发明水平钻井，使钻井技术取得巨大进步。水平钻井技术有利于提高开采效率，但当时的水平钻井技术尚未应用于页岩气领域，主要进行石油开采。20世纪80年代以后，页岩气开采技术获得关键突破，水力压裂技术在法国问世，但法国未将水力压裂技术用于页岩气开采。1991年美国发明定向钻井技术，定向钻井的优点在于能够确定钻井路线和最终方向，解决传统钻井路线难以控制的问题。5年后微地震波压裂成像技术问世，使开采者对地下储层的观测从二维走向三维，增加了钻井的精准率，并实现了大范围定点观测。1998年美国米歇尔能源公司成功将水平钻井技术应用于页岩气开采。[4] 2003年该公司首次使用水力压裂技术开采马萨勒斯页岩层，将开发成本降低了85%，彻底解决了页岩气规模化开采的技术难题，米歇尔能源公司成为美国页岩气产业的鼻祖。

---

[1] Kalyani Robbinst, "Awakening the Slumbering Giant: How Horizontal Drilling Technology Brought the Endangered Species Act to Bear on Hydraulic Fracturing", *Case Western Reserve Law Review*, Vol. 63, 2013, p. 1145.

[2] Emily A. Collins, "Permitting Shale Gas Development", *Journal of Land Use and Environmental Law*, Vol. 29, 2013, p. 120.

[3] Saeah K. Adair, Brooks Rainy Pearson, "Considering Shale Gas Extraction in North Carolina: Lessons from other States", *Duke Environmental Law and Policy Forum*, Vol. 22, 2012, pp. 260-279.

[4] 杜群、万丽丽：《美国页岩气能源资源开发的法律管制及对中国的启示》，《中国政法大学学报》2015年第6期。

2007 年美国开始使用集成钻井，提高开采率，增加作业安全性。从此美国页岩气开采走上快速发展轨道，美国页岩气产量从 1990 年的 56 亿立方英尺增加到 2013 年 2.5 万亿立方英尺，据美国能源信息署公布的数据，美国页岩气产量占天然气产量的 20%，预计到 2035 年美国页岩气产量将占天然气总产量的 50%。2008—2009 年仅宾夕法尼亚州的水力压裂井就增长了 4 倍，页岩气的发展减少了美国对外国能源的依赖，提升了国家安全。此外，页岩气价格低至每立方英尺 3 美元，是其他能源价格的一半。① 这些页岩气开采技术使得美国页岩气产量出现井喷式增长，很多国家纷纷效仿美国，发展页岩气产业。

表 1-1　　　　　　　　　页岩气技术发展历史

年份	技术
19 世纪早期	泡沫压裂、垂直钻井
20 世纪 30 年代	水平钻井问世
1980—1990 年	水力压裂技术问世
1991 年	定向钻井技术
1996 年	微地震波压裂成像技术
1998 年	水平钻井技术应用于页岩气
2003 年	水力压裂技术应用于页岩气
2007 年	多井场和集群钻井

（二）页岩气产权制度的特殊性

由于页岩气开采使用水力压裂和水平钻井技术，美国对于页岩气产权（主要是指所有权）的分配，与常规油气资源的所有权分配原则不一致。

对于美国而言，根据 19 世纪 70 年代确定的杜哈姆原则②，将石油天然气排除出矿产资源的范畴，因此石油天然气的所有权不适用矿产资源所

---

① Joseph P. Tomain, Helen Ziegler, "Shale Gas and Clean Energy Policy", *Case Western Reserve Law Review*, Vol. 63, 2013, p. 1205.

② Dunham and Short V. Kirkpatrick, Supreme Court of Pennsylvania, 1881, https：// w3. Lexis. com /research2delivery/working/download. do? pageEstimate = 9&jobId = 2827% 3A542044280& deliveryStat eRef = 0_ 20730 -59174&_ md5 = 58153ccc18e270ec8ec5bca88bd68467.

有权的天空原则①，对于石油、天然气而言，其所有权的分配适用获取原则，获取原则是指由于石油天然气的流动特性可能超出土地所有权的界限，因此在所有权理论上应该与其他固态矿产资源相区别，即原土地所有人原则上拥有位于其土地之下的石油天然气资源，但在其实际控制石油天然气之前，不能排除相邻土地所有权人获取原土地所有权人土地之下石油天然气的权利，如果相邻土地所有权人在自己土地上钻井，开采出属于原土地所有权人土地之下的石油天然气，或实际控制这些油气资源，则原土地所有权人丧失对石油天然气的所有权，相邻土地所有权人获得油气资源所有权。② 然而由于埋藏位置和开采技术的差异，美国对于非常规天然气的所有权适用原则，做出重大修改。根据 20 世纪 70 年代美国钢铁公司对霍格案的判决，③ 煤层气所有权的归属，不适用常规油气资源的获取原则，而是将煤层气纳入矿产资源的范畴，根据天空原则分配煤层气的所有权。到 2013 年，宾夕法尼亚州的巴特勒诉查尔斯电力公司案件，④ 经过初审法院、宾夕法尼亚州高等法院和州最高法院的判决，将页岩气排除在矿产资源的范畴外，对于所有权原则的适用可参照获取原则。在 2007 德克萨斯州沿海石油天然气公司与盖尔斯的案件中，由于水平钻井技术发展到多井场和集群钻井之后，德克萨斯州沿海石油天然气公司，对于水力压裂和水平钻井的控制能力有限，对相邻土地所有权人的土地利用带来限制和对他人土地之下页岩气不当抽取，因此开采到的部分页岩气不适用获取原则，不属于德克萨斯州沿海石油天然气公司，⑤ 成为获取原则的变通适用

———————————

　　①　天空原则指土地所有权人拥有土地之上的天空、土地及土地之下的底土直至地心的所有权，除非对所有权进行分割，否则所有权人自由享有土地之上及土地之下的一切权利。Theresa D. Poindexter, "Correlative Rights Doctrine, not the Rule of Capture, Provides Correct Analysis for Resolving Hydraulic Fracturing Cases", *Environmental Energy and Resources Law Review*, Vol. 17, 2008, pp. 159-162.

　　②　Daniel J. SoederS , "Water Resources and Natural Gas Production from the Marcel Shale ", *U. S. Geological Survey*, Vol. 5, 2009, p. 45.

　　③　United States Steel Corporation v. Mary Jo Hoge, Supreme Court of Pennsylvania, 1983, https：// w3. lexi s. com/research2/ delivery/ working/ download. do? pageEstimate = 16&jobId = 1827% 3A542044457&deliveryStateRef = 0_ 2073059178&_ md5 = cc591d67b8fcf184684decc60d9f95bb.

　　④　Butler v. Charles Powers Estate, Supreme Court of Pennsylvania,2013,https://w3.lexis.com/ research2/ delivery/ working /dow nload. do? pageEstimate = 24&jobId = 2827%3A542044660& deliveryStateRef = 0_ 207 305 9 183 &_ md5 = 42ea 2 4e6 289a63990c1d0266b0095c02.

　　⑤　Coastal Oil and Gas Corp. v. Garza Energy Trust . 2008. https：//w3. lexis. com/ research2/ de-livery/ down loadCpp. do? tmpFBSe l = all&totaldocs = &taggedDocs = &toggleValue = &numDocs Chked = 0&prefFBSel.

(第二章第一节通过判例对杜哈姆原则、天空原则、获取原则、美国钢铁公司案、巴特勒案和德克萨斯州沿海石油天然气公司案进行详细介绍)。

（三）与常规天然气不同的环境负外部影响

页岩气开采过程中使用水力压裂和水平钻井技术，导致释放氮氧化物和挥发性有机物。页岩气在开采过程中会导致大气污染，页岩气生产使用的发动机、钻探设备、货车等装置均以柴油为动力来源，柴油燃烧后产生大量氮氧化物和颗粒污染物，其中氮氧化物和空气中的氧气结合产生臭氧，臭氧是灰霾天气形成的主要原因，而颗粒污染物的直径小于100微米时，则是能够被人体吸入的有毒空气污染物，对健康危害极大。除柴油外，页岩气的开采会释放挥发性有机物，挥发性有机物经过阳光照射，产生有毒气体，损害人体大脑、肝脏、肾脏和神经系统。美国联邦环保局对页岩气开采区域进行抽检，发现怀俄明州、内华达州、西弗吉尼亚州、卡罗莱纳州的臭氧含量高于国家标准。[1] 此外压裂液中使用的化学制剂往往含有苯、乙苯和正己烷等有毒气体，导致呼吸系统异常。

压裂液和回流水污染地下水。水力压裂需要使用的压裂液至少有数十种致癌物。[2] 此外，压裂液中1/3的压裂废水回流到地表即回流水，回流水的处理方式一般为深井注入或存放在井场的贮存池，或者用特殊处理设施现场处理，而在处理的过程中经常发生泄露，造成回流水污染。回流水含有很多污染物，包括压裂制剂导致土壤和地下水污染。

诱发地震等次生性灾害。据美国地质调查局统计表明，近十年来，页岩气开采地区地震频发，一些州的地震次数是30年前的10倍，2009年以来美国中西部地区发生3级及以上地震50次，2010年达到87次，2011年激增到134次，美国石油研究院的研究表明这些地震可以认定是人为因素造成的，与水力压裂有关。[3]

水力压裂大量消耗水资源。与开采常规天然气相比，水力压裂需要消耗大量水资源。根据美国能源信息署统计，每口水力压裂井需要使用7580—15160立方米水，是常规天然气开采用水量的10倍，而压裂用水

① Bagnell Snyder, "Environmental Regulation Impacting Marcellus Shale Development", *Penn State Environmental Law Review*, Vol. 19, 2011, p. 185.

② Jason T. Gerken, "What the Frack Shale We Do? A Proposed Environmental Regulatory Scheme for Hydraulic Fracturing", *Capital University Law Review*, Vol. 41, 2013, p. 89.

③ Joseph P. Tomain, Helen Ziegler, "Shale Gas and Clean Energy Policy", *Case Western Reserve Law Review*, Vol. 63, p. 1205.

大多来源于地下水以及附近河流和水体，大量抽取水资源会使水量减少，水质降低水温升高，氧气溶解度降低，污染物浓度增加，导致水生生物死亡。[1] 而我国水资源严重短缺，是世界 13 个人均水资源最贫乏的国家之一，根据《页岩气发展"十二五"规划》到 2020 年页岩气开发至少需要 3.8 亿立方米水，相当于人口 1000 万城市一年的用水量，页岩气的分布区域除四川盆地外，其余的西北和华北区属于大陆性气候水源地区，水资源匮乏再加上近年干旱，水力压裂开发会使当地水源不足问题更加严重。所以在我国页岩气开发过程中如何获得足够的水源供给是我们应该考虑的一大问题。

增加温室气体排放。根据《页岩气发展"十三五"规划》，与煤炭相比，"十三五"期间，天然气燃烧的二氧化碳排放量减少 1400 万吨、二氧化硫减少 11.5 万吨、氮氧化合物和烟尘排放量分别减少 4.3 万吨和 5.8 万吨，天然气因此被称为清洁能源。但天然气中含有大量的甲烷，释放的甲烷对温室效应的贡献率是二氧化碳的 72 倍，100 年后仍为 25 倍，而甲烷主要来源于页岩气开采过程中天然气泄漏。页岩气在进行水平钻井时为防止管道挤压，需要进行套管，套管操作不当则会发生天然气泄漏，导致温室气体甲烷的排放。同时水力压裂也是天然气泄漏的另一个原因，在页岩气开采过程中，一些天然气从岩层裂缝泄漏到空气中或蓄水层里，导致甲烷的泄漏。[2] 页岩气生产规模的扩大，开采、输送、储存和压裂废物处理的每个过程都会发生天然气泄露，这些则导致温室气体排放量的增加。

钻井设施和压裂液破坏生态系统。很多页岩气的钻井场地、传输管网、页岩气贮存池和废物处理厂设置在森林地区，对森林生态系统造成威胁。美国联邦环境保护局在西弗吉尼亚州莫农加希拉国家森林公园对部分林地进行试验，在回流水流经这里两年后，该森林地块的树木全部死亡，森林遭受破坏性影响，影响林区动植物生存甚至种群繁衍。同时英国皇家鸟类保护协会的一项调查表显示，英国页岩气开采使 293 个野生动植物保

---

① Michael Goldman, "Drilling into Hydraulic Fracturing and Shale Gas Development: a Texas and Federal Environmental Perspective", *Texas Wesleyan Law Review*, Vol. 19, p. 171.

② Beren Argetsinger, "The Marcellus Shale: Bridge to a Clean Energy Future or Bridge to Nowhere? Environmental, Energy and Climate Policy Considerations for Shale Gas Development in New York State", *Pace Environmental*, *Law Review*, Vol. 29, 2011, p. 331.

护区受到影响。[①] 此外水力压裂从河流水体中抽取水资源，使水量和水质发生变化，威胁水生生物，甚至有些河流因此而枯竭，破坏水生生态系统。与此同时，页岩气开采的基础设施建设和道路运输使敏感的野生动物受到直接噪声影响，2012 年美国康奈尔大学一项研究表明，很多页岩气井场位于生态敏感区。另外水力压裂还会导致家畜死亡，马萨勒斯页岩地区的牲畜死亡率近 20%。

井场作业时产生的噪声，干扰当地居民的生活和安宁。水平钻井使井场和装置更密集，噪声污染严重超标，国际标准化组织公布的数据表明，长期在页岩气开采噪声污染中生活的居民，20%的人将产生噪音性耳聋。此外由于水力压裂和水平钻井技术的使用，需要更多的空间储存压裂液、化学物质和压裂废物，据美国能源信息署统计，水力压裂产生的废物相当于垂直钻井产生废物的 100 倍，占用当地居民的土地面积逐渐增多，导致开采商与居民的冲突增加。此外压裂废物中含有烃类物质，这些物质在挥发时产生恶臭，对居民的呼吸系统、消化系统和循环系统等产生危害。

损害工人健康。美国联邦职业安全与卫生健康署的调查表明，从事页岩气钻井工作的工人死亡率是美国工人平均死亡率的 7 倍。[②] 接近一半的死亡都与使用重型机械设备有关。此外工人长期与支撑剂中的硅元素接触，诱发矽肺和肾毒性疾病的发生。页岩气储层中还含有大量的氡元素，氡颗粒被工人吸入后，会损害肺泡，产生肺癌。压裂制剂、密集井场、钻井泥浆和蒸汽对人体健康也有损害。我国在一些页岩气分布区域发现高浓度硫化氢，其中四川威远地区的浓度达 1.4%，东北部地区浓度高达 15%，给工人健康带来严重威胁。

美国对页岩气的所有权分配原则的特殊性以及页岩气产生的与常规油气资源不同的环境负外部效应这两大基本特征，是本书展开研究的前提。

三 页岩气开发利用的积极影响

页岩气的开发产生了地缘政治效应，能够增强生产国在全球的政治影

---

① Kalyani Robbinst, "Awakening the Slumbering Giant: How Horizontal Drilling Technology Brought the Endangered Species Act to Bear on Hydraulic Fracturing", *Case Western Reserve Law Review*, Vol. 63, 2013, p. 1145.

② Michael Goldman, "Drilling into Hydraulic Fracturing and Shale Gas Development: a Texas and Federal Environmental Perspective", *Texas Wesleyan Law Review*, Vol. 19, 2012, p. 186.

响力，带来了基础设施的完善和能源技术的提高。

（一）地缘政治的改变

页岩气产业的发展改变了世界能源格局，使常规石油天然气生产国的油气资源供大于求，油价下降，导致其国际竞争能力和综合国力下降，而美国作为页岩气生产国，随着能源对外依存度减弱和页岩气出口能力的增强，其在全球的影响力进一步提高。

对美国的影响：随着美国页岩气产量大幅增加，实现能源独立将指日可待。从 2011 年开始，美国取消对俄罗斯天然气的大量进口，同时成为俄罗斯天然气出口强大的竞争对手，通过对天然气进口国影响力的增加，削弱俄罗斯的地缘政治地位，继续与俄罗斯在国际政治、军事舞台上抗衡。对中东的影响：美国、加拿大、巴西和委内瑞拉页岩气储量远远超过中东，加上日渐成熟的开采技术和经验，伊朗和沙特阿拉伯的油气出口和收益将受重创，因此未来油气资源将由中东地区移至西半球，出现油气"中心西移"的局面。[①] 油气中心西移，将降低中东在全球地缘政治中的重要性。对俄罗斯的影响：页岩气的开采，使俄罗斯的垄断供应地位受到挑战，对俄罗斯经济产生重大影响，中国作为俄罗斯天然气的主要出口国，页岩气储量居世界第一，中国政府积极进行页岩气研发和准备工作，目前已经成功进行商业化开采，俄罗斯对中国的天然气出口必将大幅减少。俄罗斯 60% 的税收都来源于能源出口，[②] 全球页岩气的发展必然对俄罗斯政治经济产生重大影响。对我国的影响：作为世界最大的能源消费国，实现能源安全是我国重要的政治战略，我国页岩气储量居世界第一，一旦实现商业化大规模开采，能有效增加天然气国内供应，缓解供需矛盾，增强在国际天然气贸易上的话语权，消除国际安全隐患。

（二）技术创新的提升

从 20 世纪 80 年代到 2003 年，美国将水力压裂和水平钻井技术成功应用于页岩气开采，使页岩气实现大规模商业化生产。我国页岩气产量要实现大幅度增长，必须掌握水力压裂和水平钻井两项技术，虽然我国尚未研发出核心技术，但是已经有部分企业参与美国页岩气开采的生产环节，

---

① 林立民：《世界油气中心西移及其地缘政治影响》，《现代国际关系》2012 年第 9 期。

② 王龙林：《页岩气革命及其对全球能源地缘政治的影响》，《中国地质大学学报》2014 年第 3 期。

通过学习和借鉴，在技术上已经有所突破。目前中石化石油工程研究院已经掌握生产完井工具、核心压裂剂以及钻井流体等技术，民营企业杰瑞股份有限公司生产出世界最大动力"阿波罗"压裂车，中国成为继美国和俄罗斯之后研制出涡轮压裂车的第三个国家，有利于降低页岩气的开采成本。[①] 同时页岩气生产所需要的固井水泥车、钻探机以及大功率压裂机组等设备已经由石油工程机械公司研制成功。随着技术研发的深入，我国必然能掌握页岩气开采的核心技术，带来新一轮的技术革命。

（三）优化能源结构和完善基础设施

全球的能源消费仍然以石油和煤炭为主，但石油和煤炭在生产过程中产生大量二氧化硫、二氧化碳和烟尘，对环境破坏较严重，因此各国主张开发太阳能、风能等可再生能源。然而由于技术受限，实现全球以可再生能源为主的能源结构尚需时日，而天然气在生产过程中排放的二氧化碳和二氧化硫等物质大大低于煤炭和石油，因此天然气也称为"清洁能源"，各国将天然气作为从化石能源到可再生能源的桥梁能源，页岩气的开采有助于这个目标的实现。

页岩气发展带动了天然气管网传输等基础设施的发展，伴随页岩气的开发，美国已经建成世界上规模最大、最完善的天然气管道传输网络，美国油气管网长达 49 万多千米，各管道间联络线发达，城市配气网络完备，天然气管线遍布各州，完善的基础设施为降低成本、推动页岩气迅速市场化、商品化创造了有利条件。截至 2018 年年底，我国已经建成总里程达 13.6 万千米的油气管网，油气运输能力的提高将有助于页岩气产业的发展，但目前的管网建设与市场需要还有很大差距，因此未来需继续进行基础设施建设，满足页岩气发展的需要。

第二节　美国页岩气开发概况

美国页岩气资源储量位居世界第二位。[②] 从 19 世纪初期开始进行页

---

①　郭丁源：《民营企业参与页岩气需政策再加力》，《中国经济导报》2014 年 4 月 12 日第 7 版。

②　杜群、万丽丽：《美国页岩气能源资源开发的法律管制及对中国的启示》，《中国政法大学学报》2015 年第 6 期。

岩气的勘探开发，到 2003 年实现商业化开采，[①] 美国页岩气产业的发展，主要归功于技术进步、市场主体多元化、政府的资金扶持、政策鼓励和管理豁免等多种因素，美国也因此享受了页岩气发展带来的一系列福利，这些经验将为我国页岩气产业的发展提供有益参考。

一　美国页岩气储量及分布

美国页岩气资源储量丰富的先天优势，以及民营企业在开采技术上的不断探索，造就了美国页岩气产业的神话。

（一）美国页岩气储量及分布概况

美国页岩气储量为 827 万亿立方英尺，其中排名前三的地区分别为东北部（63%）、墨西哥湾岸区（13%）、西南地区（10%），从可采储量看，排名前三的页岩区块分别为马萨勒斯（262 万亿立方英尺）、海内斯维尔（251 万亿立方英尺）及巴奈特（44 万亿立方英尺）。[②]

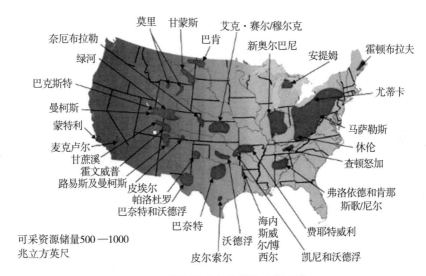

图 1-1　美国页岩气储层分布概况[③]

---

①　Saeah K. Adair, Brooks Rainy Pearson, "Considering Shale Gas Extraction in North Carolina: Lessons from other States", *Duke Environmental Law and Policy Forum*, Vol. 22, 2012, p. 261.

②　Elizabeth Burlesont, "Climate Change and Natural Gas Dynamic Governance", *Case Western Reserve Law Review*, Vol. 63, 2013, p. 1220.

③　中国社会科学杂志社：《美国页岩气储层分布》，http：//sscp. cssn. cn/。

（二）美国页岩气储层分布的对比概况

美国页岩气主要分布于巴奈特、费耶特威利、海内斯威尔、马萨勒斯、沃德浮、安提姆、新奥尔巴尼页岩层，其中储量最大的是海内斯威尔页岩层，可采资源储量最大的是马萨勒斯页岩层，由于马萨勒斯页岩层埋藏位置好，储层浅，因此美国页岩气开采最先在马萨拉斯页岩层发展起来，到2030年马萨勒斯是页岩气产量增长的主要动力，海纳斯威尔是页岩气的第二大产区。

二　页岩气开发对美国的影响

经过百年的技术探索，美国成为页岩气领域的鼻祖，这有助于能源安全的实现，能源结构的改善，税收的增加，以及制造业成本的降低等，是世界能源产业的巨大进步。

（一）促进能源安全和能源独立

根据美国能源信息署的统计，2010年石油在能源消费中所占的比例最大为36.7%，煤炭占22.7%，石油和煤炭的比重较1990年呈现下降趋势，分别下降3%和1.5%，而天然气所占比例大幅度上升，从1990年的23.2%上升到2010年的25.15%。燃煤发电占发电结构的50%，核能发电占20%，可再生能源发电占10%[1]。美国已经具备在交通领域主要依靠天然气为燃料的技术，将改变对石油进口的依赖，此外，天然气替代燃煤和燃油成为主要的动力能源后，需要大量的基础设施投资，联邦和各州将限制燃煤发电厂，鼓励天然气发电厂的兴建，改变基础设施不足的现状。[2]

页岩气开采增加了美国的能源安全和能源独立，使美国对外能源依存度大幅度减少。2010年美国石油对外依存度在近10年首次降到国际安全警戒线以下，而天然气的对外依存度仅为10%，超越俄罗斯成为世界上第一大天然气生产国，2011年美国天然气首次实现自给。[3] 根据美国能源信息署统计，到2035年页岩气的产量将占天然气比重的45%，到2050年

---

[1]　林立民：《世界油气中心西移及其地缘政治影响》，《现代国际关系》2012年第9期。

[2]　Spence David B.，"Federalism, Regulatory Lags, and the Political Economy of Energy Production"，*University of Pennsylvania Law Review*，Vol. 16，2013，pp. 460-473.

[3]　孔祥永：《地缘政治视角下的美国石油安全战略——基于中东和非洲地区的分析》，《世界经济与政治论坛》2012年第3期。

页岩气比重将接近 90%。《BP2030 能源展望》调查表明：美国将在 2030
年取代俄罗斯和中东，成为世界最大的石油天然气产出国，西半球将取代
中东，成为新的油气中心。

表 1-2　　　　　　　　　　　美国页岩气储层分布对比概况

页岩气盆地	预测面积 （平方英里）	气体含量 （标准立方英尺/每吨）	技术可采资源 （万亿立方英尺）
Barnett	5000	300—350112	44
Fayetteville	9000	60—220113	41.6
Haynesville	9000	100—220113	251
Marcellus	95000	60—100115	262
Woodford	11000	200—300116	11.4
Antrim	12000	40—100117	20
New Albany	43500	40—80118	19.2

（二）改变地缘政治

美国页岩气革命和液化气贸易的大幅增长提高了天然气供给曲线的弹
性。由于页岩气价格低廉，美国页岩气出口具有明显的价格优势。天然气
不再是被垄断性控制的、稀缺的、地区性的难以运输的资源，供给来源竞
争削弱了欧洲和亚洲传统天然气生产国的市场权力，使消费国相对于生产
国的议价能力得到提升。同时美国页岩气出口促使亚洲液化气进口气价与
美国亨利中心气价挂钩，页岩气正在改变全球天然气实时价格的波动机
制，不同地区性市场的气价关联度越来越高，美国亨利中心价格指数与亚
洲液化气价格指数的日益趋同，将使持续多年的亚洲溢价逐渐消失。页岩
气革命促使世界能源权力体系出现重组，美国由此会占据更有利的优势地
位，美国页岩气的迅速发展恶化了传统天然气出口国的贸易条件，削弱了
天然气出口的垄断性定价权。[①]

（三）其他影响

增加税收和促进就业。页岩气产业的发展带动美国税收增加，2010
年页岩气产业缴纳的税收为 96 亿美元，到 2015 年增加了 50%，为 145 亿

---

① 富景筠：《页岩气革命与美国的能源新动力》，《东北亚论坛》2019 年第 2 期。

美元,预计到 2035 年税收将增加一倍,实现 186 亿美元的目标。[①] 根据剑桥能源资讯公司统计,2010 年页岩气产业增加了 60 万个就业岗位,2015 年提供了 87 万个就业岗位,到 2035 年将提供超过 160 万个工作岗位。[②] 页岩气的市场价格只有其他能源价格的一半,提升了美国制造业的成本优势。页岩气作为重要的基础能源,为化工、钢铁和有色金属等工业提供原料供应,其低廉的成本价格,使这些行业的产品大大低于国际市场的价格,极大增强了美国制造业的竞争力。

三　美国对页岩气开发的扶植

美国页岩气产业的扶植政策,为页岩气的发展扫清了障碍,这些政策包括改变市场垄断局面,建立信息共享机制,提供研发资金和实现管理豁免等。

(一) 打破市场垄断局面

管道等基础设施的建设对页岩气产业的发展有重大影响,开采出页岩气后,主要通过油气管道进行传输,而管道传输往往导致市场垄断。天然气管网建设需要高额成本,私人生产者很难承担管网建设任务。联邦政府通过开放管网等方式,避免垄断,增加天然气行业的竞争性。

联邦对天然气价格进行监管,遏制管道公司对天然气的低买高卖。随着管道焊接技术、管网材质以及压缩能力的改进和增强,油气资源已经能够进行长距离运输,到 20 世纪 90 年代已经建立完备的传输管网,但是管道传输导致各个石油天然气公司利益分配不均衡,管道公司在购买开采者的天然气以及向消费者销售天然气方面形成垄断,由此管道公司拥有定价权。[③] 20 世纪 30 年代,管道公司凭借其定价权,以极低的价格从天然气丰富的德克萨斯州天然气开采者的手中购买天然气,又以较高的价格出售给东北部资源稀缺的消费者,消费者和天然气开采商要求在获得天然气资源方面拥有更多的选择权。鉴于公众的压力,国会通过《1938 年天然气法案》,对天然气的州际输送进行监管,由联邦电力委员会(即现在的联邦能源监管委员会)对天然气价格进行监管并负责颁发州际管道建设许

---

① 徐小杰:《美国能源独立趋势的全球影响》,《国际经济评论》2013 年第 2 期。

② 王淑玲等:《全球页岩油气开发进展及发展趋势》,《中国矿业》2016 年第 2 期。

③ Thomas Swartz, "Hydraulic Fracturing: Risks and Risk Management", *Natural Resources and Environment*, Vol. 26, 2011, p. 975.

可证，以促进州际天然气管道建设的发展。①

联邦实行管网运输和油气资源销售的分离，联邦电力委员会禁止管道公司将从开采者处购买的天然气直接卖给终端消费者。1976 年年初联邦电力委员规定，管道公司如果从开采者购买天然气直接销售给商业和工业的消费者时，需要逐一审查。1979 年颁布了另外两项法令支持天然气从开采者直接卖给消费者，在避免垄断的同时，弥补石油供应的不足。联邦能源监管委员会在 1992 年颁布 636 号法令要求加快进行管网建设，要求州际的管道公司不再从事购买和销售天然气的行为并开放管道运输服务，管道公司有义务提供油气运输电子价格和信息服务，加强合同签订的透明度。② 开采者可以直接与天然气购买者协商，从事天然气销售活动，开采者将增加的利润用于技术开发。随着水力压裂技术的成熟，政府继续支持管网等基础设施的建设和市场的完善，联邦政府解决了天然气输送的垄断问题，为中小企业加入页岩气产业的发展，创造了良好的市场环境。

(二) 提供资金支持和鼓励信息共享

联邦和州政府为页岩气产业的发展提供资金和技术支持，包括直接的政府研究，政府资金扶持，政府企业的合作研究项目等，这些措施促进了页岩气产业的繁荣。

联邦政府对技术研发提供资金支持，联邦政府鼓励基础性和应用性研究以促进页岩气产业的繁荣。1976 年创立了能源发展基金，用于支持非常规天然气的研究。能源发展基金与大学和工业部门合作以在多个领域发展页岩气，能源发展基金在 1976—1992 年对东部页岩气研究项目提供资金。③ 1975 年联邦政府与页岩气产业公司在能源发展基金的支持下开展合作，在阿巴拉契亚盆地钻直井开采页岩气，随后能源发展基金在多个盆地成功钻井，对资源储量、分布、储层特点以及开发技术进行勘探，研发水力压裂、监测和完井技术等，证明了将水平钻井技术应用于页岩气开发的可行性，同时能源发展基金支持水力压裂的理论和实验研究并与斯坦福研

① Sullivan Mary Anne, "Voluntary Plans Will not Cut Greenhouse Gas Emissions in the Electricity Sector 2002", *Sustainable Development Law and Policy*, Vol. 6, 2013, p. 64.

② Michael Esposito, "Water Issues Set the Pace for Fracking Regulations and Global Shale Gas Extraction", *Tulane Journal of International and Comparative Law*, Vol. 22, 2013, p. 167.

③ Thomas W Merrillt, "Four Questions about Fracking", *Case Western Reserve Law Review*, Vol. 63, 2013, p. 977.

究机构进行水力压裂试验。该基金从每年投资 4000 万美元，到 20 世纪 90 年代增加到 6000 万美元，2011 年共支付 1 亿 8500 万美元研究资金，鼓励包括页岩气开采者、管道运输者以及地区分销公司在内的公私合作，米歇尔能源公司在能源发展基金的支持下，证明了将水力压裂和水平钻井技术相结合，用于页岩气开采的合理性。能源发展基金为页岩气发展研究提供了大力支持。①

联邦政府鼓励信息共享，页岩气公司获得能源发展基金支持的前提是向社会公布重要研究成果，并对企业的专利申请做出限制。20 世纪 70 年代，在联邦政府的支持下，出现多维钻井技术，能够在渗透性更低、致密性更高的岩层中钻井。20 世纪 80 年代，米歇尔能源公司与能源发展基金合作，研发出将压裂液注入岩层后迫使油气资源流入井口的技术，1991 年在巴奈特第一次使用水平钻井技术进行钻井，能源发展基金鼓励米歇尔能源公司对压裂液和水平钻井技术进行传播。② 联邦政府对公私合作技术研发的支持以及信息共享的鼓励，促进了页岩气产业的蓬勃发展。

（三）税收减免和管理豁免

美国页岩气产业的税收减免开始于 1980 年，到 2012 年产业发展成熟后，开始按照矿产资源征税，此外为鼓励投资，联邦将页岩气排除在立法规制的范围，这些政策减少了开采成本，使投资主体的规模日益庞大。

联邦政府通过税收优惠吸引了很多开采者，1980—1992 年非常规天然气产业快速发展，开采者节省了大概 100 亿美元的税收，仅 1993 年就节省了 7600 万美元，2011 年达到 8 亿美元，这些税收减免促进了水力压裂、水平钻井的技术研发以及水力压裂和水平钻井设备的更新，州政府对石油天然气生产征税，征收比例为销售量的 3%—12%。2006 年德克萨斯州减免页岩气开采税，宾夕法尼亚州立法对页岩气开采暂停征税，吸引了石油天然气公司投资页岩气产业，到 2012 年宾夕法尼亚州签发了近万个

---

① Kulander Christopher S., "Shale Oil and Gas State Regulatory Issues and Trends", *Case Western Reserve Law Review*, Vol. 63, 2013, pp. 1112–1130.

② 这并不意味着页岩气开采不存在商业秘密的保护，联邦政府将水力压裂中的一些技术纳入商业秘密范畴，允许公司申请专利。斯坦诺林德石油天然气公司在 1948 年对水力压裂的部分过程申请专利，1951 年辛克莱石油公司研发出通过分解凝胶剂使压裂液到达目标岩层的技术，1952 年斯坦诺林德公司研发出利用油水混合的乳剂进行水力压裂的技术，这两家公司都对此申请了专利。20 世纪 90 年代，米歇尔能源公司对水力压裂中的支撑剂、凝胶剂、压裂液的成分，地震成像诱发压裂技术以及推迟射线辐射的方法等申请了专利。

非常规天然气的许可证。

联邦政府对页岩气产业实行一系列管理豁免。1988 年联邦政府决定石油天然气的开采和生产不属于危险废物的管理范畴，将其排除在《资源保护和恢复法》之外。此外根据《综合环境反应补偿和责任法》，开采者在钻井过程中导致页岩气泄漏时，无须承担土壤清除义务。[①] 在页岩气快速发展期间，政府的管理豁免起到了理想效果，当页岩气产业成熟后，取消了对其豁免和税收鼓励。《2005 能源政策法案》将所有的水力压裂行为从《安全饮用水法》规定的地下注入中排除。政策制定者对页岩气开采的豁免，促使了页岩气的繁荣，然而这些豁免导致页岩气泄漏以及压裂液回流到地表导致水污染，加剧了环境负担。

第三节　我国页岩气开发概况

由于页岩气储量丰富的天然优势，我国加入了世界页岩气开采的大潮，从 2006 年开始发展页岩气以来，初步探明了页岩气资源的分布区域，掌握了 6 项页岩气开采的主体技术，增加了天然气管网的建设，制定了多项政策鼓励民营企业投资页岩气产业，并陆续出台了污染物的排放标准。然而我国页岩气开发还面临着水资源短缺、市场机制不健全、输气管网第三方准入机制不完善、不能有效解决环境污染等问题，因此应该放慢页岩气开发的步伐，通过页岩气开发的法律调控，有效解决这些问题之后，再进行页岩气大规模开发。

一　我国能源消费结构及页岩气分布情况

我国对天然气需求量的大幅增长，加大常规天然气的对外依存度，油气资源的分布与消费的不均衡性，更增加能源安全的脆弱性。据国际能源署统计，我国页岩气储量居世界第一，发展页岩气产业为有效解决能源供求矛盾带来了希望，随着产业发展进程的加快，已经探明了页岩气资源分布的华北、东北、西北及西南区块，为页岩气的勘探开发奠定了基础。

（一）我国能源消费结构

我国能源消费中煤炭占主导地位为 68%，石油天然气比重较低为

---

① 　John R. Nolont, Steven E. Gavinl, "Hydrofracking: State Preemption, Local Power and Cooperative Governance", *Case Western Reserve Law Review*, Vol. 63, 2013, pp. 995−1030.

24%，可再生能源为 8%，对油气资源的需求量呈现持续增长的趋势。2011 年我国石油产量约为 2 亿吨，净进口量超过国内产量达 2.5 亿吨，对外依存度超过 50%，天然气 2010 年的消耗量为 1200 亿立方米，对外依存度为 47%，2017 年天然气消耗量达到 1900 亿立方米，2018 年天然气消费量达到 2050 亿立方米，增长 7.3%，能源供需矛盾日益突出。① 我国油气资源地区分布不平衡，主要分布在西南、西北、华北和东北地区，而消费区域主要集中于东部，这种生产与消费的区域不平衡，加大了我国能源安全的脆弱性。② 我国作为页岩气的最大储量国，致力于页岩气产业的发展，有效缓解这个矛盾，根据《页岩气发展"十二五"规划》，2020 年我国天然气消费量将达到 3000 亿立方米，页岩气开采量达到 600 亿立方米，页岩气占天然气消耗的总比重将达到 8%—12%，到 2035 年有望达到 25%，有利于缓解能源短缺的矛盾，使页岩气成为我国必不可少的能源。③

（二）我国页岩气分布情况

我国陆生页岩气资源储量为 134 万亿立方米，可采储量为 25 万亿立方米，是世界上页岩气资源储量最多的国家。页岩气主要分布于五大区域：华北—东北地区、西北地区、青藏地区、上扬子及滇黔桂区、中下扬子及东南地区等，④ 主要包括四川、塔里木和准噶尔、江汉、鄂尔多斯、松辽、吐哈盆地等地区，⑤ 按照省份来看，页岩气资源储量从高到低依次为：四川 27 万亿立方米，新疆 16 万亿立方米，重庆 12 万亿立方米，贵州 10 万亿立方米，湖北 9.5 万亿立方米，湖南 9 万亿立方米，陕西 7 万亿立方米，广西 5.6 万亿立方米，江苏 5 万亿立方米，河南 3.7 万亿立方米。⑥ 截至 2018 年，页岩气资源的商业化规模越来越大，国家建立了两个有关页岩气资源勘查的国家重点实验室，掌握了页岩气生产的全套技术，然而由于我国地质条件复杂，页岩气储层类型多，开发时间短，我国

---

① 邹才能等：《中国非常规油气资源开发与理论技术进展》，《地质学报》2018 年第 6 期。

② 张财陆：《影响我国页岩气开发的因素简析》，《当代石油石化》2012 年第 4 期。

③ 张抗、谭云冬：《世界页岩气资源潜力和开采现状及中国页岩气发展前景》，《当代石油石化》2009 年第 3 期。

④ 求实：《拉美：页岩气开发不断增长的力量》，《产业国与石油组织》2014 年第 3 期。

⑤ 程垣：《南华北盆地二叠系地特征与页岩气勘探前景分析》，硕士学位论文，中国地质大学，2012 年。

⑥ 国际商报：《中国页岩气储量分布—前瞻》，http：//bg. qianzhan . com /report/detail/d39a0f971aaf47af. html.

页岩气开发仍然面临很多难题。

二　我国页岩气开发现状

伴随页岩气产业的发展，我国页岩气的勘探开发工作已经取得巨大进展，成为继美国之后，页岩气开采的第二大国，但地质成藏条件的复杂性，增加了开采难度，使页岩气开发仍处于初步探索阶段。

（一）资源勘探开发现状

我国页岩气开发始于 2005 年，自 2011 年 12 月国务院将页岩气批准为独立矿种以来，相继出台多项政策鼓励页岩气产业发展。目前页岩气勘探工作主要在四川盆地、鄂尔多斯盆地和西北地区盆地进行，页岩气重点产区主要有涪陵页岩气区，长宁、威远和昭通勘探开发区，富顺—永川勘探开发区。其中生产规模最大的是涪陵页岩气田，涪陵页岩气田位于重庆东部，建成了我国首个国家级页岩气示范区，是我国首个大型商业化的页岩气田，同时也是全球除北美之外最大的页岩气田，2018 年以来，气田累计投产新井 71 口，21 口气井投入增压生产，截至 2019 年 11 月底，涪陵田焦页岩气井产量突破 3000 万立方米，日产量达到 1775 万立方米，每天可为 3400 万户家庭提供用气，相当于一座 480 万人口的大城市一年的用气量。① 长宁勘探开发区位于四川盆地与云贵高原结合部，包括水富—叙永和沐川—宜宾两个区块地质资源量 4450 平方千米。威远勘探开发区位于四川省和重庆市境内，有包括内江—建为、安岳—潼南、大足—自贡、璧山—合汇和汾县—长宁区块，地质资源量 8500 平方千米。昭通勘探开发区位于四川省和云南省交界地区，地质资源量 4965 平方千米，截至 2018 年 10 月底，长宁、威远、昭通区块累计提交探明地质储量 3200 亿立方米，预计 2021—2025 年，新钻井 1300 亿，实现页岩气年产 220 亿立方米，2026—2030 年新钻井 2300 口，实现页岩气年产 420 亿立方米。②

（二）技术发展现状

通过对页岩气开采的初步研究，目前我国已经掌握了实现页岩气规模化开采的全套技术，掌握了产能评价和设计开发方案，使输气工程与实际

① 郭丁源：《"气"壮山河：普光"奇迹"与涪陵页岩气大开发》，《中国经济导报》2019 年 11 月 19 日第 1 版。

② 天工：《页岩气单口井产气量实现新突破》，《能源经济》2019 年第 11 期。

产量相适应，提高了水平井的固井标准，提高钻井效率和质量，对特殊地质区块采用特殊钻井液，使钻井周期下降 50%，使井均日产量达到 1600 万立方米，适应了页岩气压裂和产量变化大、递减快的生产特点。[1] 中石化石油工程研究院等科研单位在开发完井工具、钻井流体、核心助剂等关键技术取得突破，民营企业杰瑞股份有限公司研制出世界最大马力"阿波罗"国产涡轮压裂车，大大降低页岩气开发成本。石油工程机械公司研发的大功率压裂机组、固井水泥车、钻机等设备广泛用于页岩气开发，为页岩气开发提供了技术和设备保障。

（三）基础设施发展现状

我国到 2018 年已经建设完成油气管网 13.6 万千米，"十一五"期间新增 3.45 万千米，"十二五"期间新增 3.02 万千米，但与美国管网的 49 万多千米长度相比仍然有很大差距，难以满足页岩气发展的需要。[2] 为弥补页岩气产业发展过程中输气管网等基础设施建设的不足，我国将继续大规模进行输气管网建设，包括川渝地区建成总里程为 9869 千米的川渝南北环输气干线，陕西至北京和天津，靖边至西安、银川的管线以及陕京复线，新疆轮南至上海的世界著名的"西气东输"工程全长 4200 千米，已经动工修建，东南沿海各大中城市输气管线建设也在筹备中。此外，国家能源局公布了《油气管网设施公平开放监管办法》，规定"在油气管网设施运营企业有剩余能力时，应向第三方市场主体平等开放管网设施，提供输送、储存、气化、液化和压缩等服务"，扫清阻碍民营企业投入页岩气产业的障碍，发挥民营企业在页岩气开采中的主动性。

（四）市场发展现状

为实现投资主体多元化，国家出台了一系列扶持政策鼓励民营资本参与页岩气开发，改变国有大型企业的垄断现状，国内首个央地合作企业"四川长宁天然气开发有限责任公司"于 2013 年成立，开创了国有企业与民营企业合作的先河。[3] 2015 年国务院发布《关于推进价格机制改革的若干意见》，要求推进能源价格市场化改革，根据"管住中间，放开两

---

[1] 管清友、李君臣：《美国能源革命与中国战略瓶颈》，《中国化工报》2019 年 7 月 19 日 B14 版。

[2] 樊志刚等：《页岩气革命与全球能源市场大变局》，《上海证券报》2012 年 6 月 22 日第 9 版。

[3] 山石、刘朝辉：《页岩气盛宴，民企在哪？》，《中国化工报》2014 年 5 月 6 日第 1 版。

头"的指导思想，推进天然气价格改革，实现市场主体公平竞争，放开天然气气源和销售价格，建立市场主导价格的机制。预计 2020 年年底非居民用天然气价格将完全放开，建立非居民用天然气交易机制，保证交易机制的公开透明。2015 年 7 月成立了上海石油天然气交易中心，中心需要提供交易数量和交易价格信息，实现交易中心的规范化管理，截至 2018 年 12 月底，交易中心的天然气交易量达到 600 亿立方米。国家能源局要求以价格联动和调峰气价为突破口，尽早确立非居民用天然气价格，为全面实现天然气价格市场化奠定基础，并进一步推动油气管网等基础设施的第三方公平开放。①

（五）环境保护现状

我国尚未出台关于页岩气开采的环境保护专项立法，目前主要借鉴矿产资源立法和相关的环境保护法律，进行对开采的监管，此外已经制定了氮氧化物、挥发性颗粒物的排放标准，对区域环境质量进行评级，页岩气污染排放标准最快将于 2020 年年底出台，其涉及的内容包括许可证管理、井场选址、废水处置、应急预案、大气污染防治以及监管融资等内容，防范环境风险，实现页岩气的绿色开发②。页岩气作为非常规天然气，需要使用水力压裂和水平钻井技术，以提高产出率减少开采成本，因此应该结合其开采特点，为其量身定做环境保护政策法律法规及标准，实现对环境污染和生态破坏的有效防治。

三　我国页岩气开发的困境

（一）水资源短缺

我国人均淡水资源量为 2300 立方米，是美国平均值的 1/8，为全球 13 个人均水资源量最贫乏的国家之一，年平均缺水量为 500 多亿立方米，而黄河、海河、淮河流域等水资源的开发已经超过生态承载能力。③ 根据《页岩气发展"十三五"规划》，到 2020 年我国页岩气开采将消耗 3.8 亿立方米水。④ 我国页岩气分布的鄂尔多斯盆地和塔里木盆地水资源分布不

---

① 宋薇萍：《天然气交易量再创辉煌油气资源交易》，http://www.csgcn.com.cn/news/show62668.html.
② 王淑玲等：《全球页岩气油气开发进展及发展趋势》，《中国矿业》2016 年第 2 期。
③ 郁红、赵淑玲：《新能源怎样走稳成长之路》，《中国化工报》2013 年 1 月 25 日第 7 版。
④ 马建胜：《页岩气水耗水污染难绕开》，《中国电力报》2013 年 12 月 10 日第 6 版。

均，季节性缺水严重，水资源严重匮乏，而位于西南地区的四川盆地，地质结构复杂，地下暗河溶洞较多，再加上我国页岩气储层深于美国，水力压裂中需水量更大，因此水资源短缺问题，将成为遏制中国页岩气发展的瓶颈。

（二）市场机制不健全

页岩气开采需要大量资本投入，一口页岩气井所需资金至少为4000万元，开发难度大的区域资金则达到7000万元，页岩气产业投资到2020年将达到4000亿元，如此巨额投资需要建立多元市场格局，鼓励民营和外国资本的注入。[①] 我国石油天然气产业由国企垄断，2011年和2012年原国土资源部对页岩气探矿权先后进行两次招标，有两家民营企业中标，然而页岩气往往与传统石油天然气伴生，较好的页岩气储层都被国有企业占有，在进行的两轮招标中，成藏条件好、资源品质优的地区未作为招标区块，民营企业获得的探矿权区块地质条件复杂，开采难度大。此外中石油、中石化、中海油等大型国有公司掌握着天然气生产、输送和销售的主干管网，国有垄断企业设置种种障碍限制中小企业使用油气管网，民营企业即使开采出页岩气也无法输送，这些资金、技术、产权限制使中小企业裹足不前，不利于多元投资主体的进入。美国发展页岩气充分利用市场机制，鼓励多元投资主体，放松对天然气市场价格的控制，充分利用竞争机制，使中小企业积极投身技术革新，刺激美国页岩气产业的繁荣，据统计中小企业对美国页岩气产业的贡献率达到86%。[②] 虽然我国出台多项政策鼓励民营企业的加入，但多元市场格局的建立仍任重道远。

（三）技术体系不完善，管网基础设施不完善

虽然我国已经掌握3570万米以浅页岩气开采的全套技术，然而我国页岩气分布的鄂尔多斯盆地、塔里木盆地、四川盆地等页岩气储层地质结构复杂，页岩气储层深，增加了页岩气开采的技术难度，如何将现有水力压裂和水平钻井浅层技术应用于这些地区，仍是需要解决的难题。另外，仍未探究出页岩气成藏机理及富藏特点，以及水力压裂增产施工中的裂缝

① 郭丁源：《民营企业参与页岩气需政策再加力》，《中国经济导报》2018年4月12日第6版。

② Emily A. Collins, "Permitting Shale Gas Development", *Journal of Land Use and Environmental Law*, Vol. 29, 2013, p. 123.

形成机理，这些仍然是制约页岩气开发的技术难题。①

此外，我国的道路建设和天然气传输管网难以满足页岩气发展的需要。美国现有油气管网49万多千米，我国目前的油气管网长度为13.6万千米，与美国的管网建设相距甚远，且多为三大石油公司垄断，远远不能满足我国页岩气大规模开发建设的要求②。虽然国家能源局要求油气管网设施向第三方市场主体平等开放，但在短期内难以实现，美国在1993年已经完成了油气生产和运输分离，我国目前的国企垄断现状，不利于管网设施公平开放及公平准入机制的实现。

（四）环境保护成为限制页岩气发展的主要问题

水力压裂和水平钻井技术的使用会带来空气污染、水污染、水资源浪费、地震、噪声以及交通紊乱等诸多环境问题，美国出台了一系列政策和管理措施限制水力压裂对环境的破坏，但由于技术发展的限制，水力压裂产生的很多污染仍然无法解决。我国环境问题已经引起全社会关注，如何在发展页岩气产业的同时减少污染，成为开发页岩气之前亟待解决的问题。

综上，本书建议在有效解决这些问题之前，放慢发展脚步，持谨慎态度，通过页岩气开发的法律调控，规避负效应，最大限度地发挥页岩气开发的正效应，实现经济、社会和环境效益的协调发展。

本章小结

美国页岩气的开发在为美国带来能源安全和能源独立的同时，也促使欧洲、北美洲、亚洲、大洋洲、拉丁美洲和非洲在内的多个国家进行页岩气的勘探开采工作，页岩气在全球的发展，必然会带来地缘政治的改变、开采技术的提升以及基础设施、能源结构的完善。美国页岩气的成功发展，主要得益于国家为页岩气的发展提供资金和技术支持、鼓励信息共享，提供税收减免，建设完备的油气资源传输管网等基础设施，以及多元市场主体的参与。我国已经出台多项政策鼓励页岩气的发展，并且在资源

---

① 郭悦苗：《页岩气勘探开发技术现状与对策研究》，《中国石油和化工标准与质量》2018年第1期。

② 李雷、范莹莹：《基于绿色发展需要推进中国页岩气革命的策略思考》，《中外能源》2019年第1期。

勘探开发、技术研发、基础设施建设和市场主体多元化方面取得初步进展，然而由于尚未掌握页岩气开采的核心技术、基础设施不能有效解决页岩气运输问题、国企垄断以及环境污染等因素，我国页岩气产业的发展，仍然面临很多障碍。因此在页岩气进入规模化生产之前，应该持谨慎发展态度，加强对页岩气开发的法律调控研究，避免重蹈先污染后治理的覆辙。

此外页岩气的埋藏位置不同于常规天然气，因此需要使用水力压裂和水平钻井技术进行开采，开采技术的特殊性导致了美国对页岩气所有权适用原则的特殊性以及产生了不同于常规天然气的环境负外部影响，对于从事页岩气开发利用法律调控的研究而言，本书围绕页岩气的所有权和页岩气环境负外部效应的法律调控进行研究，这是本书的一条研究路径。此外页岩气作为能源，又适用能源法律调控和能源环境保护法律调控的内容，这是本书的另一条研究路径。进行这些研究的目的是有效解决我国页岩气开发的环境污染、水资源短缺、市场机制不健全、输气管网不利于第三方准入等问题，以规避页岩气开发的负效应，最大限度地使正效应得以发挥。

第二章

美国页岩气开发的政策立法

美国鼓励新能源发展的能源政策以及较完善的能源立法，促进了页岩气产业的发展。此外页岩气除适用能源的政策立法之外，鉴于其环境负外部效应，还适用环境污染防治的立法，本书对美国页岩气开发利用的环境保护立法以学者对页岩气联邦部分立法的阐述为基础，[①] 全方位介绍美国各州页岩气开发的环境保护立法。

第一节　美国能源政策立法概述

从 20 世纪 70 年代开始，美国经历了杜鲁门、肯尼迪时期自由放任的能源政策，尼克松、福特和卡特时期政府主导"能源独立，应对能源危机"的能源政策，到里根和克林顿时期的"市场主导型"的能源政策，以及小布什、奥巴马、特朗普时期的将能源发展和环境保护结合起来，推动新能源发展的新时期能源政策;[②] 此外，对于页岩气适用的能源立法而言，以能源基本法为核心，包括石油天然气在内的传统能源以及鼓励对新能源税收减免的立法，促进了页岩气产业的发展。

一　美国能源政策的演变

（一）杜鲁门、肯尼迪时期自由放任的能源政策

第一次石油危机爆发之前的一百多年的时间里，由于美国和中东提供充足廉价的能源，美国一直处于"能源天堂"之中，从未受到能源短缺

---

① 王威：《中国页岩气资源开发管理法律制度研究》，硕士学位论文，中国地质大学，2012 年。

② 胡德胜：《美国能源法律与政策》，郑州大学出版社 2010 年版，第 57—73 页。

的困扰。《1993 美国统计摘要》显示，1973 年之前，美国能源自给率占能源消费量的 95% 左右，能源对外依存度较小。在此期间，杜鲁门和肯尼迪时期一直奉行自由放任的能源政策，因此在 1973 年成立能源部之前，联邦和各州并没有制定能源政策以满足能源供应安全的需要。①

（二）尼克松、福特和卡特时期的能源政策

尼克松、福特和卡特时期倡导"政府主导，能源独立，应对能源危机"的能源政策。20 世纪 70 年代，石油危机的爆发，使美国工业产值减少近 15%，② 面对石油危机的惨痛教训，1973 年尼克松政府宣布全国处于能源紧急状态，颁布了《独立运动计划》和《紧急状态石油分配法案》，这两部法案的内容主要在于增加国内石油供应，稳定国内石油价格，厉行节约能源和开发替代性新能源，由政府对石油价格进行控制。福特总统上台后颁布了《能源政策和储备法》，③ 该法案要求建立不少于 90 天的 10 亿桶石油战略储备，提高能源利用效率，制定新的机动车燃油标准，加强对太阳能和原子能等新能源的开发，将税收的大部分用于新技术的研发和推广，其余部分用于对低收入家庭能源使用的补贴，这些能源政策和能源法案开启了美国能源独立和能源安全战略的先河。④ 卡特政府颁布了《国家能源计划》和《合成燃料法》，强调通过联邦立法和市场手段提高能源利用效率，从而减少能源需求量；对国内石油垄断公司征收"暴利税"，以此作为对低收入家庭的补贴和改善公共交通系统；鼓励从煤页岩、沥青中提取合成染料，提倡环境保护。这一时期的能源政策以实现能源独立，增加能源储备为主，同时首次提出了发展新能源的要求。

（三）里根到克林顿时期"市场主导型"的能源政策

里根到克林顿时期的能源政策，改变了前期的政府主导型能源政策，通过市场主导的调控方式，一定程度上缓解了能源供求不足的矛盾，克林顿政府对能源领域环境保护的关注，为新能源的发展奠定了基础。

里根政府时期的能源政策有效减轻了石油短缺现象。20 世纪 80 年代

---

① 杜群等：《能源政策与法律——国别和制度比较》，武汉大学出版社 2014 年版，第 102 页。

② 赵庆寺：《美国能源法律政策与能源安全》，北京大学出版社 2012 年版，第 124—148 页。

③ 赵庆寺：《美国能源法律政策与能源安全》，北京大学出版社 2012 年版，第 288 页。

④ 徐孝明：《石油危机与美国石油安全政策研究》，中国社会科学出版社 2012 年版，第 198 页。

国际石油价格骤降，严重挫伤了美国石油公司的生产积极性，国内石油产量大幅下降，里根政府认为石油短缺源于联邦政府的调节和政策失败，解决的根本办法是取消政府的干预，建立市场主导型的能源策略，取消政府对能源价格以及能源市场的干预和控制，为此里根总统颁布了《解除石油价格和分配管制法》《能源紧急状态下准备法》。① 市场主导型能源政策包括：解除对石油、煤炭、核能及电力的价格管制，推广在民用、工业、商业和运输领域的节能，主张发展非常规油气资源，大力开发本国天然气潜能，主张通过对煤炭和天然气的利用减少对石油的依赖。通过这些政策提高了能源利用效率，使石油的利用效率提高了32%，增加了美国国内石油产量，有效减轻了石油短缺现象。②

布什政府时期的能源政策是鼓励新能源的发展。1990年海湾危机爆发，使国际石油价格再一次上涨，布什颁布了《1992能源政策法案》，动用能源战略储备，减轻油价上涨的影响。能源政策的主要内容为：满足国内石油消费量日益增长的需要，稳定国内能源供应；③ 加强对天然气管道等基本设施的建设；增加对清洁煤技术的研发，鼓励对传统煤的更新换代；通过税收减免和购买设备优惠等鼓励太阳能和风能等可再生能源的发展。由于吸取了前两次石油危机的教训，布什政府的能源政策减少了国内石油恐慌，鼓励了新能源技术的提高，促进了可再生能源的发展。

克林顿政府的能源政策更加注重对环境的保护。克林顿时期仍然主张通过市场手段维护国家的能源安全，相继颁布了《国际能源政策计划》《战略规划》《国家全面能源战略》，其核心思想是"可持续发展"。这些政策的主要内容为：利用财政补贴和税收减免等手段，鼓励国内石油的勘探开发；加强油气管网建设，完善能源基础设施；强调环境保护，降低煤炭生产对环境的破坏性影响，增加对可再生能源的投资、促进可再生能源市场的发育；开展能源问题的国际合作，加强对经济、安全和环境的关注④。克林顿政府的能源政策更侧重于对生态和环境的保护，于1998年

---

① 魏晓莎：《石油危机后美国能源政策制定的政治经济学研究》，博士学位论文，吉林大学，2013年。

② ［美］维托·斯泰格利埃诺：《美国能源政策：历史、过程与博弈》，郑世高译，石油工业出版社2008年版，第29页。

③ 魏晓莎：《石油危机后美国能源政策制定的政治经济学研究》，博士学位论文，吉林大学，2013年。

④ 陈子楠：《美国能源战略立法保障及启示》，硕士学位论文，华北电力大学，2013年。

加入了《京都议定书》，然而由于能源政策涉及多方利益，克林顿政府主张的环境保护和开发新能源，未能付诸实践。

（四）21世纪的能源新政

21世纪的能源新政，除继承以往的能源安全和能源独立的目标之外，将环境保护作为战略任务，由此主张清洁能源的发展，并制定税费减免、资金补贴等优惠政策，页岩气作为清洁能源的一种，正是借助这一时期的能源新政得以蓬勃发展。

小布什政府时期的能源政策体现了环境保护的新趋势。进入21世纪以后，美国能源短缺问题日益加剧，有一半的石油消费依靠进口，小布什上台后，先后颁布了《美国能源政策报告》《2005能源政策法案》和《2007年能源独立与安全法》，这些能源政策体现了能源发展与经济和环境保护协调发展的主张。小布什的能源政策主要包括：通过开发阿拉斯加禁区和美国西部石油天然气资源，加强对石油的开发，发展替代能源，增加生物能的使用量，实现能源供应的多元化，加强能源基础设施的建设，新增管道3.8万英里，取消对化石能源公司的税收优惠和补贴，更加关注对环境的保护，完善相应立法，鼓励污染防治技术研发和设备的更新。这一时期的能源政策除寻求能源安全外，更加关注发展新能源，体现了新时期能源政策侧重于环境保护的趋势。

奥巴马政府的能源政策鼓励非常规能源的发展。[①] 2009年开始，美国的清洁能源发展呈现强劲势头，奥巴马政府将发展新能源和可再生能源，作为能源发展首要战略，经济发展和环境保护更加紧密地联系起来，是美国历史上最大规模推广绿色能源时期。2009年1月奥巴马签署了《美国经济复苏与再投资法案》和《2009美国清洁能源安全法》等，这些政策的内容主要有：大力发展新能源，鼓励对非常规油气资源的技术创新，提高页岩气和页岩油的勘探开发潜力；对全国电网进行智能化改造，实现页岩气和可再生能源在内的新能源统一入网管理。"绿色、环保和新能源"成为奥巴马政府的能源主题，页岩气产业在这种能源战略的支持下，蓬勃发展起来，实现了美国能源安全和能源独立目标，并推动新能源的使用和环境保护目标的实现。

特朗普时期的能源政策体现为以"经济"和"就业"为核心，推动

---

① 陈子楠：《美国能源战略立法保障及启示》，硕士学位论文，华北电力大学，2013年。

传统能源产业的发展。2017 年特朗普政府计划支持开发价值 50 万亿美元未开采的页岩气油及煤炭，增加供应量以影响能源价格，减少石油进口；简化联邦土地的租赁程序，开放公共土地和水域促进能源开发，以突出传统能源产业的重要地位。此外，通过能源基础设施建设以带动产业发展和增加就业，联邦政府在基础设施上投资 1 万亿美元，通过公私合作关系和税收，激励私人投资基础设施建设以提高能源高效和电网灵活性。鼓励联邦能源监管委员会推进天然气基础设施建设和落实发展州际管道和天然气出口，取消因气候变化而对页岩气油、常规天然气、煤炭勘探开发的限制；减少对清洁能源发展的投资，拖延清洁电力计划实施，减少对清洁能源发展的补贴和投资。①

二 美国页岩气开发的能源立法

对于页岩气适用的能源立法主要包括联邦和州立法，联邦的法律效力最高，各州的宪法、法律、法规和判决违反联邦立法时无效。联邦能源立法以能源基本法为核心，包括石油天然气立法和对非常规天然气税收优惠立法在内的能源立法体系。

（一）能源基本法

2003 年美国频繁爆发大规模的停电事故，暴露出现行立法的不足。为了保证能源安全，适应能源发展的新形势，小布什政府决定制定一部能源基本法，《2005 能源政策法案》应运而生，《2005 能源政策法案》是目前涵盖范围最广、内容最全面的立法。《2005 能源政策法案》废止了《1935 公用事业控股公司法》，并对《联邦电力法》《1978 公用事业管制政策法》等法律做出修订。《2005 能源政策法案》共有 18 章，420 多条，其立法目的是促进能源安全和能源独立的实现，鼓励新能源的发展，提倡能源的高效利用，加强能源基础设施的建设。②《2005 能源政策法案》的基本内容主要为：通过消费税收优惠，促进家庭用能效率的提高；为商业和家庭用电制定最低能耗标准；通过税收减免等政策优惠，促进可再生能源的发展；优化传输电网和基础设施的建设等。这部法律从 2001 年开始着手制定，仅 4 年时间即宣布完成，适应了新能源和可再生能源发展的需

① 于宏源等：《特朗普能源政策转变及意义》，《中国石油报》2017 年 4 月 11 日第 9 版。
② 杜群等：《能源政策与法律——国别和制度比较》，武汉大学出版社 2014 年版，第 114—115 页。

求，有利于能源安全和能源独立目标的实现。

（二）石油天然气立法

天然气在美国能源产业中占有重要地位，天然气行业的监管最初由地方政府负责。19 世纪中叶，地方政府基于天然气市场的自然垄断性质，认为多家输气企业配送天然气会导致输气管网的浪费，出于成本考虑决定由一家企业输送天然气。由于缺乏竞争机制，输气公司滥用垄断地位对终端用户索要不合理高价。20 世纪初，伴随科学技术的发展，天然气在州内不同城市以及各州之间进行传输，地方政府和州政府对天然气产业的监管力不从心。联邦出台《1938 天然气法案》，授予联邦电力委员会对天然气监管的权力。以《1938 天然气法案》出台为标志，美国对天然气的监管已有近百年的历史，美国天然气市场目前是世界规模最大、最成熟的市场之一。美国石油天然气立法主要包括《赫伯恩法案》《石油和天然气节约的跨州协议》《1975 能源政策和节约法》《1976 能源节约和生产法》《1979 紧急能源节约法》《1938 天然气法案》《1978 天然气政策法》《1978 公用设施监管政策法》《1987 燃料使用法》和《1989 天然气井口解控法》《2005 能源政策法案》①。

这些法律以维护能源供应安全，鼓励和保护市场自由竞争，限制垄断为目标；其内容主要有：成立联邦能源监管委员会，对联邦和州的管辖权限做出划分，即联邦的监管权仅限于州际的石油天然气运输贸易和天然气采购的州际转售；建立能源战略储备；明确规定天然气的市场供应结构，由天然气生产企业向输气管道企业销售天然气，地方配气企业向管道企业购买天然气并向终端用户销售；解除石油天然气销售的价格管制，鼓励跨州油气资源的价格统一；联邦政府和州政府对天然气生产企业和输气管道企业的销售价格进行监管，地方政府对天然气终端销售价格进行监管；解除天然气井口价的管制，天然气井口价格由市场决定；要求联邦能源监管委员会对油气公司的定价标准进行审查，并由各州的公用事业委员会举行定价标准听证会，以提高能源利用效率和维护用户的权益；公用设施企业在不欺诈终端用户的情况下，可以获得因公平的资本投入而要求的经验收入；州际管道公司的输送和销售天然气职能相分离，限制输气管道垄断，鼓励市场竞争机制的形成，给予终端用户、地方配气企业更多选择权；对

---

① 张剑虹：《中国能源法律体系研究》，知识产权出版社 2012 年版，第 45 页。

非常规天然气的开发，实行税收减免等。

（三）对非常规能源税收优惠的能源立法

1980 年联邦出台《能源意外获利法》，由于卡特政府开始实行放松政府管制的能源政策，有些石油天然气公司通过提高石油天然气价格而获取高额利润，联邦称此为暴利，《能源意外获利法》的制定背景是通过对这些暴利征税，稳定国内能源价格，鼓励非常规天然气的发展，减少能源的对外依存度。《能源意外获利法》对非常规天然气发展的鼓励政策主要内容有：首先，对煤层气和页岩气开发实行先征后返的税收补贴政策，先按照联邦和州的立法规定缴纳相应税收，随后按照《能源意外获利法》的规定实行税收补贴政策，即政府给予煤层气每立方米 2.82 美分的补贴，相当于煤层气零售价的 1%，给予页岩气每立方米 3.5 美分的补贴。① 一些州制定了比联邦更优惠的税收政策，其中德克萨斯州和北卡罗来纳州对非常规天然气生产商直接免征生产税。其次，联邦能源部设立非常规天然气资源研究基金，每年投入 4500 万美元加强对煤层气和页岩气等资源的研究，利用基金项目展开与米歇尔能源公司、哈利伯顿石油筑井公司以及斯坦诺林德等能源公司的技术合作。最后，对页岩气在内的非常规天然气取消井口价格管制，并实行信贷政策，鼓励中小企业加入非常规天然气的开采。在《能源意外获利法》税收优惠政策执行的 12 年时间里，非常规天然气特别是煤层气开采商的利润增加了 30%，鼓励了石油天然气公司开发非常规天然气，到 1992 年煤层气已经形成了大规模的商业化开采，为后来页岩气产业的发展提供了政策借鉴。②

进入 21 世纪之后，由于美国的能源供应处于持续紧张状态，石油对外依存度达到 50%，同时小布什政府主张能源、经济和环境协调发展的"3E"能源政策，因此联邦在《2005 能源政策法案》和《2007 能源独立与安全法》中出台了一系列政策鼓励非常规天然气的发展，倡导能源供应的多元化，其中关于非常规天然气税收优惠的政策有：鼓励各州制定非常规天然气的税费补贴政策，将非常规天然气征税的起点价格从 23.5 美元提高到 35 美元，并为州提供资金援助和技术支持，包括对页岩气在内的非常规天然气矿区使用费的减免，对外大陆架非常规天然气的开发进行

① 张勇：《能源资源法律制度研究》，中国时代经济出版社 2008 年版，第 39 页。
② 赵庆寺：《美国能源法律政策与能源安全》，北京大学出版社 2012 年版，第 67 页。

综合评价，加强对深海地区页岩气开发的研究，2006 年仅德克萨斯州对页岩气减免的税收就达到 11 亿美元。[①] 小布什政府组建了非常规能源技术委员会，鼓励对非常规天然气包括煤层气、致密气、页岩气的勘探和开发研究，降低开发成本，提高资源采收率，增加油气资源的供应，降低非常规天然气泄漏的风险和对环境的不良影响。对非常规天然气的研发实行一揽子方法，要求各州制定避免和降低对环境危害的详尽规划，但为了鼓励页岩气的发展，同时规定排除《安全饮用水法》对水力压裂技术的管辖，虽然这项排外规定不利于水力压裂污染的防治，并且一直受到质疑和反对，但这些税收优惠政策为页岩气的蓬勃发展创造了有利条件。

奥巴马政府是美国历史上最大规模推行绿色能源的时期，其能源政策为"绿色、环保和新能源"，此时页岩气作为新兴能源，对美国能源结构乃至世界能源格局已经产生重大影响，在这种历史背景下，国会在 2009 年制定了《美国清洁能源安全法》，将碳减排作为立法的主要目标，通过提高页岩气等非常规能源在能源结构中的比例，促进立法目标的实现。该法案的主要目的是提高非常规能源的战略地位，促进页岩气和页岩油的勘探开发；对全国电网进行智能化改造，实现页岩气和可再生能源在内的新能源统一入网管理；电力行业采用非常规和可再生能源发电可享受税收减免政策，并向其发放较多的许可份额。[②]

特朗普政府在推动经济发展和提高就业率的政策主导下，将传统能源产业的发展作为主要目标。除 2017 年支持 50 万亿美元用于页岩气油开发之外，尚未出台新的能源立法。

三　美国页岩气开发的能源政策立法分析

(一) 完备的能源政策立法

美国政府各个时期都以能源独立和能源安全为能源政策目标并体现于能源立法中，同时在能源立法体系内部既有综合性的立法也有全方位覆盖能源领域的单项立法。《2005 能源政策法案》作为能源基本法，是涵盖范围最广、内容最全面的立法，涉及促进能源安全和能源独立的实现，鼓励新能源的发展，提倡能源的高效利用，加强能源基础设施的建设等方方面

①　董勤：《美国气候变化政策分析》，《现代国际关系》2007 年第 11 期。
②　康玮：《页岩气资源税费制度研究》，硕士学位论文，中国地质大学，2012 年。

面，单行立法包括煤炭、石油、天然气以及非常规能源在内，包括能源基础设施的建设、联邦和各州的监管权限划分、解除价格管制、提高能源利用效率、减少对环境的危害、宣传教育、对公众权益的维护以及非常规能源的税收减免和政策支持等，涉及能源的生产、储存运输、输配管理、安全保障等，为能源的发展提供全方位的保护，美国较完备的能源立法为美国能源政策的实现，提高了保障。我国《能源法》即将出台，将弥补能源基本法长期缺位的遗憾，然而能源单行立法不完备，石油天然气领域的单行立法主要包括《石油天然气管道保护条例》和《石油天然气管道安全监督与管理暂行规定》等法规，缺少专项石油天然气法律，不能为石油天然气发展提供全方位的保护。

（二）促进新能源的开发，鼓励能源供应的多样化

两次能源危机的深刻教训，从尼克松政府到特朗普政府都将"能源独立和能源安全"作为能源政策立法的主要目标。由于美国石油天然气等常规能源的储量有限，因此鼓励包括页岩气在内的新能源开发，并提供技术和资金支持，包括为刺激非常规油气资源的发展，增加3.8万英里的管道建设，取消对化石能源公司的税收优惠和补贴，对煤层气和页岩气开发实行先征后返的税收补贴政策，给予页岩气每立方米3.5美分的补贴，将非常规天然气征税的起点价格从23.5美元提高到35美元，联邦能源部设立非常规天然气资源研究基金，每年投入4500万美元加强对煤层气和页岩气等资源的研究，对页岩气在内的非常规天然气取消井口价格管制，并实行信贷政策，鼓励中小企业加入非常规天然气的开采，对全国电网进行智能化改造，实现页岩气和可再生能源在内的新能源统一入网管理等。美国能源政策立法在能源安全、能源独立目标的指引下，高度统一地鼓励新能源的开发并鼓励加强基础设施建设、提高能源利用效率、促进能源供应的多样化，以及从1980年到2009年对非常规天然气实施税收优惠和减免，这在刺激页岩气产业发展的同时，减少了传统化石能源对环境的危害。

（三）注重市场竞争秩序的建立

为应对能源危机，尼克松、卡特采取政府主导型的能源政策，但并未达到预期效果，到里根时期变政府主导型为市场主导型的能源政策，鼓励多元市场格局的形成和规范的能源市场竞争秩序，并通过立法加以实施，一定程度上缓解了能源紧缺的矛盾，一直到奥巴马政府都奉行市场主导型

的能源政策。《1938 天然气法案》《1978 天然气政策法》《2005 能源政策法案》对鼓励多元市场竞争、反对垄断做出规定，包括解除对石油、煤炭、核能及电力的价格管制，倡导州际油气资源的价格统一，鼓励多元市场竞争格局，增加输气管网的建设，实行管网运输和油气资源销售的分离，联邦电力委员会禁止管道运输商将从开采者处购买的天然气直接卖给终端消费者，禁止天然气公司制定不适当的优惠条件或不利的限制条件在不同地区提供设施或费用差别，避免天然气管道传输公司的垄断，同时要求司法部长定期对反垄断情况进行审查。据统计，中小企业对美国页岩气的发展的贡献率达 90%，这与美国鼓励市场竞争的政策立法密不可分，我国页岩气发展的困境之一就是尚未建立市场竞争格局，国有企业垄断油气资源，页岩气探矿权中标的民营企业仅获得地质条件不理想的区块，此外国企控制输气管网，使民营企业面对页岩气市场裹足不前。

（四）将能源开发和环境保护结合起来

卡特政府时期，就已经出现注重环境保护的趋势，要求加强对煤页岩等技术的研发，减少传统化石能源对环境的危害，一直发展到 21 世纪小布什、奥巴马时期都倡导绿色能源的能源新政，这些政策体现在《2005 能源政策法案》、石油天然气专项立法以及对非常规能源税收优惠的能源立法中，包括取消石油天然气的价格补贴，将"可持续发展"作为能源开发的指导思想，将"绿色、环保和新能源"作为能源主题，降低煤炭生产对环境的破坏性影响，增加对非常规能源和可再生能源的投资、促进新能源市场的发育、开展能源领域的经济、安全和环境的国际合作，将发展新能源和可再生能源作为能源发展的首要战略，鼓励污染防治技术研发和设备的更新，推动新能源的使用和环境保护目标的实现，这些内容不仅促使了页岩气的开发，也在一定程度上实现了环境保护的目的。虽然联邦为鼓励页岩气的发展，在《安全饮用水法》、《清洁水法》和《资源保护和恢复法案》中，对页岩气实行管理豁免，但是在能源发展和环境保护相结合的政策立法的指导下，《联邦水力压裂法案》即将出台，各州法律也对页岩气开发实行全过程保护，最大限度地减少对环境的破坏。

第二节　美国联邦页岩气开发的环境保护立法

页岩气除适用能源立法之外，鉴于其对环境产生的不利影响，美国对页岩气的环境保护也做出了详尽规定。美国联邦页岩气环保立法以常规油气资源为参照，这些法规是页岩气法律体系的主要构成。页岩气开发涉及的环境法律法规包括污染防治的各个方面，主要有：水污染防治的法律，规范空气污染物和挥发性有机物排放的法律，废弃物处置的法律，地方物种保护的立法以及有关预防页岩气泄漏和事故应急处置对策的内容等。

一　水污染和空气污染防治的立法

（一）水污染防治的立法

1974 年《安全饮用水法》① 的立法宗旨是防止自然或人为的污染饮用水。根据《安全饮用水法》的授权，联邦环保局负责制定饮用水国家标准，并由联邦、各州和地方供水部门负责标准的执行。《安全饮用水法》建立了地下灌注污染物监管机制并制定了地下灌注安全标准，通过地下注入控制系统，防止污染饮用水。对于页岩气生产而言，管理部门必须严格执行国家饮用水标准，防止处置地下污染物导致水污染事故的发生，同时页岩气开采商负有检查、监测、保存灌注记录以及申报的义务，然而为了促进页岩气产业的发展，减少开采成本，《安全饮用水法》规定，水力压裂过程中使用的压裂液和支撑剂不受该法案的限制（柴油除外），这项规定无疑增加了页岩气生产对饮用水的威胁，2011 年迫于公众压力，国会试图取消《安全饮用水法》对压裂液和支撑剂的排外规定，但由于石油天然气集团的强烈反对，这项管理豁免仍然具有法律效力。

《清洁水法》② 是防治地表水污染的另一部主要立法，其立法宗旨是禁止以点源方式向可航水体排放污染物，使可航水体适合鱼虾、贝类和野生动物生存，与《安全饮用水法》类似，联邦、各州和地方监管部门行使污染物排放控制的监管权，《清洁水法》建议通过"基于技术的污染物排放控制"和"基于水质的污染物排放控制"达到国家水质标准。然而《清洁水法》规定，压裂液不受污染物排放控制系统的监管，除非有证据证明压裂液确实会造成人身损害和财产损失，法案允许开采商通过地下填埋或公共污水处理厂处理回流水。

---

① Michael Goldman, "Drilling into Hydraulic Fracturing and Shale Gas Development: a Texas and Federal Environmental Perspective", *Texas Wesleyan Law Review*, Vol. 19, 2012, p. 186.

② Minott Joseph, Skinner Jonathan, "Fugitive Emissions: the Marcellus Shale and the Clean Air Act", *Natural Resources and Environment*, Vol. 26, 2012, p. 45.

（二）空气污染防治的立法

《清洁空气法》作为联邦监管大气污染物排放的法律，授权联邦环保局负责对固定源排放的监管。该法案建立了国家空气质量标准，各州都有义务达到这个标准，并要求未达标地区制定达标计划。2012 年联邦环保局以此为基础建立了水力压裂空气质量标准，要求开采商通过最佳管理实践，减少页岩气生产过程中污染物的排放，联邦环保局预计在水力压裂空气质量标准的推行下，到 2020 年使挥发性有机物的排放减少 95%，全部实现绿色完井。此外《清洁空气法》对于压缩机等生产设施做出规定，根据"预防空气质量严重下降项目"，如果两个页岩气井场属于同一个开采商，并且使用相同的传输管网，则属于单一源。联邦环保局的"石油天然气产业的辐射物质管理标准"也做出此类规定。[1] 这项立法的进步对于页岩气开采过程中空气污染物的防治有重大促进作用。

二　有关废弃物处置和预防泄漏的立法

（一）有关废弃物处置的立法

《综合环境反应补偿和责任法》[2] 对开采商清除开采区域的危险废物做出规定，法案建立了"超级基金"，对排放危险物质的责任人履行清除责任时给予补偿。然而该法案将油气资源排除在危险废物的范围外，但鉴于水力压裂液中包含很多非油气化学物质，联邦环保局有权要求开采商对这些物质承担清除责任，有利于污染的预防。联邦土地管理局颁布了一条与水力压裂有关的规则，要求开采商在联邦土地上进行水力压裂时使用的压裂物质必须满足特定要求和特定的井场建设标准。

1976 年通过的《资源保护和恢复法》[3] 是监管危险废物的生产、运输、储存和处置的法律。该法案改变了《综合环境反应补偿和责任法》的事后处置模式，采用了预防原则，即从"摇篮到坟墓"的立法模式。《资源保护和恢复法》制定了信息披露制度，即开采商需向管理部门或公

---

[1]　John R. Nolont, Steven E. Gavinl, "Hydrofracking: State Preemption, Local Power and Cooperative Governance", *Case Western Reserve Law Review*, Vol. 63, 2013, p.1009.

[2]　Jennifer Hayes, "Protecting Pennsylvania's Three Rivers' Water Resources from Shale Gas Development Impacts", *Duke Environmental Law and Policy Forum*, Vol. 22, 2012, p. 393.

[3]　Michael Goldman, "Drilling Into Hydraulic Fracturing and Shale Gas Development: a Texas and Federal Environmental Perspective", *Texas Wesleyan Law Review*, Vol. 19, 2012, p. 187.

众披露使用的化学物质，并鼓励使用非毒性替代物以减少危险废物的使用，此外法案授权联邦环保局制定危险固体废物的管理标准及管理程序，然而 1988 年迫于石油天然气集团的强大压力，油气资源不属于法案规定的危险废物的范围，2010 年 9 月自然资源保护委员会申请联邦环保局取消《资源保护和恢复法》对油气资源包括页岩气的豁免，对油气资源实行从"摇篮到坟墓"的管理，并禁止在地震带设置井场，此外在自然资源保护法的支持下，"STRONGER"①（卡罗莱纳州石油天然气审查委员会）组织诞生，该组织是负责监督州石油天然气开发工作的 NGO 组织，成为美国页岩气产业发展中环境保护的重要力量。

（二）预防泄漏的立法

1990 年通过《石油污染和控制法》②，对石油天然气泄露防止做出规定，当泄漏发生时开采商承担通知义务并制订应急处置方案。法案规定为防止石油天然气及危险废物泄漏到水体，由联邦环保局制定泄漏防止对策，联邦环保局制定的对策包括对天然气的开采、加工、储存和传输设备进行监测，并对监测人员进行培训；安装泄漏防止装置，并严格按照装置安装的程序进行操作；制定泄漏处置应急预案，将物质泄漏对水体、大气和土壤的影响降至最低；向可航水体和毗邻区排入废物必须经过批准。《石油污染和控制法》还规定利用土地填埋方式处理废物时，必须有大于 15.92 万升的填埋能力，并鼓励循环使用废水。

联邦法律对页岩气开发提供了较全面的环境保护，然而《安全饮用水法》《清洁水法》和《资源补偿和恢复法》对水力压裂做出排外规定，在某种程度上助长了页岩气开采中的环境污染，联邦目前正在制定《联邦水力压裂法案》，法案有望在 2020 年年底出台，希望《联邦水力压裂法案》能有效弥补排外规定的不足。③

---

① John R. Nolont, Steven E. Gavinl, "Hydrofracking: State Preemption, Local Power and Cooperative Governance", *Case Western Reserve Law Review*, Vol. 63, 2013, p. 1012.

② Kalyani Robbinst, "Awakening the Slumbering Giant: How Horizontal Drilling Technology Brought the Endangered Species Act to Bear on Hydraulic Fracturing", *Case Western Reserve Law Review*, Vol. 63, 2013, p. 1.

③ Jennifer Hayes, "Protecting Pennsylvania's Three Rivers' Water Resources from Shale Gas Development Impacts", Duke Environmental Law and Policy Forum, Vol. 22, 2012, p. 42.

三　其他相关立法

(一) 有关地方物种保护的立法

1973 年通过的《濒危物种法》①旨在保护濒危物种及其栖息地。《濒危物种法》规定，内政部有权制定濒危物种名录，行使保护陆生和淡水中濒危物种的管理权，对于海洋生物的保护则由商务部行使，直到物种不再处于濒危境况为止。《濒危物种法》规定未经许可捕获名录中的濒危物质或从事危害这些物种的行为都属非法，这一限定对水力压裂同样适用。此外，濒危物种栖息地的保护和管理由野生动物管理部门负责，任何企业和个人不得从事破坏栖息地的行为。页岩气开采过程中基础设施的建设和使用有对濒危物种栖息地破坏的危险的，内政部有权根据《濒危物种法》对开采行为做出限制，要求开采商承担前所未有的预防义务。

《候鸟保护条约》的立法目的是对候鸟提供联邦级别的保护，条约制定了候鸟保护名录，将 800 多种鸟类纳入名录，要求对鸟类的所有部位以及巢穴都进行保护，猎捕或销售名录中的鸟类都属非法。条约适用严格责任，开采商承担其开采行为对鸟类及栖息地不产生影响的证明责任。

(二) 履行信息披露义务的立法

1976 年颁布的《有毒物质控制法》②要求石油天然气公司有义务向联邦环保局等主管部门披露使用的化学物质，防止对人类健康和环境产生威胁，2011 年地球正义组织申请，法案应该特别要求页岩气开采商披露水力压裂中的化学物质及浓度，要求开采商保存监测记录以及进行钻井前试验，并授权联邦环保局承担监管义务，同年 11 月联邦环保局决定同意地球正义组织的部分请求，这项规定在一定程度上弥补了《安全饮用水法》和《资源补偿和恢复法》对页岩气开采的环境保护漏洞。1986 年颁布的《危机处理和社区知情法》③要求油气资源排放到特定区域或超过限值时，开采商需将排放情况报告给主管部门，便于主管部门对污染的追

---

① Saeah K. Adair, Brooks Rainy Pearson, "Considering Shale Gas Extraction in North Carolina: Lessons from other States", *Duke Environmental Law And Policy Forum*, Vol. 22, 2012, p. 269.

② Krupp Fred, "Don't Just Baby-drill Carefully: How to Make Fracking Safer for the Environment", *Foreign Affairs*, Vol. 3, 2014, p. 167.

③ Michael Goldman, "Drilling into Hydraulic Fracturing and Shale Gas Development: a Texas and Federal Environmental Perspective", *Texas Wesleyan Law Review*, Vol. 19, 2012, p. 15.

踪，主管部门还需对不属于商业秘密的事项向公众披露。

第三节　各州页岩气开发的环境保护
法律原则和法律法规

　　美国各州页岩气产业在一系列法律原则的指导下，除以常规油气资源法律为基础，还对部分立法进行了修改并制定了新的适用于页岩气的环保法律，形成了涵盖环境污染和生态破坏的防治，涉及钻井前、钻井中和钻井后各阶段的全过程环境监管，将页岩气产业发展的环境负面影响降至最低。本书除介绍联邦页岩气开发的环境保护立法之外，还对各州的页岩气环保立法进行全面梳理，以对美国页岩气环保立法的研究增添新意。

一　各州页岩气开发的环境保护法律原则

　　与页岩气开采密切相关的是可持续发展原则、损害担责原则、预防原则、公众参与原则，这些原则在美国各州的立法中得到了较好体现。

（一）可持续发展原则

　　国际自然与资源保护同盟在1980年发布了《世界自然资源保护大纲》，首次提出可持续发展的概念，即可持续发展原则是满足当前人类的需要不以牺牲后代人类的需要为代价。可持续发展原则有三个立足点：经济、社会和环境。实现三者的平衡是可持续发展原则的本质。1992年《联合国人类环境与发展大会》推广可持续发展原则，使该原则在全世界达成共识，随后又在《21世纪议程》和《生物多样性公约》中得以继续发展，可持续发展原则有两方面的内涵：它一方面要求在制定经济和其他发展计划时切实考虑保护环境的需要；另一方面要求在追求保护环境目标时充分考虑发展的需要。[1]可持续发展原则要求经济发展的净利益以保证自然资源质量为前提，在保证自然资源服务功能的前提下，实现经济净利益的最大实现，对于可再生资源，对于其开发利用应该保证资源的最佳再生能力，对于不可再生资源的利用应该以维持并不以耗竭状态的出现为原则，[2]可持续发展原则在全球环境法律发展中的位置越来越重要。而可持

　　[1]　陈海嵩：《环境与可持续发展原则研究》，《昆明理工大学学报》（社会科学版）2008年第3期。
　　[2]　蔡守秋：《可持续发展与环境资源法制建设》，中国法制出版社2003年版，第14页。

续发展原则在现代非常规天然气的快速发展中受到影响，一些页岩气开采地区的居民往往依靠生态景观为主要生活来源，包括观光、打猎、捕鱼等，而这些生态景观主要依赖于清洁水质，页岩气开采使水质和生态景观受到很大影响。此外水力压裂和水平钻井技术虽然会提高页岩气的开采效率，同时留在储层里的页岩气将越来愈少。《宾夕法尼亚州安全饮用水法案》规定，页岩气发展势头较快，但是其资源枯竭速度快于其他州，州能源主管部门根据可持续发展原则，主张利用循环废水，改进水力压裂液、对水泥浇筑的恰当操作以及其他技术的进步来减少对环境和人类健康的损害，[1] 有些州如纽约州已经禁止使用水力压裂技术[2]。

(二) 损害担责原则

损害担责原则源自污染者付费原则，损害担责原则认为对污染者课以金钱负担，不仅关系到"纯粹的费用归属"问题，还进一步要求污染者负有对环境保护适当客观且具有经济价值的责任，即除要求污染者付费外，更应积极地避免对环境污染及排除对环境造成的负担。[3] 起初，环境被认为是无主物，造成环境污染和生态破坏以对他人的人身和财产损害为前提，只要没有造成直接侵害就无须承担环境责任，然而随着环境问题的加剧，政府进行污染防治的投入越来越大，实际上是把污染者的治理责任转嫁给社会，导致了对环境污染的纵容，形成越治理、污染越严重的恶性循环，鉴于此，生态经济学主张由污染破坏者承担污染治理责任，以将环境外部不经济性，内化给企业。[4] 1972 年由 24 个国家组成的经合组织提出了"污染者付费"原则，1992 年《里约环境与发展宣言》再次强调，各国应制定关于污染和其他环境损害的责任和赔偿受害者的国家法律，考虑到污染者原则上应该承担污染费用的观点，国家当局应努力促使内部负担环境费用。[5] 污染者付费原则体现了社会公平，有利于开发利用者和污染者采取措施保护生态，很多国家将其列为环境法的一项基本原则，污染者付费原则逐渐发展为损害担责原则。页岩气作为准公共物品，页岩气生

① Saeah K. Adair, Brooks Rainy Pearson, "Considering Shale Gas Extraction in North Carolina: Lessons from other States", *Duke Environmental Law and Policy Forum*, Vol. 22, 2012, p. 265.

② Wurzer Molly, "Taking Unconventional Gas to the International Arena", *Texas Journal of Oil, Gas, and Energy Law*, Vol. 2, 2011-2012, pp. 357-382.

③ 陈慈阳:《环境法总论》,中国政法大学出版社 2003 年版,第 176 页。

④ 陈泉生:《环境法学基本理论》,中国环境科学出版社 2004 年版,第 145 页。

⑤ 陈茂云、马骧聪:《生态法学》,陕西人民出版社 2000 年版,第 81 页。

产地区的居民承担了更多的环境负外部性成本，《西弗吉尼亚州土地复垦法案》规定对页岩气生产企业征收土地复垦金、生态修复保证金实现对当地居民的生态补偿，更好地体现损害担责原则。[①]

（三）预防原则

预防原则指采取各种预防措施，防止环境问题的产生和恶化，或者把环境污染和破坏控制在能够维持生态平衡、保护人体健康和社会物质财富及保障经济、社会持续发展的限度之内。1980 年《世界自然资源保护大纲》在环境和资源保护方面提出了"预期的环境政策"，其目的是把"资源保护和开发很好地结合起来，以保证这星球上的一切变革皆对于全人类的生存和幸福是可靠的"。同时提出"这些政策要求在环境遭到破坏之前就要采取行动，我们的行动策略是把治理与预防明智地结合起来"[②]。1982 年通过的《内罗毕宣言》提出："与其花很多钱、费很多力气在环境破坏之后亡羊补牢，不如预防其破坏。预防性行动应该包括对所有可能影响环境的活动进行妥善规划。"1992 年联合国人类环境与发展大会颁布的《里约环境与发展宣言》提出："为了保护环境，各国应该按照本国的能力，广泛适用预防措施。遇有严重或不可逆转损害的威胁时，不得以缺乏科学充分缺失证据为理由，延迟采取符合成本效益的措施，防止环境恶化。"从经济学上看，与预防相比，恢复与治理费用相当高昂，难度也大，经济学家认为，预防污染费用与事后治理的费用比例高达 1∶20，而且在很多情况下，环境污染和生态破坏是不可消除和恢复的。[③] 预防原则在于防止损害发生，页岩气开采容易产生井喷、爆炸、天然气泄漏等多种危险，预防原则在一些州的立法中得以体现。《宾夕法尼亚安全饮用水法案》要求在页岩气开采领域，举证责任从公众转移给作业商，制定开采替代方案，对水泥浇筑和套管制定严格的标准。[④] 《2012 年马萨勒斯页岩水力压裂规则法案》对绿色完井做出规定和循环利用压裂废水做出规

---

① Thomas Swartz, "Hydraulic Fracturing: Risks and Risk Management", *Natural Resources and Environment*, Vol. 26, 2011, pp. 34-40.

② 陈泉生：《环境法学基本理论》，中国环境科学出版社 2004 年版，第 156 页。

③ 曹明德：《生态法原理》，人民出版社 2002 年版，第 215 页。

④ Gaille S. Scott, "How Can Governments Accelerate International Development", *Energy Law Journal*, Vol. 36, 2015, pp. 95-112.

定。①《纽约州石油天然气和矿业法》增加了公众参与以及公众决策，利用预防原则防止不确定损害的发生等。② 预防原则有强弱两种状态，强度保护要求页岩气生产的各个过程都考虑预防原则，证据负担完全转移给作业商。

（四）公众参与原则

"公众参与"原则是指公众有权通过一定的程序或途径，参与一切与公众环境权益相关的环境开发、决策等活动，并有权得到相应的法律保护和救济，以防止决策的盲目性，最终使该项决策符合广大公众的切身利益和需要。③ 美国在《国家环境政策法》中确立了公众参与原则，并确立了环境影响评价制度予以落实。1972 年的《人类环境宣言》及后来的国际法律文件，都强调公众参与原则的重要性。1980 年的《世界自然资源保护大纲》提出群众参与环境决策是必要的行动，1982 年的《内罗毕宣言》提出通过宣传、教育和训练，提高公众和政界人士对环境重要性的认识。在促进环境保护工作中，必须每个人负责任并参与工作。1992 年《里约环境与发展宣言》提出："环境问题最好是在全体有关市民的参与下，在有关级别上加以处理。在国家一级，每一个人都应能适当地获得公共当局所持有的关于环境的资料，包括关于在其社区内的危险物质和活动资料，并应有机会参与各项决策进程。各国应通过广泛提供资料来方便及鼓励公众的认识和参与。应让人人都能有效地使用司法和行政程序，包括补偿和补救程序。"《21 世纪议程》提到公众参与应该发挥 NGO 组织的作用，NGO 组织与国家和地方政府在很多事务上进行有效合作，包括制定和实施环境政策、方案和行动计划等。④ 美国的环境保护工作因为公众参与得到了更好的监督和执行。⑤ 页岩气开采对当地环境有重大影响，社区居民已经通过市民行动、社区福利协议、社会信用证和 NGO 组织监督等形式

① Thomas Swartz, "Hydraulic Fracturing: Risks and Risk Management", *Natural Resources and Environment*, Vol. 26, 2011, pp. 34–40.

② Minott Joseph, Skinner Jonathan, "Fugitive Emissions: The Marcellus Shale and the Clean Air Act", *Natural Resources and Environment*, Vol. 26, 2012, p. 45.

③ 汪劲：《环境法学》北京大学出版社 2006 年版，第 106 页。

④ 曹明德：《生态法原理》，人民出版社 2002 年版，第 225 页。

⑤ Pifer Ross H., "Greener Shade of Blue: Technology and the Shale Revolution, Notre Dame Journal of Law", *Ethics And Public Policy*, Vol. 27, 2013, pp. 131–148.

参与页岩气开采的环境监管,① 确保页岩气生产企业及时准确地披露水力压裂信息和数据, 保护邻地所有权人和非邻地所有权人的相邻权等相关权益, 公众参与成为美国页岩气产业发展的重要原则。

二　各州页岩气开发的环境保护立法

根据联邦授权, 各州在上述环境保护法律原则的指导下, 对页岩气产业进行实质性监管并通过对原有立法的修改或制定新法, 加强对页岩气开采的环境监管。各州适用于页岩气开发的环境保护的法律主要有《德克萨斯州自然资源法典》《德克萨斯州行政法典》《德克萨斯州水法》《康纳利石油法案》《路易斯安那州石油天然气保护法》②《宾夕法尼亚州安全饮用水法案》《宾夕法尼亚州石油天然气法案》《密歇根州水资源利用法案》《纽约州石油天然气和矿业法》《纽约州城市条例》③《2012 马萨勒斯页岩水力压裂规则法案》《俄亥俄州预防天然气泄漏和控制对策法案》《俄克拉荷马州石油天然气保护法》《北达科他州应急处置法案》《怀俄明州环境质量法案》《西弗吉尼亚州土地复垦法案》《萨斯奎哈纳河滞洪区土地使用条例》④ 等, 这些法律比联邦立法提供了更有力的防护。

（一）钻井前监管对策

纽约州大学发现地下水污染的风险是由水力压裂操作导致的, 因此恰当的操作程序, 能有效防止水污染, 一些州对于钻井和完井都做出了详细规定, 防止化学物质泄漏。⑤

对井管使用和水泥浇筑的监管。第一, 对井管使用的管理做出规定,

---

① Olawuyi Damilola S., "Regulating Unconventional Oil and Gas Production: towards an International Sustainability Framework", *Indonesian Journal of International Law*, Vol. 11, 2014, pp. 345 - 362.

② Bagnell Snyder, "Environmental Regulation Impacting Marcellus Shale Development", *Penn State Environmental Law Review*, Vol. 19, 2011, pp. 180 - 190.

③ Beren Argetsinger, "The Marcellus Shale: Bridge to a Clean Energy Future or Bridge to Nowhere? Environmental, Energy and Climate Policy Considerations for Shale Gas Development in New York State", *Pace Environmental, Law Review*, Vol. 29, 2011, pp. 330 - 340.

④ Ehrman Monica, "Next Great Compromise: a Comprehensive Response to Opposition against Shale Gas Development Using Hydraulic Fracturing in the United States", *Texas Wesleyan Law Review*, Vol. 46, 2014, pp. 423-468.

⑤ Kulander Christopher S., "Shale Oil and Gas State Regulatory Issues and Trends", *Case Western Reserve Law Review*, Vol. 63, 2013, pp. 1111-1129.

开采者对于水力压裂的套管，采用最严格的管理，套管是导致地下水污染的主要原因，因此各州对套管与地下水源的距离做出规定。各州规定，距离地下水最小距离不得小于 50 英尺，个别州将最小距离规定为 100 英尺。各州对井喷防止措施做出规定，套管的抗压能力要超过钻井商预计的最大压力的 20%，如德克萨斯州和马里兰州不要求进行套管压力测试，仅要求开采商书面陈述套管的抗压能力，确保开采者使用的井管能够抵抗井下压裂，开采商进行书面陈述后，需严格按照陈述书的要件履行标准，地方政府委派巡视员，对于套管的实际执行情况进行督察，而有些州如北达科他州要求对套管进行压力测试，因为井管需要抵抗的压力不仅来自水力压裂的强度，也来自井管内部以及横向水平井，因此各州必须制定严格的技术标准以确保使用的套管足以抵抗腐蚀和压力。旧井管由于老化，抗压能力降低。因此很多州对天然气开采旧井管的使用做出限制，有些州禁止使用旧井管，例如《俄亥俄州预防天然气泄漏和控制对策法案》和《纽约州石油天然气和矿业法》只允许使用新井管，有些州即使允许使用旧井管，也规定旧井管在投入使用前，需进行物理抗压测试，如《德克萨斯州水法》和《宾夕法尼亚州安全饮用水法案》，而北达科他州、西弗吉尼亚州和马里兰州的法律对于新旧井管的使用没有做出限制。第二，对于水泥浇筑的管理。页岩气钻井到含水层，易于污染地下水。为防止污染，往往在井孔附近进行浇筑水泥也称为筑管，水泥浇筑的强度，对于页岩气井承受压力的强度有重要影响，水泥浇筑不当，是导致地下水污染的主要原因。《2012 马萨勒斯页岩水力压裂规则法案》规定水泥浇筑管理包括综合强度测试和最低强度测试，综合强度测试用来检测浇筑的水泥在水力压裂过程中的牢固程度，包括注入的水泥量、使用的水泥类型以及水泥达到的抗压强度。最低强度测试要求开采商使用的水泥必须在井场上进行最低强度测试，包括最低抗压值、测试时间以及测试区域。然而，由于钻井各个过程的压力不一致，德克萨斯州对于重点区域规定最强的抗压能力，在该区域适用最严格的技术标准，这种特定区域做出特殊规定，受到开采商的青睐。而马里兰州仅规定对开采商采用严格责任，因为马里兰州颁布了水力压裂禁制令，对于水泥浇筑尚未做出详细规定。[①] 各州要求开采商遵守美国石油协会或美国物质测试协会制定的水泥浇筑标准，该标准属于行业

---

　　① Michael Esposito, "Water Issues Set the Pace for Fracking Regulations and Global Shale Gas Extraction", *Tulane Journal of International and Comparative Law*, Vol. 22, 2013, p. 167.

标准，因为行业组织掌握全面的页岩气开采的技术和信息，使水泥浇筑标准更具有科学性，各州除要求开采商遵守行业标准外，也要求遵守州的标准，州的标准要求进行抗压能力测试，即向井口注入大量水泥，其抗压能力超过实际最大压力的 20%—25%，[①] 以保证在水力压裂的作用下，不发生页岩气泄漏。第三，制定套管和水泥浇筑的标准。美国对于套管和水泥浇筑标准的制定，属于"命令—控制型"管理模式，即建立技术标准和行为标准，技术标准要求作业商使用特定的污染防治技术。《密歇根州水资源利用法案》《北达科他州应急处置法案》《怀俄明州环境质量法案》等要求新的发电商安装大型脱硫装置将二氧化硫从天然气中移除，在筑井时使用特殊的水泥浇筑技术，并对废物处置做出规定，例如要求钻井附近水源中特定污染物不超出一定浓度，监管者对于技术标准和行为标准享有一定的自由裁量权。美国天然气泄漏事故大量减少的主要原因是很多州对于套管和筑井制定严格的管理要件，例如具有开采化石能源悠久历史的西弗吉尼亚州执行的套管和筑井标准比很多州都严格。北达科他州政府要求巡视员对每口井标准的执行情况进行检查。[②] 第四，加强对于套管和筑井的技术研究。各州对套管和筑井的监管体现的是预防原则。各州的监管往往通过与美国石油研究会和页岩气可持续发展研究中心的合作实现。美国石油研究会是全国范围内对石油天然气技术进行研究，并且为石油天然气发展制定技术标准的组织。页岩气可持续发展研究中心由油气资源产业人员、专业技术人员和环保人员组成，目标是在发展页岩气的同时保护环境，通过与这两个中心合作，州能够学习水力压裂中对于套管和筑井监管的最佳方法，一些州要求开采者必须遵守美国石油研究会页岩气或可持续发展研究中心的标准，使州能够为地下水提供更安全的保护，美国石油研究会和页岩气可持续发展研究中心执行最佳管理实践，为州在制定各自的套管和筑井标准时提供参照。页岩气可持续发展研究中心制定的标准，要求套管和筑井的设计和安装应保持钻井过程与地下水或地表水相隔离，以防止压裂液和页岩气通过岩层裂缝渗透到含水层，加强对页岩气泄漏的防

---

① Mark Weinstein, "Hydraulic Fracturing in the United States and the European Union: Rethinking Regulation to Ensure the Protection of Water Resources", *Wisconsin International Law Journal*, Vol. 30, 2017, pp. 900-908.

② Argetsinger Beren, "Marcellus Shale: Bridge to a Clean Energy Future of Bridge to Nowhere-environment, Energy and Climate Policy Considerations for Shale Gas Development in New York State", *Pace Environmental Law Review*, Vol. 29, 2011, pp. 321-343.

范管理。

据美国能源部和商务部调查表明，压裂液中使用的化学物质有 29 种属于《安全饮用水法》的致癌物质及《清洁空气法》规定的危险空气污染物，《德克萨斯州水法》《宾夕法尼亚州安全饮用水法案》《2012 马萨勒斯页岩水力压裂规则法案》《密歇根州水资源利用法案》和《怀俄明州环境质量法案》等都对压裂液披露制度做出规定，包括披露水资源使用量，压裂液的化学成分、浓度等[1]。披露形式包括向公众部分披露和向管理者全部披露两种。如密歇根州和宾夕法尼亚州要求开采商将压裂液中不涉及商业秘密的成分加以汇总后上传到相关网站上，便于公众查阅，并确保接触这些化学物质的人能够获得其对人体潜在损害的相关数据。[2] 卡罗莱纳州、德克萨斯州和怀俄明州等要求开采商向管理者提交压裂液中使用的全部添加剂，并保存相关记录，便于对压裂液的监测和追踪。

还有对水资源使用的监管，《密歇根州水资源利用法案》建立了取水评价制度，即通过取水评价系统对页岩气开采者的拟取水量和水质进行评价，开采商只能使用低质量的水以及循环水，禁止使用饮用水，并提高用水效率，取水评价系统对水资源的使用情况进行评价，以判定其对环境是否会产生影响。[3]

（二）钻井中的监管对策

各州对废水处置的监管做出规定，根据《宾夕法尼亚州安全饮用水法案》，回流水的处置需要符合国家污染物排放清除系统的规定。州有权颁发国家污染物排放清除许可证，国家污染物排放清除系统是以技术为基础的清除标准，该标准以《联邦污染物排放限制指导方针》为制定依据，根据该方针的规定，联邦禁止在井场排放未经处理的回流水或产出水。[4] 因此国家污染物排放清除系统不允许从页岩气井场向河流排放污染物。宾

---

[1]　McGinley Patrick C., "Regulatory Takings in the Shale Gas Patch", *Penn State Environmental Law Review*, Vol. 19, 2011, pp. 193-240.

[2]　Aladeitan Lanre and Nwosu, Chisom, "Shale Gas Development: Their Gain, Our Pain and the Cost", *Journal of Politics and Law*, Vol. 6, 2013, pp. 216-226.

[3]　Spence David B., "Federalism, Regulatory Lags, and the Political Economy of Energy Production", *University of Pennsylvania Law Review*, Vol. 16, 2013, pp. 141-190.

[4]　David S. Steele, Jennifer M. Hayes, "Environmental and Social Implications of Hydraulic Fracturing and Gas Drilling in the United States: an Integrative Workshop for The Evaluation of the State of Science and Policy", *Duke Environmental Law and Policy in the Forum Syposium*, Vol. 22, 2012, p. 254.

州规定如果没有州环保部的批准，不允许向水体排放工业非危险废物，此外各州要求开采商再次进行水力压裂时，必须使用废水，以减少废物的产出和水资源的用量。在莫农加希拉河流污染事故后，对开采商制定了预处理标准，州环保部会对天然气产业制定附加条件，即如果溶解性总固体的浓度每升高于500毫克，开采产生的废水就不能排放到污水处理厂。《宾夕法尼亚州安全饮用水法案》对饮用水质的标准做出规定，要求这些废水处理厂停止处理页岩气开采的废水，因此废水必须在新的井场进行处理，宾夕法尼亚州压裂废水或回流水的使用比例达到90%，页岩气开采必须符合辐射和沉积的控制管理规定，宾夕法尼亚州所有的天然气井必须有防止腐蚀和沉淀方案，方案需要经过许可，开采商才可根据许可执行最佳管理实践。[1]

各州根据《清洁空气法》对空气污染的防治做出规定。联邦环保局根据《清洁空气法》，将甲烷列为页岩气生产的主要监管对象，《2012马萨勒斯页岩水力压裂规则法案》将温室气体列为空气污染物，该法案针对温室气体制定了一项规则，将甲烷作为温室气体进行监管。该规则要求新建和改建的甲烷污染源必须获得许可并应用最佳管理实践控制温室气体的排放，对重大排放源进行重点监管。法案注重对页岩气生产过程中挥发性有机物和硫化物排放的管理，将甲烷混合物的排放纳入管理范围，并作为挥发性有机物的组成部分，法案的目标是将水力压裂井里挥发性有机物的排放量减少95%，[2] 管理措施不是颁发许可证和制定以技术为基础的排放标准，而是在水力压裂操作过程中，通过特定的监管程序，规定绿色完井和对天然气进行液化以及燃烧和通风，该法案得到联邦的认可，联邦环保局要求甲烷排放减少6200万吨，要求各州通过加强对挥发性有机物排放的监管或制定排放标准以提高能源效率。

各州对水力压裂诱发地震做出预防，地下大量注入压裂废水会引起地震。最近与水力压裂有关的地震发生在俄亥俄州、俄克拉荷马州和阿肯萨斯州，都与页岩气的废水处置相关。如果地下井引起地震，联邦环保局和州管理部门有权力关闭地下井。俄亥俄州最近宣布加强对深井注入的管理

① Ehrman Monica, "Next Great Compromise: a Comprehensive Response to Opposition against Shale Gas Development Using Hydraulic Fracturing in the United States", *Texas Wesleyan Law Review*, Vol. 46, 2014, pp. 423-468.

② Joshua P. Fershee, "The Oil and Gas Evolution: Learning from the Hydraulic Fracturing Experiences in North Dakota and West Virginia", *Texas Wesleyan Law Review*, Vol. 19, 2012, p. 27.

以减少诱发地震的可能性，虽然水力压裂有诱发地震的风险，但不足以要求每次水力压裂操作都需要根据《俄亥俄州预防天然气泄漏和控制对策法案》获得许可，如果未来研究表明水力压裂与地震有密切关联，州或者国会会对水力压裂操作做出限制。

（三）钻井后监管对策

通过水质样本的抽取，防止水质污染。由于水力压裂会产生新的裂缝，使页岩气通过裂缝流动到含水层，压裂液回流到地表，造成地下水污染，因此要求对页岩气井附近的含水层进行监管。《俄亥俄州预防天然气泄漏和控制对策法案》要求在钻井前后分别在 1000 英尺内区域的水井附近抽取水质样本，以判断是否发生污染，如果发生页岩气泄漏，开采商应通过泄漏防治预案减少泄漏，包括培训操作人员泄漏预防措施，以及准备化学吸收物质和设备，或者与泄漏处置公司签订合同，以便在泄漏发生时，能够采取有效行动，减少损失发生。此外，鼓励使用绿色完井，2012年联邦环保局制定新的新源执行标准，即要求开采商采用绿色完井，绿色完井即用一种特殊装置在天然气进入到空气前，将天然气和液体碳氢化合物从回流液中分离出来进行捕捉，加以使用，这种监管方式赋予开采商和监管者一定的自由裁量，使开采商和管理者能够根据当地的情况和特点量体裁衣，选择适合的技术，提高天然气的利用效率，避免浪费，目前很多州都采用绿色完井，联邦要求到 2020 年绿色完井的比例达到 95%。各州还对地下水污染救济制度做出规定，一些州立法如《宾夕法尼亚州石油天然气法案》为水井和其他水资源所有权人提供一种救济制度，即由石油天然气生产引起的污染，水源所有权人可以向宾夕法尼亚州环境保护部提出控诉，环境保护部必须在 55 天之内做出答复，[1] 如果发现水源污染是由石油天然气钻井引起的，环境保护部则要求开采商恢复水源水质或提供替代水源，开采商对于地下水污染承担严格责任。为保证开采商责任的履行，各州规定了风险分担和转移，[2] 一些州制订了风险分担和转移制度，天然气产业的运营商往往通过与多个分包人签订合同，保证开采和生

---

① Mark Weinstein, "Hydraulic Fracturing in the United States and the European Union: Rethinking Regulation to Ensure the Protection of Water Resources", *Wisconsin International Law Journal*, Vol. 30, 2017, pp. 900-908.

② Thomas Swartz, "Hydraulic Fracturing: Risks and Risk Management", *Natural Resources and Environment*, Vol. 26, 2011, pp. 30-59.

产的完成。《北达科他州应急处置法案》规定在运营商与分包人之间，根据份额进行风险划分，对于不参与经营的分包人，要求其自己购买保险，防止事故发生，每个承包人只需对自己的人员和财产损失承担责任，除非他人的损失是由承包人造成的。此外承包人也无须对资源损失承担责任，因此运营商不能因为钻井导致岩层损害，而要求钻井商对于天然气开采失败承担责任；《俄亥俄州预防天然气泄漏和控制对策法案》制定了风险转移制度，运营商可通过购买保险，转移开采风险。保险类别包括伤亡保险项目（一般责任险）、生产商额外费用险（称为天然气井测控险）和井场环境责任险。①

表 2-1　　　　　　　　　美国页岩气开发环境保护法律体系

联邦	水污染防治	《安全饮用水法》《清洁水法》
	空气污染防治	《清洁空气法》
	废弃物处置	《综合环境反应补偿和责任法》《资源保护和恢复法》
	地方物种保护	《濒危物种法》《候鸟保护条约》
	信息披露	《危机处理与社区知情法》《有毒物质控制法》
	泄漏预防	《石油污染和控制法》
州	《德克萨斯州自然资源法典》《宾夕法尼亚州安全饮用水法案》《纽约州石油天然气和矿业法》《2012马萨勒斯页岩水力压裂规则法案》《北达科他州应急处置法案》《怀俄明州环境质量法案》《西弗吉尼亚州土地复垦法案》等13部法律	钻井前：对井管使用和水泥浇筑的监管；披露水力压裂液的化学成分；建立取水评价系统
		钻井中：废水处置的监管、空气污染的防治、地震的预防
		钻井后：水质样本的抽取、绿色完井、地下水污染救济制度、风险分担和转移

---

①　伤亡保险不能有效涵盖损失范围，仅包括特定损害，例如火灾等，如果发生污染物质泄漏不属于特定损害，将无法得到保险赔偿。伤亡保险要求在特定的时间内发现事故并进行报告，一般规定的发现期为7天，报告时间为21天。这种类型的保险适用突发和偶然事故。而有些污染具有累计效应，经过多年才能发现，这时就不适用伤亡保险。此外伤亡保险不包含清除井场污染，罚款和罚金等。因此需要购买天然气井测控险，保险范围包括清除费用，但涵盖的范围仅包括特定事故，同样需要在特定时间对事故进行报告。因此天然气井测控险的范围不适用累积损害或水力压裂使用的沉积损害。井场环境责任险适用于污染发生在特定场所。保险范围包括井场外的清除费用，第三方人身损害或财产损失，民事罚款，罚金，自然资源损失赔偿，检查成本，诉讼成本，第三方代为清除的费用，交通费以及污染导致商业损失费，以及压裂不当导致页岩层损坏的赔偿等。因此风险转移需要购买不同的保险类别，以涵盖页岩气事故发生时的损失。Joshua P. Fershee, "The Oil and Gas Evolution: Learning from the Hydraulic Fracturing Experiences in North Dakota and West Virginia", *Texas Wesleyan Law Review*, Vol. 19, 2012, p. 34.

本章小结

　　美国能源政策强调能源独立，里根政府创立的能源储备计划，有效缓解了第三次石油危机给美国带来的影响，有利于美国能源安全的实现；除尼克松、卡特时期外，联邦政府重视市场对能源产业的调节作用，通过放松价格管制的方法，刺激石油的生产；鼓励能源结构的多元化，支持非常规油气资源和可再生能源的发展；倡导能源环保，通过提高能源标准、提高能源利用效率和使用清洁能源等手段，减少能源利用对环境的损害。以能源基本法为核心，包括石油天然气立法和对非常规天然气税收减免在内的美国能源立法，鼓励能源安全和独立，以市场为基础的定价措施和提高能源利用效率以及加强能源基础设施的建设，将成为我国页岩气产业发展的宝贵经验。

　　美国页岩气的环境监管联邦法律，包含大气污染、水污染、废弃物处置、地方物种保护和泄漏防止等，这些常规资源的环境保护立法，为页岩气开发提供良好的环境保护法律基础，美国前瞻性、稳定性较强的立法模式值得我国借鉴。对于各州而言，包括德克萨斯州、纽约州、怀俄明州、西弗吉尼亚州、宾夕法尼亚州、马里兰州等多个进行页岩气开采州的环境保护立法，涉及钻井前、钻井中和钻井后的全过程防治，为页岩气发展的环境监管提供了法律依据，这些州对页岩气开采环境保护的积极态度，在页岩气产业发展的同时，使环境得到了最大限度的保护。

第三章

美国页岩气开发的产权调整
机制及对利益关联方的保护

产权是经济所有制关系的法律表现形式，它包括财产所有权以及附着于所有权之上的权利束，[1] 页岩气埋藏于土地之下的矿藏中，页岩气的开采以及产生的环境负外部问题必然对土地所有权及当地居民的相邻权产生影响，并导致当地的环境污染和生态破坏，因此本章对美国页岩气产权调整机制的研究，主要围绕页岩气的所有权以及对土地所有权及当地居民的相邻权和当地生态环境的保护进行阐述。对页岩气所有权的确定以及国会颁布强制联营确保油气资源的成片开采和高效开采，减少获取原则导致的竞相开采和浪费开采的现象，通过强制联营的股份分红加强对土地所有权人的保护，属于能源法律调控的内容，产权制度中关于相邻权和当地生态环境修复和补偿的内容，属于环境保护法律调控的内容。

有些学者将世界各国的常规矿产资源所有权（能源属于矿产资源的范畴[2]）类型归结为三大体系，并对这些所有类型进行比较，形成了较完备的所有权理论。[3] 然而页岩气作为新兴能源，美国并未理所当然地将矿产资源所有权原则适用于页岩气，而是经过一系列的判例和立法，形成页岩气特有的所有权制度。

第一节　美国页岩气产权原则体系

作为土地之下矿藏的组成部分，页岩气的开采必然与土地所有权密不

---

[1] 李昌麒等：《经济法学》，法律出版社 2013 年版，第 233 页。
[2] 中国大百科全书出版社编辑部：《能源百科全书》，中国大百科全书出版社 1997 年版，第 6 页。
[3] 杜群等：《能源政策与法律——国别和制度比较》，武汉大学出版社 2014 年版，第 243 页。

可分，世界各国矿产资源产权的界定，或者围绕土地所有权展开,[①] 或者与土地所有权有密不可分的关系[②]。美国是典型的土地所有制体系国家，美国页岩气的产权制度主要通过一系列判例和立法，围绕土地所有权加以确定。

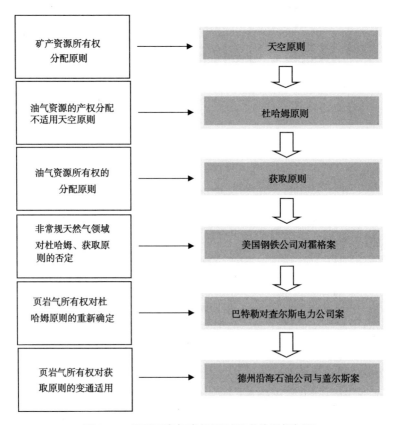

图 3-1　美国页岩气产权原则形成的逻辑框架

---

① 综合世界各国矿产资源产权制度类型大体分为：土地所有制体系、特许权体系和要求权体系。其中矿产资源所有权围绕土地所有权加以确定的是土地所有制体系和要求权体系。土地所有制体系是指地下矿产资源所有权与地表土地所有权在未发生转移时同属于一人，即土地所有权人拥有地下矿产资源所有权。要求权体系即公共土地下的矿产资源为无主财产，一旦法律主体发现矿产资源，并向国家主张要求权，则该矿产资源归属于该法律主体。潘皞宁：《我国矿产资源产权及权益分配制度研究》，法律出版社 2014 年版，第 64 页。

② 主要是指特许权体系，特许权体系即矿产资源属于国家所有，其他主体可以获得探矿权和采矿权，但对矿产资源的勘探开发需要国家授权。

一　杜哈姆原则

杜哈姆原则是一个多世纪以来美国石油天然气所有权领域一直适用的重要原则，是对天空原则的排外适用，在解释杜哈姆原则之前，有必要对天空原则进行简要介绍。

（一）天空原则

对于美国大部分州而言，矿产资源的所有权适用天空原则，天空原则指土地所有权人拥有土地之上的天空、地表土地及底土的所有权，除非对矿产资源所有权进行转让，否则土地所有权人享有天空至底土的一切权利，即土地所有制体系。天空原则是普通法中矿产资源所有权的核心，天空原则有利于保证土地和矿产资源的完整性。天空原则的依据是矿产资源位于地表土层之内，土层下的矿产资源属于土壤的一部分，因此归土地所有权人所有。同时该原则将土地所有权分为地表土地所有权和地下矿产资源所有权，为矿产资源的流转奠定了基础。美国土地所有权与矿产资源所有权在未发生转移时归土地所有权人所有，但二者可以分离，即在出售土地所有权时，矿产资源产权可以出售或保留，矿产资源的权属状况对土地所有权不产生影响，因此土地所有权人有权利对其进行分开处置。然而地下矿产资源的界限与地表土地所有权的界限很难清楚划分，土地所有权人有权利用合理技术增加矿产资源的产量，而对于技术的合理利用，往往对当地居民和土地所有权人的相邻权产生影响，因此除了影响矿产资源所有权和土地所有权之外，还包括相邻权，即矿产资源权利人有权利以合理方式利用土地的同时，也有义务保护土地所有权人和当地居民的相邻权。

（二）杜哈姆原则[①]

由于石油天然气具有流动特性，不属于固态物质，杜哈姆原则将石油天然气排除在天空原则的适用范围外。杜哈姆原则来源于经典案例杜哈姆诉柯克可帕特里克案。案情经过是原告杜哈姆在美国宾夕法尼亚州沃伦郡米德镇拥有 110 英亩土地。1870 年原告同被告柯克可帕特里克签订矿产资源转让合同，合同规定：原告将 110 英亩土地之下矿产资源的所有权转

① Dunham and Short V. Kirkpatrick, Supreme Court of Pennsylvania, 1881, https://w3. Lexis. com /researc － h2delivery/ working/download. do? pageEstimate = 9&jobId = 2827%3A542044280&deliveryStat eRef = 0_ 20730 59174&_ md5 = 58153ccc18e270ec8ec5bca88bd68467.

让给被告。1881 年被告在该土地之下勘探出石油，双方对石油的所有权产生争议，原告认为转让的矿产资源不包括石油，被告则主张石油所有权。案件争论的焦点是石油是否属于矿产资源，最后法院判决原告胜诉，原告拥有石油所有权，而根据《宾夕法尼亚州地质调查报告》，宾夕法尼亚州的矿产资源产品包括石油、煤炭、天然气等，即石油属于矿产物质，同时科学定义也认为石油属于矿产资源。而法院为何做出与《宾夕法尼亚州地质调查报告》和科学定义完全不同的判决？法院援引著名的案例 Robertson v. French①，认为所有权的判决应该充分体现双方当事人订立合同时真实的意思表示，而按照当时一般公众的理解，认为矿产资源应该是固态物质，石油具有流动特性，因此不属于矿产资源，1870 年签订的矿产资源转让合同不包括石油，石油的所有权属于杜哈姆。这就是著名的杜哈姆原则，后来将该原则扩大适用于天然气。②

此外美国对于适用杜哈姆原则的经典判例还有在 1990 年的安蒙森诉美国宾州南方石油有限公司案③、1960 年高地诉共同体案④，这些案件使

---

① 该案的焦点是转让的矿产资源是否包括一种被称作铬的物质，这种物质有很大的商业价值并且其某些特性与铁相似，铬应该属于矿物。根据该案法官的观点：虽然铬属于矿产资源，但是铬不属于公众对矿产资源所做的通常理解，即其应该是金属物质，因此在该案例中铬不属于矿产资源。该案的判决有很大影响力，成为后来判决中普遍适用的规则，除非有证据表明双方在订立合同时明确约定为矿。

② 该案中初审法院对杜哈姆原则的适用重新审查，认为石油、煤、耐火泥以及各种从地下开采的物质都属于矿产资源，而对于天然气是否属于矿产资源的范畴需进行讨论，初审法院认为天然气属于矿产资源，因为天然气是伴随石油发现的，1884 年双方当事人的祖辈在签订矿产资源时，双方应认为天然气与石油属同类。上诉法院修改初审法院的判决，重新确定杜哈姆原则在宾夕法尼亚州的效力。上诉法院认为虽然石油天然气生产规模大范围增加，但杜哈姆原则在宾夕法尼亚州法律中已经适用 70 年，现在仍然是可行的财产法规则。如果认为石油天然气属于矿产资源，应该在合同中明确规定。Bundy v. Myers, Ohio Appeals , Second District, 1870, http: // heinonline. org/HOL/ NotSubscribed? collect ion=journalssampler&bad _ coll=arjournals&s -end=2.

③ 该案的初审法院的判决认为矿产资源转让合同包括石油天然气，上诉法院推翻初审法院的判决，认为 1900 年安蒙森和美国宾夕法尼亚州南方石油有限公司签订的矿产资源转让合同应该遵守杜哈姆原则，杜哈姆原则在宾夕法尼亚州已经适用多年，公众已经对矿产资源的范畴形成一致理解，并且很多土地之下的财产权都是基于此判决的。因此法庭应该维护该原则。Ammons v. S. PennOil Co., Supreme Court of Pennsylvania, 1900, https: //w3. lexis. com/research2/delivery/ working/download. do? pageEstimate = 19&jobId = 1826% 3A542085590& deliveryStateRef = 0 _ 2073062655&_ md5 = 12995eca6b05866d4c1bce58ce46112e.

④ Highland 认为地下矿产资源应该包括煤炭、煤油、耐火土以及其他矿产资源，而对于石油天然气，双方当事人需做出明示。审判法院认为：100 年来的判例法规定在矿产资源转移时，如果没有明确规定，即认为石油天然气不属于矿产资源，虽然从自然属性来看，判例法的这种规定存在争议，大部分当事人在订立合同时，都没有把石油天然气纳入矿产资源的意图。因此如果

杜哈姆原则成为石油天然气所有权案件中最重要的财产法规则。然而杜哈姆原则的适用并非一帆风顺，非常规天然气领域曾经对杜哈姆原则做出重大修改。

二　获取原则

（一）获取原则的内容

既然杜哈姆原则将石油天然气排除在矿产资源的范畴之外，那么油气资源的所有权分配原则是什么？获取原则应运而生，该原则诞生于1886年，获取原则认为由于石油天然气的流动特性可能超出土地所有权的界限，因此在所有权理论上应该与其他固态矿产资源相区别，参照野生动物所有权的获取理论，即原土地所有人原则上拥有位于其土地之下的石油天然气资源，但在其实际控制石油天然气之前，不能排除相邻土地所有权人获取原土地所有权人土地之下石油天然气的权利，如果相邻土地所有权人在自己土地上钻井，开采出属于原土地所有权人土地之下的石油天然气，或实际控制这些油气资源，则原土地所有权人丧失对石油天然气的所有权，相邻土地所有权人获得油气资源所有权。因此拥有土地所有权不必然拥有土地之下石油天然气的所有权。获取原则对天然气的所有权仅服从于公共政策规定的义务和管理限制。早期的获取原则驱使土地所有权人与石油天然气开采商签订合同，竞相开采石油天然气，导致过度开采和浪费，为了减缓过度开采，石油天然气管理部门对获取原则做出一些限制，即土地所有权人仅有权使用合理的手段和方式开采流动的天然气，同时不得损害公用水源。

（二）维斯特莫兰对德威特案件

获取原则首次适用是维斯特莫兰诉德威特案件①，并成为获取原则的

认为石油天然气属于矿产资源，必须在合同中注明。法庭同时宣布科学将世界上的物质分为三类：动物、植物和矿产资源，根据这种划分，石油天然气无疑属于矿产资源。法庭再次强调，在地下矿产资源转让契约中，矿产资源的范畴属于一般公众的理解范畴，矿产资源是固态物质，不包括石油和天然气。杜哈姆原则作为长期以来公众信赖的完善的财产法规则，将石油天然气排除在矿产资源范围外，不应该对其变更，除了因为公众政策的需要或出于公平正义的考虑。参见Highland v. Commonwealth, Supreme Court Of Pennsylvania, 1996, https：//w3. lexis. com/research2/delivery/ working/download. do? pageEstimate = &jobId = 1827%3A542043661& delivery S -tateRef = 0_2073059156 &_ md5 =0b17671cba4d82ff67 0bf9f942c78c5e。

①　Westmoreland v. Dwitt, Supreme Court Of Pennsylvania, 1889, https：// w3. lexis. com/research2/delivery/ working/download. do? pageEstimate = 17&jobId = 2827% 3A542049578&delivery StateRef=0_ 2073059188&_ m d5 = 4320781f8c900f843a7583160d0e2856。

经典判例。原告维斯特莫兰居民在 1889 年向维斯特莫兰郡普通法院对被告德威特等人提出诉讼。原被告双方在签订天然气转让合同时规定在原告建筑物 300 码（1 码大致等于 1 米）之内不能钻井。被告在 300 码之外的土地上钻井开采天然气时，导致原告建筑物 300 码范围内地下的天然气流动到被告的天然气井里，并由被告实际控制，原告认为被告的行为构成侵权，并主张这部分天然气的所有权。法庭根据获取原则，认为天然气只要位于原告规定的 300 码土地之下或被该土地所有者实际控制，天然气的所有权则归原告，被告在符合合同规定的土地上钻直井开采天然气，通过合理方式将原告 300 码土地之下的天然气处于被告实际掌控之下，因此天然气所有权发生转移，被告拥有天然气所有权，不构成对原告的侵权。维斯特莫兰诉德威特案件之后，获取原则的适用范围越来越广，使人们有更多惠益开采天然气，但也导致相邻土地所有权人之间的竞争，无序开采、浪费开采现象严重。与此同时天然气储层往往分属于不同土地所有权人，天然气开采者必须征得全部土地所有权人的同意才能获得开采权，增加了开采难度，强制联营原则应运而生（第二节介绍）。

三　非常规天然气对杜哈姆和获取原则的适用情况

（一）非常规天然气对杜哈姆原则和获取原则的否定

美国钢铁公司诉霍格案①，是非常规天然气在所有权分配时对杜哈姆原则和获取原则的否定案例。美国钢铁公司诉霍格案是非常规天然气中煤层气的经典案例。该案争论的核心问题是煤层气的所有权，煤层气是甲烷、乙烷、丙烷和其他气体的合成，在煤炭和天然气开采过程中，煤层气存在于煤层的裂缝中，属于天然气的一种。案件经过是 1920 年霍格的祖先将其土地之下矿产资源的所有权转移给美国钢铁公司，美国钢铁公司同时拥有对煤矿进行通风和排水以及为开采煤炭而进入霍格土地的权利，霍格保留了天然气所有权，以及经过美国钢铁公司的煤层开采天然气的权利。1977—1978 年，美国钢铁公司开采位于霍格土地之下的煤炭，并表明其有回收煤层中煤层气的权利，而霍格此时通过水力压裂技术获取了位于煤层中的煤层气。美国钢铁公司向格林郡法庭申请禁制令和救济令，认

---

① United States Steel Corporation v.Mary Jo Hoge, Supreme Court Of Pennsylvania, 1983, https：// w3.lexi s.com/research2/delivery/working/download.do? pageEstimate = 16&jobId = 1827%3A542044457& deliveryStateRef =0_ 20730 59178&_ md5 =cc591d67b8fcf184684decc60d9f95bb.

为霍格从煤层中开采煤层气构成侵权，同时霍格使用水力压裂技术对煤层构成不可挽回的损害。初审法院给美国钢铁公司颁布部分救济令，即禁止霍格使用水力压裂技术开采煤层气，但霍格有权开采煤层中的煤层气，因为煤和煤层中的天然气是相互独立的两个部分，煤层气的所有权归属于霍格。美国钢铁公司向高等法院提出上诉，主张煤层气的所有权，煤层气一直被当作煤炭开采过程中的有毒气体，为防止爆炸将其排放到空气中，高等法院认为对转让合同所有权范围的界定，应该以合同订立时双方真实的意思表示为准，煤层气作为有毒废气。霍格祖先在转让矿产资源时，不可能仅保留被视作废气且有爆炸危险的煤层气的所有权，因此高等法院认为煤层气的所有权归属于美国钢铁公司。霍格上诉到州最高法院，最高法院认为判决应体现当事人在订立合同时真实的意思表示，土地所有权人将地下矿产资源转移给他人，在矿产资源中的任何物质，包括地下所有的矿产资源都将成为被告的财产，因此煤炭中的煤层气理应属于矿产资源的范畴，虽然霍格使用水力压裂技术获得了煤层气，使煤层气处于其实际掌控之下，但既然将煤层气划归为矿产资源的范畴，煤层气只要位于煤层中，则根据转让合同，所有权转移给了美国钢铁公司，因此最高法院做出维持高等法院判决的决定，这个案例是非常规天然气领域对常规油气资源的杜哈姆原则和获取原则的否定，美国钢铁公司的案例是否意味着非常规天然气都不再适用杜哈姆原则和获取原则？巴特勒案和德克萨斯州沿海石油天然气公司案的判决，对此做出回答。

（二）页岩气对杜哈姆原则的重新适用

巴特勒诉查尔斯电力公司案在页岩气领域重新树立了杜哈姆原则的权威，[①] 认为页岩气不属于矿产资源的范围。2013 年 4 月 24 日，宾夕法尼亚州最高法院公布了巴特勒诉查尔斯电力公司案件的判决，并且推翻宾夕法尼亚州高等法院的判决，确定页岩气与常规天然气一样，不属于矿产资源的范畴。该案的情况是原告巴特勒在萨斯奎哈纳郡拥有 244 英亩土地。原告的祖先在 1881 年与被告查尔斯电力公司签订矿产资源转让合同，合同规定：查尔斯电力公司拥有 244 英亩土地之下一半的矿产资源和石油。2009 年原告发现该 244 英亩土地之下蕴藏页岩气，同年 7 月 20 日原告提

---

① Butler v. Charles Powers Estate, Supreme Court Of Pennsylvania, 2013, research2/delivery/working /dow nload. do? pageEstimate = 24&jobId = 2827% 3A542044660&deliveryStateRef = 0 _ 2073059183 &_ md5 =42ea24e 6289a63990c1d0266b0095c02.

起诉讼，主张萨斯奎哈纳郡全部页岩气的所有权以及另一半的石油所有权，被告认为原告仅拥有一半的页岩气和石油所有权。双方争议的焦点是页岩气的所有权，如果认为页岩气属于矿产资源则属于转让财产的范围，原被告各拥有一半的页岩气所有权；如果认为页岩气不属于矿产资源，则页岩气全部归原告所有，被告无权拥有页岩气的所有权。初审法院适用杜哈姆原则，将页岩气所有权全部判归原告，初审法院认为一个多世纪以来，与转让土地相关联的矿产资源，如果没有明确说明则不包括石油或天然气，即杜哈姆原则。因此转让合同中规定的矿产资源不包括页岩气，页岩气的所有权归于原告。查尔斯电力公司上诉到宾夕法尼亚州高等法院，宾夕法尼亚州高等法院援引美国钢铁公司诉霍格案，煤炭的所有者拥有煤层的所有权，煤层气是煤层的组成部分，因此存在于煤层的煤层气必然属于煤炭的所有者。而本案中，页岩气与煤层气类似，页岩层属于矿层的一部分，因此页岩层的组成部分页岩气理应属于矿层的一部分，属于矿产资源，判决查尔斯电力公司拥有一半的页岩气所有权。巴特勒上诉到宾夕法尼亚州最高法院，州最高法院认为州高等法院对于页岩气属于矿产资源的判决有误，州高等法院不应修改杜哈姆原则，该原则是 131 年来一直适用的财产法规则，它是私人财产权转移的法律基石，杜哈姆原则仍然具有可适用性。根据美国能源信息委员会的认定，天然气以及所有的页岩气在本质上都属于同一物质，页岩气只是位于致密岩层中埋藏位置较深，需要用特殊技术开采的天然气。而使用水力压裂技术开采页岩气，不能说明对杜哈姆原则的废除，被上诉人所主张的页岩层中的页岩气属于矿层的组成物质因此应该属于合同的转让范围不合理。最后最高法院重申初审法院的判决，页岩气不属于合同中财产转让范围。该案件成为页岩气对于杜哈姆原则适用的典型判例。

（三）页岩气对获取原则的变通适用

巴特勒案确定了页岩气对杜哈姆原则的适用，即页岩气与常规油气资源一样，被排除在矿产资源的范畴外，但是否意味着，页岩气的所有权分配完全适用获取原则？2007 年盖尔斯诉德克萨斯州沿海石油天然气公司案件，解决了这个问题。① 案情经过：2007 年在德克萨斯州伊达尔戈郡，盖尔

---

① Coastal Oil and Gas Corp. v. Garza Energy Trust, 2008, https：//w3. lexis. com/ research2/de-livery/down loadCpp. do? tmpFBSe l = all&totaldocs = &taggedDocs = &toggleValue = &numDocs Chked = 0&prefFBSel.

斯拥有 1720 英亩土地，1969 年盖尔斯与德克萨斯州诉沿海海洋石油天然气公司签订石油天然气转让合同，盖尔斯将 1000 英亩土地之下的维克斯堡页岩气储层转让给德克萨斯州沿海石油天然气公司，转让的维克斯堡页岩层属于致密岩层，需要使用水力压裂技术进行商业生产。德克萨斯州沿海石油天然气公司从 1978 年开始在部分地块钻井。2006 年德克萨斯州沿海石油天然气公司使用水力压裂技术和水平钻井进行页岩气开采，由于现有技术对钻井的控制能力有限，岩层裂缝到达地下 1700 英尺，超出储层 1000 英尺的深度，水平钻井超出 1000 英亩的合同范围，沿海公司开采出 1000 英亩土地之外的页岩气，并使岩层损失较大。2007 年 4 月，盖尔斯对德克萨斯州沿海石油天然气公司提起诉讼，认为被告的水力压裂和水平钻井超出界限，构成地下侵权。初审法院认为开采者钻取页岩气时，应使页岩气以自然方式流动到井口，使用非自然方式将导致流向井口的页岩气增加，因此妨害不进行此项操作的开采者或土地所有者的权利，初审法院认为被告的行为构成侵权，判决被告向原告支付 100 万美元赔偿。德克萨斯州沿海石油天然气公司提出上诉，上诉法院支持德克萨斯州沿海石油天然气公司的主张，其判决依据是，如果认为水力压裂构成侵权，页岩气的开发将受到很大影响，不利于能源供应，根据相邻关系理论，每一个共有储层上的土地所有权人或开采者都有平等的机会使用水力压裂和水平钻井方式进行钻井，特别是只有使用水力压裂和水平钻井才能进行商业化生产的储层。盖尔斯和德克萨斯州沿海石油天然气公司为增加页岩气的产量，都可以使用水力压裂和水平钻井技术，压裂超越储层边界不构成侵权。盖尔斯又上诉到州最高法院，州最高法院认为，根据获取原则，开采商在 1000 英亩的土地上钻井，开采超出 1000 英亩之外盖尔斯土地之下的页岩气或实际控制这些页岩气，则盖尔斯则丧失这些页岩气的所有权，所有权归属于沿海公司，开采商仅需向盖尔斯支付这些页岩气的相应对价，然而开采商在使用水力压裂和水平钻井技术时，由于目前的技术限制，开采范围超出合同界限，使他人土地之下的大量页岩气不应处于开采商的实际掌控之下，并对他人土地造成不可预期的损失，因此对于页岩气的所有权而言，被告使用水力压裂和水平钻井技术获得的 1000 英亩土地之外的页岩气不属于被告所有，其超出储层的压裂，构成侵权，被告需向原告支付 100 万美元的赔偿。该项判决表明水力压裂和水平钻井虽然是页岩气开采的必要技术，以目前的科技发展水平，由于对井管的控制能力有限，对相邻土地之下页岩气所有权的侵权属于常态，即便如此，也应该保护相邻土地之下页岩气所有权人的权利，该判例在于证明，页岩气所有权是对获取原则的变通适用。

页岩气所有权原则是通过天空原则、杜哈姆原则、美国钢铁公司诉霍格案和盖尔斯德克萨斯州沿海石油天然气公司案确立起来的，这些案例成为确定美国页岩气所有权归属的经典案例。

我国包括页岩气在内的矿产资源明确归国家所有，这符合我国的历史传统和国情，但是美国在造法过程中的严谨思维，值得我国借鉴。

第二节　强制联营原则及对相邻权的保护

由于油气资源储层分布广而分散的特点，石油天然气公司对于资源的勘探开发往往要求成片大面积开采，以提高产出量，而实际情况往往是储存上的部分土地所有权人同意将其地下的矿产资源纳入开采范畴，而另一部分土地所有权人持反对态度，这就导致石油天然气公司的开采计划破产，联邦为了鼓励石油天然气的开采，增加油气的国内供应量，改变获取原则带来的无序开采、竞相开采的浪费现象，[①] 通过立法，确定了强制联营原则，即在特定情况下，强制土地所有权人将地下的矿产资源纳入开采范围，而页岩气由于需要使用特殊手段开采，各州对页岩气是否适用矿产资源也做出不同规定，强制联营中的这些规定属于能源法律调控内容。

除此之外页岩气在勘探开发的过程中，往往产生土壤污染、大气污染、水污染和浪费以及地震、噪声等环境负外部效应，这些必然对土地所有权人和当地居民的相邻权产生影响。作为产权的组成部分，对相邻权的保护成为美国页岩气开采环境监管的重点，这些规定又属于环境保护法律的调控内容。

一　强制联营原则内容及立法

（一）强制联营原则的内容

强制联营原则是强制相邻土地所有权人将地块之下天然气资源纳入开

---

① 获取原则带来严重的油气资源浪费开采现象，20世纪初，德克萨斯州石油产量超出市场供应量的 40%。Mikal C. Watts, Emily C., "Does He Who Owns the 'Minerals' Owns the Shale Gas? A Guide to Shale Mineral Classfication", *Texas Journal of Oil Gas and Energy Law*, Vol. 27, 2012–2013, p. 30.

发范畴，保护天然气资源成片开采，避免土地所有权人无序开采，并通过对土地所有权人分发股份和红利的方式，加强对土地所有权人的保护，同时对页岩气开采商的土地利用做出限制。

（二）联邦和各州对强制联营的立法

强制联营原则不是源于案例而是由联邦以及各州立法确定的（加利福尼亚州和堪萨斯州除外，后文介绍）。1925年石油天然气产业公司致信给库里奇总统，建议制定统一立法促进石油天然气开发。1930年国会颁布强制联营协议的临时立法，该法案到1931年1月失效。1931年3月国会通过关于强制联营的永久性法律——《矿产资源合同法》。该法律规定，如果强制联营符合公众利益，并且有较合理的强制联营方案，则根据开采者申请，由相关部门颁布强制联营令，即政府有权强制要求相邻土地所有权人与石油天然气开采商合作，开发页岩气资源，不能阻止他人在自己的土地上开采石油天然气，但土地所有权人有权获得补偿，强制联营原则是对获取原则的重大改变。1935年国会通过《石油天然气保护法》，[1]加强州际石油天然气的管理，督促各州加快强制联营立法，避免石油天然气生产过程中的浪费。[2]

各州通过判例法和制定法的形式，对强制联营做出规定，其中俄克拉荷马州、德克萨斯州、路易斯安那州、俄亥俄州和纽约州通过制定法对强制联营做出规定，加利福尼亚州和堪萨斯州通过判例法对强制联营做出规定。1947年俄克拉荷马州通过《俄克拉荷马州石油天然气保护法》，[3]要求俄克拉荷马州石油天然气产业委员会（俄克拉荷马州管理石油天然气的政府部门）负责强制联营的监管，法律规定如果钻井区域的土地分属于不同土地所有者，则由俄克拉荷马州石油天然气产业委员会签发强制联营令，土地所有权人有义务将其土地下的石油天然气储层纳入开采范围。法案基于相邻权和防止资源浪费的宗旨，对钻井间距离做出限定，由石油天然气产业委员会依据自由裁量权对每个地块钻井逐一做出规定。《俄克拉荷马州石油天然气保护法》规定开采商在申请强制联营令之前，可与

---

[1]　Barth P., "A Model Oil And Gas Conservation Law", *Tulane Law Review*, Vol. 3, 1952, p. 279.

[2]　Lindsey Trachtenberg, "Reconsidering the Use Of Forced Pooling For Shale Gas Development", *Buffalo Environmental Law Journal*, Vol. 19, 2011–2012, pp. 190–210.

[3]　Barth P., "A Model Oil And Gas Conservation Law", *Tulane Law Review*, Vol. 3, 1952, pp. 1197–1230.

土地所有权人签订自愿联营协议，在自愿协议达到一定比例后，即可申请强制联营令，实现一个井场石油天然气资源的整合利用，在促进石油天然气高效开发的同时，避免获取原则因土地所有权人的竞争而导致资源浪费。从 1947 年开始俄克拉荷马州的石油天然气公司通过强制联营获得开采权的比例逐渐增加，1979 年强制联营已经增加到 39%，到 80 年代增加了 3—4 倍。

德克萨斯州颁布《康纳利石油法案》，该法案立法目的在于防止石油天然气生产过程的浪费，法案规定为防止地下开采浪费，需要对获取原则进行修改，自愿联营应运而生，即在开采和生产过程中，相邻土地所有权人可采用自愿联营的形式合作开采，避免相邻土地所有权人之间的竞争，同时授权德克萨斯州铁路委员会对井间距离做出规定。

路易斯安那州也有强制联营协议的规定，路易斯安那州签发强制联营令的前提是一些土地所有权人拒绝签订自愿联营协议。路易斯安那州城市调整委员会根据开采商的申请，在举行听证的基础上，与土地所有权人就股份和分红事项进行协商，每个土地所有权人有权决定参与股份分红或者要求开采商支付特许使用费，在开采区域里的所有土地所有权人签订联营协议后，由路易斯安那州城市调整委员会颁发强制联营令。1950 年路易斯安那州颁布《路易斯安那州石油天然气保护法》，该法案包括增加强制联营的内容，城市调整委员会有权力受理强制联营的请求，只要求申请人已经获得拟开采的共有储层上 50% 左右的石油天然气所有权。委员会应该在受理后的 60 天内做出裁决。如果听证会上的反对意见低于 15%，则可颁发强制联营令，法律规定令状颁布 30 天后生效，在这 30 天的时间里，反对令状颁布必须有一定比例的土地所有权人做出宣布令状无效或对令状进行修改的要求，确保每个土地所有权人在强制联营时行使与其份额相等的权利，同时管理部门需要限制石油天然气产量以防浪费和超出市场需求量，其他州也对市场需求量做出规定，州际石油合同委员会规定鉴于要求开采量不能超出市场份额因此各州管理部门应该对各开采商直接分配份额。

《纽约州城市条例》[①] 规定管理部门应确保每个土地所有权人利用相应的份额在强制联营中行使权利。同时管理部门需要限制石油天然气产量以防浪费和超出市场需求量，以及对石油天然气储层的产出率进行管理以

---

① Benincasa Armando, "Water and Shale Gas Development in Appalachia", *Admin-istrative and Regulatory Law News*, Vol. 3, 2012, pp. 20-23.

提高生产效率，纽约州规定，在获得钻井许可证之后，开采商利用强制联营土地进行钻井不构成侵权，因为根据钻井许可证，土地所有权人有义务配合天然气的开采，但是在强制联营许可证获批之前，开采商不能以钻井为理由利用土地所有权人的土地。

俄亥俄州强制联营的法律规定：强制联营许可证规定钻井商在未获得土地所有权人许可的情况下，不得进入其土地。然而，钻井商需要进入其土地才能进行开采活动，因此强制联营令的颁布成为天然气开采的前提。强制联营原则成为各州开采天然气适用最普遍的原则。①

加利福尼亚州和堪萨斯州通过判例法对强制联营原则做出规定。在加利福尼亚州的优越石油公司诉西部海湾石油有限公司案中②，加利福尼亚法院在法律尚未规定强制联营时，则根据强制联营做出判决，该案例的被告西部海湾石油有限公司希望在加利福尼亚州的克恩郡开采石油天然气，原告优越石油公司认为被告在该地块成片开采天然气的行为，违反了井间距离的规定，构成侵犯相邻权，法院采用强制联营原则驳回原告的主张。在堪萨斯州，石油天然气委员会负责颁布强制联营令，在克尼利斯诉堪萨斯石油天然气委员会的案例中，③ 堪萨斯法院认为强制联营可以有效改变多年来石油天然气开采浪费的现状，通过强制联营原则对开采商和土地所有权人之间的比例分红做出规定。

联邦和各州对强制联营原则的监管机构、申请程序以及相关权利主体的利益保护等做出了详尽的法律规定，然而强制联营原则作为石油天然气领域中备受推崇的原则是否必然适用于页岩气，由于页岩气的特性，各州规定不尽一致。

二　强制联营原则对页岩气的适用

由于页岩气埋藏于致密层中，因此必须使用水力压裂和水平钻井两种

---

① Mark Weinstein, " Hydraulic Fracturing in the United States and the European Union: Rethinking Regulation to Ensure the Protection of Water Resources", *Wisconsin International Law Journal*, Vol. 30, 2017, pp. 903-907.

② United Gas Improvement. Co. v. Superior Oil Co., Supreme Court of California, 1953, https://w3. lexis. com/ research 2/delivery/working/ download . do? pageEstimate = 2& job Id = 2827% 3A542051637 &delivery State Ref = 0_ 2073059194 &_ md5 = c9f755c34 0640 2f1 21fe9b4bd72258a4.

③ Cornelius v. Arkansas Oil Gas Commission, Supreme Court of Arkansas, 1956, https://w3. lexis. com/rese arch 2/delivery/working /download. do? pageEstimate = 8&jobId = 2827%3A54 2052 736& deliv erySta teRef = 0 _ 2073059198&_ md5 = 141 038de611fdcb42d61906a04dd13bc.

技术进行开采，各州认为将强制联营原则是否适用于页岩气需进行具体分析和评价。一方面使用水平钻井可以减少开采页岩气的成本，同时水平钻井对环境有正外部性，使用水平钻井可减少钻井数，减少对岩层的破坏。由于地上的公用设施、建筑物以及生态敏感区的限制，通过垂直钻井无法开采到的天然气，而通过水平钻井可以实现。在存在多个土地所有权人的情况下，水平钻井的井场之间距离较大，页岩气的非游离特性增加了强制联营的必要性，[①] 因为在没有强制联营许可的情况下不能在未参加自愿联营的土地所有人的地下钻井开采页岩气，否则就构成侵权。另一方面页岩气的低渗透性要求开采商使用水力压裂和水平钻井技术，开采商对于水力压裂和井孔位置的控制能力有限，在进行页岩气地下开采时，往往导致相邻土地所有权人的岩层断裂造成侵权。这两点原因导致各州对强制联营原则是否适用于页岩气的规定不尽相同。

纽约州、俄亥俄州、俄克拉荷马州、堪萨斯州、加利福尼亚州、路易斯安那州、密歇根州和德克萨斯州认为强制联营可以适用于页岩气。宾夕法尼亚州、北卡罗来纳州、纽约州和西弗吉尼亚州的强制联营规定未用于页岩气。

三　对土地所有权人和当地居民相邻权的保护

页岩气储层是土地不可分割的组成部分，页岩气的开采需利用页岩气储层之上的土地，必然对土地所有权人的相邻权产生影响，此外页岩气开采产生的环境负外部影响，必然干扰当地居民生产生活，因此需要对其相邻权进行保护。

（一）对土地所有权人相邻权的保护

美国联邦和州对页岩气公司在勘探开发时的土地进入权利等做出规定和限制，明确开采商的权利，包括利用地表土地进行开采、钻井、探矿、生产、铺设管道等权利以及使用地表设施进行回流水处置、建立贮存池，并对井间距离做出限定。对其地下页岩气储量进行评估，据此对地下页岩气资源的分红比例做出规定，授予土地所有权人投票权。[②] 联邦对相邻权

① Elizabeth Burlesont, "Climate Change and Natural Gas Dynamic Governance", *Case Western Reserve Law Review*, Vol. 63, 2013, pp. 1221-1223.

② John M. Golden, Hannah J. Wiseman, "The Fracking Revolution: Shale Gas as a Case Study in Innovation Policy", *Emory Law Journal*, Vol. 64, 2015, pp. 997-1030.

的保护方式还包括对许可证的发放和回收，有些州将页岩气许可证的发放作为对相邻权保护的一种方式，许可证对页岩气公司规定了一系列法定义务，包括页岩气公司利用现有的土地或卡车进入土地所有人的土地时，应以合理的速度驾驶机动车辆，防止进入土地所造成的损害，防止害虫的传播，搭建帐篷的位置、方案，收集垃圾废物，搭建围栏，大门开关时间等要得到土地所有权人的同意，以对居民和财产最小的干扰方式使用土地，在水力压裂过程中发生对环境产生不可预见的影响，或对土地所有权人的生活和生产产生重大或不合理的影响时，法律赋予州有权收回页岩气开发许可证。

各州在页岩气转让合同中增加了干预条款，规定对于土地所有权的保护不能限制页岩气的发展，同样页岩气的开发要以合理的方式利用土地所有人的土地。如《宾夕法尼亚州石油天然气法案》赋予页岩气公司有权进行开采、生产和储存页岩气并铺设管线，以及与生产相关的其他行为，允许为了行使法律赋予的权利而利用土地所有权人的土地，地表土地所有权人不能禁止页岩气公司在立法范围内的进入权。[①] 德克萨斯州规定所有的石油天然气包括非常规天然气开发中的进入权利要符合相关的法律规定，并能够协调地表土地所有权人和矿产资源公司之间的冲突。北达科他州规定因矿产资源开发而造成的地表损害，地表土地所有权人有权利得到补偿。

（二）对当地居民相邻权的保护

页岩气开采排放的氮氧化物、挥发性有机物易于造成大气污染，使用水力压裂液易导致水污染，卡车和压缩机等重型机械设备会制造噪声，并造成当地道路毁损，因此开采地政府注重对当地居民相邻权的保护。首先，对钻井区域与生活区域的距离做出限定，在居民区、宗教机构、公共建筑、医院、学校和公园内禁止进行页岩气开采，钻井区域与这些区域的距离最低不得小于 100 英尺。其次，对水污染的控制，要求开采商对开采区域1000 英尺范围内的水质进行跟踪，如果发生页岩气泄漏，开采商应通过泄漏防止预案减少泄漏，包括培训操作人员实施泄漏预防措施，以及准备化学吸收物质和设备，或者与泄漏处置公司签订合同，以便在泄漏发生时，

---

① Mark Weinstein, "Hydraulic Fracturing in the United States and the European Union: Rethinking Regulation to Ensure the Protection of Water Resources", *Wisconsin International Law Journal*, Vol. 30, 2017, pp. 912–914.

能够采取有效行动，减少损失发生；禁止直接向水体排放回流废水，回流废水的排放要经过预处理。此外各州要求开采商再次进行水力压裂时，必须使用废水，以减少废物的产出和水资源的用量，宾夕法尼亚州压裂废水或回流水的使用比例达到90%，[①] 以防止页岩气开采影响当地居民的饮用水量和水质。如果开采行为引起水污染，水源所有权人可以向相关部门提出控诉，主管部门必须在55天之内做出答复，如果发现水源污染是由钻井引起的，主管部门则要求开采商恢复水源水质或提供替代水源，开采商对于地下水污染承担严格责任。再次，对空气污染的防治。在水力压裂操作过程中，通过特定的监管程序，如绿色完井、对天然气进行液化以及燃烧和通风等，加强对挥发性有机物和氮氧化物排放的监管，减少空气污染物的泄漏。最后，对噪声的限制、道路维护和缴纳保险的规定。地方政府在井场和居住区之间设定分贝限值，即距离噪声源300—500英尺的范围内，噪声不得超过70或90分贝。页岩气开采过程中如需要压缩机，必须对工作时间做出限定，同时需要安装消声装置以及制定削减噪音计划等；页岩气开采需要使用重型卡车等大型机械设备，同时水力压裂技术需要消耗大量水和沙，对道路使用也产生影响，因此地方政府要求开采商签订道路维护协议或者支付道路维护基金，并支付5万—20万美元的公路维护费；要求开采商缴纳保险，签订补偿协定，开采商需提交环境影响评价报告、页岩气泄漏报告、缴纳保险、签订损害补偿协定等，其中保险包括环境损害保险、钻井事故保险、卡车责任险以及人身意外险等，损害赔偿是页岩气开采商对于页岩气钻井发生的财产损失、人身损害和伤亡而支付的赔偿。

第三节　对当地生态环境的修复和补偿

强制联营原则在确保页岩气的成片开采，提高资源的采收率的同时，也限制了土地所有权人土地利用的自由，再加上页岩气开采带来的噪声污染、道路破坏等，增加了对土地所有权人、当地居民以及环境的不利影响。美国除通过加强对相邻权的保护外，还制定了矿产资源生态补偿制度，进一步完善对相关权利主体和生态环境的保护，实现了环境效益和经

---

① Joshua P. Fershee, "The Oil and Gas Evolution: Learning from the Hydraulic Fracturing Experiences in North Dakota and West Virginia", *Texas Wesleyan Law Review*, Vol. 19, 2012, p. 27.

济效益的有机结合。

一　生态补偿制度的理论基础

生态补偿是指："资源环境的利用开发受益者，有责任向提供优良生态环境的地区和人民提供适当的经济利益补偿，因经济社会活动对生态环境造成破坏或污染的，责任主体不仅有责任修复生态环境，而且有责任为此对受损者做出经济赔偿"①。

1. 外部性理论

功利主义代表边沁认为："功利原理是根据必然增大或减少利益相关者幸福之倾向，即促进或妨碍该种幸福的倾向，以此赞成或反对任何一项行为，功利原理体现客体的这样特质：它或者倾向于促进利益相关者的好处、实惠、快乐、幸福、利益或者倾向于避免利益相关者的损失、祸患、不幸或痛苦；假如利益相关者是一个集体，那么就是集体的幸福，假如利益相关者是一个人，那么就是个人的幸福。"②"任何行动中，导向幸福的趋向，我们称之为功利，而其中的背离倾向则称之为祸害。"③"每项可望有益于整个共同体的事，每个人都应当去做，但并非每项这样的事，立法者都应当强迫他做。每项可能有害于共同体的事，每个人都应该避免去做，但并非每项这样的事，立法者都应当强迫他不做，"立法的目的在于"最大多数人的最大幸福"，"性情的好坏取决于效果，取决于增大或减少社会幸福方面的效果"。④ 当立法有助实现或增大最大多数人的最大幸福，立法则合乎功利原理，功利原理则成为评价立法的标准。

密尔在继承他的老师边沁的功利主义学说的基础上，建立了一个完整的功利主义思想体系。密尔认为，人类的行为分为涉他行为和非涉他行为，"人类之所以有理有权可以个别或者集体地对其中任何成员的行动自由进行干涉，唯一的目的只是自我防卫。这就是说，权力能够正当地施于文明群体中的任何成员的唯一目的只是要防止对其他人的伤害，伤害包括身体毁伤、强行拘禁、金钱损失、名誉损失等"，"任何人的行为只有涉及他人的那部分，才须对社会负责；在只涉及本人的那部分，他的独立性

① 任世丹：《外国生态补偿机制及对我国的启示》，硕士学位论文，武汉大学，2007年。
② ［英］边沁：《道德与立法原理导论》，时殷弘译，商务印书馆2000年版，第58页。
③ 同上书，第115页。
④ 同上书，第58页。

在权利上是绝对的，对于他自己的身心，个人乃是最高主权者"。①涉及他人为涉他行为，涉及本人为非涉他行为。虽然"涉及本人的那部分，他的独立性在权利上是绝对的，但是功利主义也应该如同斯多葛派或者超越主义者一样，应有权利永远声称自我牺牲是他们的主张"。密尔认为，在处理涉他行为和非涉他行为时，宣扬自我牺牲的对他人有利的正的外部行为。页岩气开采企业为获得经济利益进行页岩气开发属于非涉他行为，但是页岩气开采过程中对开采地的环境污染、水资源浪费等属于涉他行为，这些行为后果往往由开采地居民承担。

整体主义观萌芽于古希腊的柏拉图和亚里士多德，但是 18 世纪中期，伴随着社会生产力发展，生产分工高度社会化形成之后，才形成完整的理论体系，其代表人物有狄骥等。整体主义法律观对外部性的认识是："确认存在一条规则约束社会中的个人，个人的主观权利产生于社会义务；它肯定人是社会中的人，由此人应服从于社会规则，社会规则要求个人对其他人负有义务，个人权利只是其义务的产物，只是其必须自由和充分地履行义务的权利。"②其制度逻辑是：（1）任何人与他人的经济交往中，不仅不能采取欺诈、强迫等负外部性行为，直接侵犯他人利益，而且不能滥用自己的经济力量（如市场支配力）或信息优势，为追求自己的利益最大化而间接实施负外部性而损害他人的利益。（2）个人之间以及个人与社会的相互依存关系，决定了每个人在与他人的经济交往活动中不仅只是消极地不侵犯他人或社会利益，而且在一定条件下，要积极地对他人和社会承担责任（实施正外部性）。这样以社会立法的形式，对个人所得实行累进税率、征收遗产税、使企业为职工缴纳一定的社会保险费用及为职工提供相应的福利等，就有了合法性。（3）国家作为社会的代表，不仅负有不以公权力危害个人活动的自由的消极义务，而且负有使用其掌握的公权力服务于社会相互关联的积极义务。因此国家有义务制定能够保证每个人在物质上和精神上都可协同参与社会相互关联性的所有法律，例如制定法律保证人人都可免费接受最低限度的教育，给所有无法获得个人生活必需品的人提供保障，保证市场公平竞争等。社会规范分三种，即经济规范、道德规范和法律规范。其中法律规范是最高的，违反这种规范就要遭到群众自发要求的、有组织的强力制裁。这种规范的整体就是客观法。只

① ［英］密尔：《论自由》，崇华译，商务印书馆 1982 年版，第 10 页。
② ［法］狄骥：《宪法学教程》，王文利译，辽海出版社 1999 年版，第 7 页。

要有人类社会，就有客观法即社会连带关系。由于社会关系的变化，对于客观法律规则的制定和实施也是多样可变的。所以，法律制定者所制定的法律规则并不是完美的、一成不变的理想规则，立法者的任务就是要在不同的、变化的社会结构中确定适用于此结构的法律规则。可见整体主义法律观的逻辑是个人在享有行使个人权利的自由时，不得对他人和社会施加负外部性影响，对于已经产生的负外部性则由立法者通过制定法律规则予以限制。页岩气开采产生的环境负外部问题，应通过法律规定生态补偿的形式对于开采地居民给予补偿。

2. 生态系统理论

生态系统是生物群落及其生存环境所共同组成的动态平衡系统。[①] 生态系统对人类具有服务功能，生态系统服务功能是人类从生态系统中获取的直接利益或间接利益，具体来讲包括：为人类提供物质产品，提供生产和生活的基本资料，即供给功能；调节气候、大气、气体组成成分以及物质循环等，即调节功能；产生氧气、形成降水、生成土壤的支持功能；美化生活的社会文化功能等。[②] 生态系统的服务功能表明生态系统具有价值，但根据价值理论（价值是指凝结在商品中的无差别的人类劳动），环境质量和自然资源不存在人类劳动，因此认为自然资源不具有价值，对自然资源的使用无须付费。页岩气作为耗竭性资源，伴随着开采量的增加，必然影响后代人对页岩气的可持续利用和开采，页岩气由此呈现稀缺性的特点，鉴于矿产资源不可再生的特点，应该通过经济手段得以补偿。此外人们在自然资源利用过程中，导致环境污染和生态破坏，因此需要支付环境修复费用，对于生态环境的修复费用应该通过生态补偿方式支付，将页岩气开采过程的负外部性问题内部化。

3. 公共物品理论

对公共物品的研究最早出现于 19 世纪末期的新政治经济学中，萨缪尔森和马斯格雷夫是该理论的主要代表。公共物品与私人物品相对应，公共物品具有两大基本特征：一是非竞争性，即一个人增加对该物品的消费，不影响另一个人的消费质量和数量；二是非排他性，即任何人不能排除他人对公共物品的消费和使用，或者这种排他性在技术或成

---

① 杜群：《生态保护法论——综合生态管理和生态补偿法律研究》，武汉大学出版社 2012 年版，第 309 页。

② 同上。

本上不可行。[1] 公共物品的非竞争性和非排他性的特点带来公共物品消费的"公地悲剧"和"搭便车"的现象，造成过度使用的灾难性后果。公共物品又可以划分为纯公共物品和准公共物品，同时具备非排他性和非竞争性两个基本特征的为纯公共物品，如阳光、空气等。准公共物品具有非排他性的特点，但是不具备非竞争性的消费特点，如页岩气。页岩气作为矿产资源具有稀缺性的特点，一些人对页岩气消费的增加，必然导致他人消费的减少，此特征表明页岩气使用具有竞争性，但页岩气开采出来后，不能为开采地区所独占，不能阻止其他地区对页岩气的利用，即表现出公共物品的非排他性的特点。页岩气的非排他性特点使其他地区在享受页岩气资源的同时，无须分担生产区域因页岩气开采而支付的环境成本，导致市场失灵，因此应该通过生态补偿的方式，实现页岩气资源的合理配置。

4. 一般均衡理论

一般均衡理论是指对社会经济主体的利益分配进行协调，保证利益分配的公正公平。而利益分配经常处于非均衡的状态。页岩气作为矿产资源具有物质产品和生态产品的双重属性，页岩气生产区域因为页岩气开采而获得的利润，主要体现的是页岩气作为初级产品的物质产品的属性，而未真正体现出其生态产品的价格。页岩气生产企业在开采过程中，为降低成本增加产出率，往往忽视生态环境保护，并无须对环境破坏支付对价，即生产企业的边际生产成本小于边际机会成本，[2] 此时多余的环境成本则由页岩气生产地区承担，导致利益分配出现不均衡的非合理状态。我国页岩气储层大多位于经济不发达的中西部少数民族地区，由于地理位置和改革开放前期政策的影响，作为页岩气主要消费区的东部地区经济发展较快，东部和中西部地区出现利益分配的不均衡，如果页岩气生产过程中不能体现环境成本，必然导致页岩气生产区域的中西部地区全部负担本应由主要消费区的东部地区分担的环境成本，加剧利益分配不均衡，因此利用生态补偿机制，通过消费区域和生产企业对生产区域的补偿，实现页岩气生产的利益分配均衡。

---

① ［美］保罗·A. 萨缪尔森、威廉·D. 诺德豪斯：《经济学》，高鸿业等译，中国发展出版社 1992 年版，第 1194 页。

② 边际机会成本=边际商品成本+边际环境成本，参见［美］约瑟夫·P. 托梅因、理查德·D. 卡达希《美国能源法》，万少廷译，法律出版社 2008 年版，第 15 页。

二　美国的生态补偿制度

由于页岩气开采对土地等周围的生态环境带来不利影响，因此美国通过土地复垦制度，加强对页岩气开采过程中的生态环境修复和补偿。土地复垦是矿产资源的生态补偿制度，即在矿产资源开采过程中因破坏土地以及其他生态环境，采取的整治措施，使其恢复到可供利用状态或者恢复生态的活动。[1]

（1）有关生态环境修复的立法

1939 年西弗吉尼亚州颁布的《西弗尼吉亚州土地复垦法案》是关于土地复垦的第一部法律，对矿区生态环境的修复起到了促进作用，包括复垦利用矿区荒地、减少土地破坏和水资源污染。随后宾夕法尼亚州、俄亥俄州和印第安纳州于 1941—1954 年分别进行了矿区生态环境修复工作。1977 年美国联邦颁布了全国适用的矿区生态环境修复法律——《露天采矿管理与复垦法》[2]，该法主要是关于对露天矿产地复垦的规定，对于地下矿层开采尚无统一立法，尽管如此，《露天采矿管理与复垦法》确立的复垦保证制度和内容可以为页岩气开采的生态补偿提供借鉴。根据该项法律，主管机构为内政部，由内政部复垦执行办公室负责具体实施，联邦环保局、矿业局和土地管理局是辅助机构，辅助内政部进行土地复垦工作，各州的主管部门是土地复垦机构，负责土地复垦制度的执行，复垦许可证的发放以及管理与复垦相关的水和空气质量及职业安全健康的法令。为确保页岩气开采地区的环境得到及时修复，国会认为页岩气开采适用《联邦土地政策与管理法》《资源保护和恢复法》《矿产租让法》以及《超级基金法》规定的生态修复制度。

（2）有关生态修复制度的内容

主要包括土地复垦金制度、土地复垦计划制度和保证金制度。根据《露天采矿管理与复垦法》，美国制定了土地复垦基金制度，在国库中设立矿山环境恢复的专项治理资金，用于生态环境的恢复，各州也设立州内的恢复治理基金。土地复垦基金的使用范围包括：恢复因矿产资源开采导致的土地破坏，公共基础设施的维护以及周围环境的修复等。联邦土地复

---

① 李国平等：《矿产资源有偿使用制度与生态补偿机制》，经济科学出版社 2014 年版，第431 页。

② 郭恒哲：《矿产资源生态补偿法律制度研究》，硕士学位论文，中国地质大学，2008 年。

垦基金由内政部管理，各州由州矿产资源管理部门管理，复垦基金的来源渠道包括：征收的复垦基金、土地使用费以及社会捐赠，复垦基金实行先征后返的政策，即统一上缴联邦后，联邦再将复垦基金的50%返还给开采者所在的州，用于当地生态环境的修复。西弗吉尼亚州页岩气的开发使臭氧含量超出国家标准，因此《西弗吉尼亚州土地复垦法案》规定土地复垦基金优先用于对当地影响较大的水污染、大气污染和土壤污染以及噪声和道路毁损的防治等，这项制度提高了开采者缴纳土地复垦基金的积极性，各州称之为"地区分享计划"。①

土地复垦计划制度是指开采企业动工之前需要提交土地复垦计划，即详细说明复垦面积和土壤土质的恢复情况、周围生态环境的恢复情况、公共基础设施的维护情况、农业生产能力的恢复情况、人文遗迹的保护情况以及土地复垦后的用途，土地复垦必须与矿产资源的开采同时进行，并由专业评估机构对复垦计划进行评估。此外土地复垦制度附带要求提交环境影响报告书，即在项目规划阶段对矿产资源开采对周围环境可能带来的影响提交报告书，并提出生态补偿措施，作为开采的前提条件。对于页岩气而言，各州的土地复垦计划还包括各阶段的水污染、大气污染和土壤污染的防治情况；页岩气开采区域占地面积；分区情况；噪声防治设施安装和道路保护情况等。

各州要求矿产资源开采企业缴纳一定数额的生态环境恢复保证金，当开采企业不能按约定完成复垦任务时，管理部门就用企业缴纳的保证金用于土地复垦与生态环境恢复，使环境负外部问题内部化，包括全程保证金和阶段保证金。② 各州定期对复垦金进行审查，目的是检查开采商是否按照其提交的复垦计划进行复垦活动，复垦达标后保证金予以返还，如果开采商没有按照复垦计划恢复破坏的土地和环境，则为其规定整改期限，如果在整改期限内仍未完成任务，则将罚没复垦金。美国中部和东部的西弗吉尼亚州、宾夕法尼亚州、俄亥俄州、肯塔基州、密苏里州和马里兰州等都对页岩气开采规定了保证金制度，近年来各州不断提高保证金数额及扩大缴纳保证金的主体范围，确保治理后土壤的长期养护和水土保持。复垦保证金包括四个组成部分：开采者交纳的复垦费；因开采者的违法行为，

---

① Catino Ann M., "Is the Abandoned Mine Reclamation Fee Discharged", *Journal of Mineral Law and Policy*, Vol. 2, 1986, pp. 245-247.

② 徐田伟：《矿产资源生态补偿机制初探》，《环境保护与循环经济》2009 年第 6 期。

联邦内政部和州的复垦管理部门向其征收的罚金；开采者申请复垦许可证时交纳的许可费；以及复垦保证金的利息等。复垦保证金的形式①有履约担保债券②、不可撤销信用证③、信托财产证书④等。20 世纪 70 年代土地复垦制度的确立，使美国矿产资源开采地区的生态环境得以保护和恢复，使环境负担由当地居民转移给开采者，如今作为一项成功经验为世界各国所借鉴。

第四节　对美国页岩气产权制度的分析

一　美国页岩气产权制度形成的背景

从矿产资源所有权的类型来看，美国属于土地所有制体系，即地下矿产资源所有权和地表土地所有权相统一，地表土地所有者一般也拥有地下矿产资源所有权，⑤ 即天空原则。而根据美国公众的理解，矿产资源应该属于固态物质，因此在 19 世纪 70 年代杜哈姆原则的判决中，将石油天然气排除在矿产资源的范畴外，而根据当时的《宾夕法尼亚州地质调查报告》和科学定义，明确规定石油天然气属于矿产资源。但是法院基于对订立合同当事人真实意思表示的尊重，认为应该按照公众的理解，石油天然气不属于矿产资源。随后又根据 1886 年的获取原则，确定了石油天然气的产权分配原则，即当石油天然气未发生流动时，属于土地所有权人所有，如果相邻土地所有权人在自己土地上钻井，开采出属于原土地所有权

---

① 宋蕾：《矿产资源开发的生态补偿研究》，中国经济出版社 2012 年版，第 95 页。

② 履约担保债券是开采者将保证金支付给担保公司，担保公司将担保债券出售给开采者，如果开采者没有按照约定履行土地复垦义务，则保证金用于土地复垦。在担保债券中页岩气开采者需向担保公司支付保证金总额的 1%—3.5%的担保费用。

③ 不可撤销信用证是银行颁发的一种保证开采企业能够履行复垦工作的财政文件，如果开采者没有完成复垦任务，银行则将开采者交纳的费用拨付给管理部门，由管理部门代替开采者完成治理工作。不可撤销信用证往往用于复垦治理资金数额较大时，开采者仅需要向银行象征性交纳信用证保证费，远远低于担保债券中的数额，因此银行给财政信誉好的开采者颁发不可撤销信用证。

④ 信托财产证书是开采者将其可抵押的财产交由银行冻结，直至开采者完成土地复垦任务，银行再将冻结的财产返还给开采者，如果企业没有完成复垦任务，则内政部或州土地复垦管理部门作为信托财产证书的受让人，接管企业的冻结财产，用于土地复垦的费用。如果企业没有可以抵押的财产，需向信托机构存放一定的信托基金，至复垦任务完成，由于信托财产证书涉及企业财产的冻结，因此在实践中，选择此种保证方式的企业较少。

⑤ 潘峰宁：《我国矿产资源产权及权益分配制度研究》，法律出版社 2014 年版，第 64 页。

人土地之下的石油天然气，或实际控制这些油气资源，则原土地所有权人丧失对石油天然气的所有权，相邻土地所有权人获得油气资源所有权。[1] 2007年盖尔斯诉德克萨斯州沿海石油天然气公司案件规定，由于使用水力压裂和水平钻井技术，确定页岩气所有权时，需要对获取原则变通适用。[2]

可见美国的页岩气产权原则仍然是以土地所有权为基础展开的，美国土地所有权的三元所有形式形成了矿产资源三元所有的格局。美国土地所有权分属于联邦、州和私人所有，有其独特的历史背景，1776年美国独立后，大规模进行领土扩张，联邦拥有土地的数量扩大了10倍，[3] 土地的大量公有并未达到促进经济社会繁荣的预期效果，反而联邦需要支付大量的财政进行土地维护，因此联邦将西部大量土地免费授予或出售给个人，而美国最初是13个松散的英属殖民地在反对英国殖民统治过程中组成的，13个成员国作为后来的州，本来就拥有大量土地，联邦的大量土地也来源于州的让与，[4] 因此造成了美国土地分属于联邦、州和个人所有的模式，[5] 根据天空原则，也形成了矿产资源分属于联邦、州和个人所有的格局。

二　论述美国页岩气产权制度的意义

受"普天之下，莫非王土"思想的影响，我国从唐代开始，就规定矿产资源属于君王所有，到光绪年间颁布了中国近代第一部矿业法——《大清矿物章程》，明确提出矿产资源国家所有的思想，《中华民国矿业条例》以及《中华民国矿业法》继续沿袭《大清矿物章程》国家所有的传统。[6] 中华人民共和国成立后先后颁布了《中华人民共和国矿业条例》和

---

[1] Westmoreland v. Dwitt, Supreme Court of Pennsylvania, 1889, https：//w3. lexis. com/research2 /delivery/ working/ download. do? pageEstimate = 17&jobId = 2827%3A542049578& deliveryStateRef = 0_ 2073059188&_ md5 = 4320781f8c900f843a7583160d0e2856.

[2] Cornelius v. Arkansas Oil Gas Commission, Supreme Court Of Arkansas, 1956, https：// w3. le xis. com /research 2/delivery/ working /download. do? pageEstimate = 8&jobId = 2827%3A54 2052 736& deliverySta teRef = 0 _ 2073059198&_ md5 = 141 038de611fdcb42d61906a04dd13bc.

[3] 张海晓：《19世纪中美土地产权制度比较研究》，博士学位论文，复旦大学，2013年，第23页。

[4] 陈茹玄：《联邦政治》，商务印书馆2013年版，第4页。

[5] 李晓燕：《矿产资源法律制度的物权化构建》，中国社会科学出版社2014年版，第114—117页。

[6] 郗伟明：《矿业权法律制度研究》，法律出版社2012年版，第130页。

《中华人民共和国矿产资源法》，鉴于矿产资源所有权的历史传统和矿产资源的战略地位，因此明确规定国家是矿产资源的唯一所有权人。[①]

本书对美国页岩气产权制度的阐述，不是建议我国改变矿产资源国家一元所有的格局，而是在填补对美国页岩气所有权研究空白的基础上学习美国谨慎的造法思维。基于获取原则的竞相开采和浪费开采的现状，国会出台强制联营原则，即当自愿开发矿产资源协议达到一定比例，即强制不愿意签订开采地下矿产资源的土地所有权人将土地之下的油气资源纳入开采范围，以保证油气资源的成片高效开采，而与此同时，通过股份分红的形式保护土地所有权人在矿产资源流转中受益。除学习美国的造法思维外，我国在农村集体土地流转为矿业用地时，应该借鉴美国的强制联营原则，保证矿产资源开采效率的同时，通过股份分红等形式使农民通过土地流转受益。此外对于土地所有权人和当地居民相邻权的保护以及通过生态补偿制度加强对当地环境破坏的补偿，都表现了美国在开采页岩气的同时，注意对利益关联方权益保护的特点，这些都值得我国借鉴。

本章小结

由于油气资源流动性，美国通过杜哈姆原则将石油天然气排除在矿产资源的范畴之外，并确定把天空原则作为油气资源的权属原则。然而随着非常规天然气的发展，杜哈姆原则在非常规天然气领域又经历了否定和重新适用的过程。页岩气虽然属于天然气的一种，但是由于水力压裂和水平钻井技术的使用，法院出于对相邻土地之下页岩气所有权人的保护，规定页岩气的所有权不完全适用天然气的获取原则，这些判例形成了美国独具特色的页岩气所有权制度。

此外，在能源独立和能源安全的政策指引下，联邦为了鼓励油气资源的成片开采，提高开采效率，改变获取原则导致的无序开采和浪费开采的现状，国会通过立法，制定了强制联营原则，并在各州推广。对于页岩气而言，由于水力压裂和水平钻井技术的破坏程度较大，各州关于强制联营对页岩气的适用也做出了不同规定。

---

① 傅英：《中国矿业法制史》，中国大地出版社2001年版，第57页。

　　页岩气的快速发展侵害了土地所有权人和当地居民的利益，削弱了社区和居民的生活权利，私人土地所有权人被迫接受了他们的土地所有权使用受限的现实。各州试图在页岩气发展的同时，确保对当地的产业和生活的不利影响降至最低，美国对页岩气废水处置、废水循环利用、大气污染物的排放、开采商缴纳保险、对土地所有权人的土地利用等做出规定、划定开采区域和生活区域的范围、设定噪声限值和重型设备的使用时间，注重对道路使用的维护、减少大气污染和水污染等，加强对土地所有权人和社区居民的相邻关系的保护。此外鉴于页岩气开采对当地生态环境的破坏和生态污染，美国从 20 世纪 30 年代开始确立的生态补偿制度，加强了对利益关联方的保护。

第四章

美国页岩气开发的行政管制机制

页岩气作为能源，其首先适用能源行政管制机制，因此本章首先对美国的能源行政管制机制进行介绍。页岩气在开发的过程中，产生大量的环境负外部效应，因此页岩气除适用能源行政管制机制之外，对于其环境污染和生态破坏的防治，还有独特的环境行政管制机制。一些学者对美国能源行政管制和环境行政管制的研究，[①] 成为本书得以展开的基石，然而这些著作对环境行政管制机制的研究，主要侧重于联邦层面的行政监管，页岩气开采带来环境污染和生态破坏主要由当地居民承担，由此美国州和开采地政府承担了主要的监管职责，也成为页岩气的环境行政管制特色，因此本书在这些学术专著的基础上，除介绍联邦行政管制机制之外，着重介绍州和地方政府的管制机制，这也成为本书的创新之处。

第一节　美国页岩气开发的能源行政管制机制

页岩气能源的开发，缓解了美国的能源供求矛盾，优化了能源结构，在一定程度上实现了美国的能源独立和能源安全。虽然页岩气具有不同于常规油气资源的特点，但作为能源的一种，页岩气适用美国联邦和各州的能源行政管制机制。

一　联邦能源行政管制机制

美国联邦的能源管理机构主要是能源部、能源监管委员会以及包括土地管理局、内政部在内的协调部门；各州的能源监管部门包括公用事业委

---

① 王曦：《美国环境法概论》，武汉大学出版社 1992 年版，第 176—217 页。

员会、州能源委员会等。各部门之间权责明确，确保能源监管效率的实现。

　　页岩气开发的主管部门为美国能源部，能源部是根据《1977 能源部组织法》成立的，由 50 多个政府部门合并而成，是美国最大的能源事务管理中心，下设民用放射性废弃物管理办公室、可再生能源和能源效率办公室、电力输配和能源安全办公室、电力市场局、能源信息局、联邦核安全管理局。能源部的主要职责是管理能源的勘探、开发、研究和利用，基本目标是确保能源安全和能源供应、提高能源利用效率和加强环境保护，制定政府间合作政策，提高公私合作水平，确保国家能源政策的实现，促进国家能源多样性目标的实现，提高能源效率，制定能源发展长期战略，促进尖端技术的研发，在全球建立更强的能源联盟关系和能源市场整合体系，制定和协调政府的气候变化倡议政策战略，确保能源安全和可持续发展，实现全球能源行业的自由化和基础设施的现代化。能源部下设国家能源政策办公室，负责国家能源政策的制定和实施，气候变化政策的制定、管理和协调，国际能源市场开发政策战略等，国家能源政策办公室下又设立国家能源政策协调办公室、国际能源市场开发办公室和气候变化政策办公室，协调国家能源政策办公室职责的实现。①

　　联邦能源监管委员会隶属于能源部，但能源监管委员会独立行使职权，委员会主席由总统任命，能源监管委员会不受能源部的制约，是负责制定能源法律的主要机构，其中《联邦电力法》《天然气法》《天然气政策法》和《联邦水电法》等都是由联邦能源监管委员会制定的，其主要职责是负责州际电力、天然气和石油运输的监管，审查液化天然气终端和州际天然气管道建设方案，对州际的天然气转售进行监管，管理州际的电力批发，对州际和州内的水电工程建设发放许可证，审批天然气管道和储存设施的选址和关闭，确保州际高电压输电的可靠安全，对能源市场进行监测调查，对违反能源市场规则的能源组织和个人进行惩罚，监督天然气和水电工程及重大电力政策项目的环境问题，审查天然气相关企业的财务规则和制度，促进天然气市场供应格局的形成等。②

　　与页岩气开采相关的其他能源监管部门主要有：联邦土地管理局、林

---

① 杜群等:《能源政策与法律——国别和制度比较》，武汉大学出版社 2014 年版，第264 页。

② 于文轩:《石油天然气法研究》，中国政法大学出版社 2014 年版，第 121 页。

务局、财政部、劳工部、卫生部、运输部、商务部、渔业和野生动物管理局、内政部、国家公园管理局、核能管理委员会等。具体来讲，联邦土地管理局和林务局管理在联邦所属土地上进行的能源开发活动，财政部负责制定部分财税优惠政策，劳工部负责制定和实施保证工作场地工人健康和安全的法律，并对工人的职业健康与安全进行研究，① 根据《职业安全与健康法》的规定，对能源开采的劳动场地进行监管；根据《国家环境政策法》，② 卫生部负责监管页岩气开发对工人健康的影响，运输部负责监管管道运输的系统性及安全性以及危险废物运输，商务部根据《濒危物种法》，负责濒危物种的管理；内政部负责自然资源的管理，促进经济发展与自然资源保护之间的协调。

二　地方能源行政管制机制

各州和地方政府根据州内立法，设立了州能源监管机构。州和地方能源监管机构对联邦能源监管机构进行制衡，除联邦政府和能源部的专有权力之外，其他的能源监管权力由州和地方能源部门享有，防止联邦行使能源监管权限时，危害公众利益。各州的能源监管机构与联邦的能源监管机构不是管理与被管理的关系，没有行政上的隶属关系。③ 最早对州能源事业进行监管的是纽约州，纽约州通过了《1907 公共服务管理法》，确立了铁路部门对包括天然气在内的能源事业的监管权，随后各州相继设立了能源监管机构对能源事业进行监管。各州的能源监管机构主要包括州公用事业委员会、州环保局、州能源委员会、州矿产资源管理局。

能源委员会是州能源政策和发展战略的制定机构。能源委员会成员由各州州长任命，一般是能源相关领域的专家。州能源委员会的职责包括根据联邦能源发展战略，制定本州的能源发展政策和规划；制定工业、交通和建筑物的节能标准，鼓励能源的高效利用；促进能源领域的技术研究，通过技术进步，促进非常规能源和可再生能源的发展；制定高于联邦标准的地方能源安全和环境标准，或者在联邦标准不存在的情况下，制定在州内适用的地方标准；对天然气贸易进行监管；确保能源供应的安全。

---

① 黎晓东：《我国环境管理体制的若干问题研究》，硕士学位论文，华中科技大学，2007 年。

② 王曦：《美国环境法概论》，武汉大学出版社 1992 年版，第 176 页。

③ 王岚：《中美能源管理体制比较研究》，硕士学位论文，华东政法大学，2009 年。

　　州公用事业委员会主要负责对电力和天然气零售业务的监管，即发电、配电项目的批准及监管；制定新能源和可再生能源上网的配额；水质证书的发放；天然气管道运营许可证的颁发；电力基础设施建设的批准及监管；市政电力系统的监管。[①]

　　州环保局、州矿产资源管理局是州能源监管的协同管理部门，其中环保局是州负责环境监管的部门，负责执行联邦的环境保护政策和协调州内能源监管各部门之间的环境保护工作；州矿产资源管理局是矿产资源税费的征管部门，负责制定非常规能源的税收优惠方案以及页岩气和页岩油等非常规油气资源的环境影响评估。[②]

　　开采地政府的能源行政管理权限主要由地方能源主管机关负责，具体负责制定当地的能源发展方案，执行联邦和州的能源能效标准、能源安全标准和环境保护标准，促进联邦和州能源技术向当地的转移，加强对场地工作人员的培训，维护当地天然气管道安全，负责当地道路等基础设施的建设，协助联邦和州进行当地能源基础设施的建设，对电力基础设施的运营情况进行监管，协助州进行税收方案的落实等。

　　联邦和各州能源监管部门之间不是行政隶属关系，联邦只有在州不能有效履行能源监管职责时才有代替州的执行权，此外联邦在一定情况下，对能源监管有优先权，以便于国家能源战略的执行，联邦和州之间明确的监管权能划分，便于职责的履行，此外州不受联邦控制的监管体制，便于州自主行使职权，最大限度发挥能源监管的主动性。

第二节　美国页岩气开发的环境行政管制机制

　　页岩气作为新兴战略能源除适用能源行政管制机制之外，对于其开发产生的环境负外部性，美国也制定了独特的环境行政管制机制。联邦政府主要承担宏观性的监管职责，而州特别是开采地政府是页岩气开采环境保护的主要监管部门，这种监管模式有利于发挥地方政府的监管优势，提高监管效率。

---

　　① 林卫斌：《能源管理体制比较研究》，商务印书馆 2013 年版，第 41 页。

　　② Tincher, Gina., "Unconventional Gas Technical Engagement Program: How to Ensure the United States Shares Its Experience in a Socially and Environmentally Responsible Manner", *Energy Law Journal*, Vol. 36, 2015, pp. 113-140.

一　联邦页岩气开发的环境行政管制机制

联邦对地方的环境监管源于州对煤炭环境污染的监管无力，联邦的监管主要局限于州和开采地政府无力监管的事项，[1] 如跨州污染等，联邦的能源环境监管体制是以联邦环保局为核心，各相关机构分工配合，权责明确的监管体制，是世界环境监管体制的范例。

（一）联邦对地方环境监管的起源

联邦政府建立了一系列的空气和水污染保护平台，负责管理州际的页岩气贸易和国家资源的开采。联邦对地方环境监管的机制来源于《露天采矿管理与复垦法》和《清洁空气法》。[2] 由于州对煤炭产业发展带来的环境问题无能为力，《露天采矿管理与复垦法》创设了联邦管理机制，即通过联邦许可制，减少露天采矿导致的地表腐蚀或改变区域地质情况，国会认为对页岩气开发的环境监管，应该仿照《露天采矿管理与复垦法》的做法，因为在《露天采矿管理与复垦法》颁布时，煤炭产业无疑是美国的战略产业，而页岩气也是目前美国的战略产业，对于国家经济发展有举足轻重的作用，由联邦对水力压裂造成的环境破坏进行监管，规定在联邦颁发许可证的情况下，州可以享有一定的监管权限，即联邦制定最低监管标准，州可以在联邦标准之上，制定严于联邦标准的地方标准。《露天采矿管理与复垦法》作为联邦管理地方环境的重要模式，成为页岩气产业监管的重要借鉴。同时《清洁空气法》对机动车制造者制定全国统一的标准，为美国能源部制定页岩气产业发展的全国标准提供了范例。此外联邦实施监管的原因在于，环境负外部效应往往跨越州的行政区域，受空气污染影响的州有权申请联邦环保局对排放污染物的州进行监管，对于州际污染问题，由联邦监管更为妥当。[3] 地方政府与联邦政府相比，缺少空气污染防治的技术和信息，当地方政府不能实施有效管理时，由联邦政府进行监管。为提高就业率和促进经济发展，州往往为以牺牲环境为代价，联邦管理也有利于各州成本和利润的分配。

---

① McGinley Patrick C., "Regulatory Takings in the Shale Gas Patch", *Penn State Environmental Law Review*, Vol. 19, 2011, pp. 193-240.

② Wurzer. Molly, "Taking Unconventional Gas to the International Arena", *Texas Journal of Oil, Gas, and Energy Law*, Vol. 2, 2011-2012, pp. 357-382.

③ Gaille S. Scott, "How Can Governments Accelerate International Development", *Energy Law Journal*, Vol. 36, 2015, pp. 95-112.

（二）联邦的监管机构及权限

根据《国家环境政策法》①，对于能源环境监管而言，联邦环保局负责协助联邦能源开发的环境技术向州及地方的转移，制定能源开发环境发展规划和国家环境排放标准，对州和地方的环境保护工作进行监管，制定联邦环境政策，促进经济与环境的协调发展。此外，根据《1984 露天采矿控制和回填法》和 1976 年《联邦土地政策与管理法》，内政部负责对联邦管辖土地上的露天采矿活动的环境监管，此外根据《濒危物种法》的授权，内政部配合商务部行使一定的濒危物种管理权；渔业和野生动物管理局负责鸟类、鱼类、濒危物种、湿地以及自然保护区的保护；国家公园管理局负责执行自然景观、历史遗迹和野生生物的保护计划；核能管理委员会负责对页岩气开采过程中的放射性物质进行监管；② 陆军部负责疏浚工程和疏浚污泥的排放。

联邦的监管权限首先是跨州的大气污染，当大气污染产生跨州效应时，由联邦进行监管，包括管理二氧化硫、硫化物、二氧化碳和二氧化氮细颗粒物以及燃煤发电产生的臭氧，加强燃煤发电的监管，停止新建燃煤发电厂等。其次，制定联邦标准，授权联邦政府制定统一标准，州可以在此基础上制定严于联邦的标准。③ 再次，《天然气法案》授权联邦政府享有天然气的终端监管权，天然气终端监管往往跨州，并且易造成垄断，因此天然气的终端监管由联邦政府承担，但联邦政府在对天然气终端项目进行监管时，根据《海岸带管理法》的规定不得对州的海岸带管理产生影响，州对于能源项目的监管权，要受到联邦政府的制约。此外，联邦根据《国家环境政策法》《清洁水法》《2005 能源政策法案》《清洁空气法》《深水港法案》负责对能源设施进行监管以及制定许可要件等，包括陆地石油天然气钻井设施、石油提炼设备、天然气管道设施等，联邦实行优先管理，州在联邦批准相关项目后，享有一定的管理权。联邦还承担跨界地表水和湿地污染的监管，水力压裂会产生大量的水污染，在水力压裂完成后仍然可能导致地下水污染，联邦对于水污染管理的权限局限在跨界污染

① 王曦：《美国环境法概论》，武汉大学出版社 1992 年版，第 176 页。

② Spence David B., "Federalism, Regulatory Lags, and the Political Economy of Energy Production", *University of Pennsylvania Law Review*, Vol. 16, 2013, pp. 141-190.

③ Verschuren Jonathan, "Hydraulic Fracturing and Environmental Concerns: the Role of Local Government", *Journal of Environmental Law*, Vol. 27, 2015, pp. 431-458.

的地表水和湿地方面,① 联邦贸易条款根据《清洁水法》将航行产生的地表水污染纳入监管范围,《安全饮用水法》授予联邦一定的监管权,旨在促使州政府确保饮用水安全,但对于水污染而言,较少产生环境溢出效应,根据《有毒物质控制法》,由州对水污染进行管理,如果有发生跨界污染的风险,则由联邦监管。

二　州页岩气开发的环境行政管制机制

对于环境管理职权而言,州享有更多的环境监管权限,包括地下水污染的监管、矿产资源开采许可证的颁发、制定空气质量标准的实施计划、在州内对页岩气生产设立统一的标准和规则等。②

(一)　联邦与州在环境行政监管方面的关系

州环境保护机关在州的环境监管中占据重要地位,因为大多数的联邦环境立法都授权联邦环保局,将具体的监管工作委托给州环保机关。联邦政府和州政府之间对于环境保护工作的关系并不是直接的管理与被管理,即州环保机构受联邦环保机构的束缚较小,州环保局独立行使职权,仅根据联邦法律规定在部分环境管理事项上受联邦环保局的监督;联邦在州和地方政府不能有效履行污染防治职责的情况下,可以代替其执行,例如《清洁水法》规定联邦环保局长发现违法行为时,可通知州政府对违法行为采取行动,如果州政府在收到联邦环保局长的通知后30天内,仍未采取行动,联邦环保局可直接对违法者采取行动;《清洁空气法》规定当联邦环保局长发现州未能有效实施《清洁空气法》的规定,导致州内的违法行为较普遍时,可向州发布责令矫正通知,如果在通知发出30天后,州内的普遍违法现象仍未有所缓解,联邦可取代州,加强对《清洁空气法》的实施。联邦的代执行在于防止州为了发展经济而容忍污染,加强对州环保工作的监督。③ 州在联邦的帮助下,承担环境保护的主要监管责任,④ 如《清洁水法》规定联邦环保局在实施该法的权力上处于领导地

---

①　Aladeitan Lanre and Nwosu, Chisom, "Shale Gas Development: Their Gain, Our Pain and the Cost", *Journal of Politics and Law*, Vol. 6, 2013, pp. 216-226.

②　Anderson Owen L., "Shale Revolution or Evolution: Opportunities and Challenges for Europe", *Global Business Law Review*, Vol. 4, 2013, pp. 1-26.

③　卫德佳:《石油天然气法律制度研究》,石油工业出版社2010年版,第121页。

④　Burt J. Zach, "Playing The Wild Card in the High-stakes Game of Urban Drilling: Unconscionably in the Early Shale Gas Leases", *Texas Wesleyan Law Review*, Vol. 15, 2008, pp. 1-30.

位,《清洁空气法》规定预防和控制空气污染主要由州和地方政府负责,联邦负责提供财政援助和咨询。另外,州和地方政府不得制定低于联邦标准的地方标准,① 例如《清洁空气法》规定州和地方政府不得制定和执行比联邦标准更宽松的标准。州和地方政府有执行联邦制定的政策、立法和标准的义务,州和地方可以制定严于联邦标准的地方标准,② 如《清洁水法》规定州和地方政府有权制定更严格的环境标准的权力。③ 最后,州立法不得与联邦立法相违背。为保证联邦立法的主导地位和优先权力,美国的州立法必须与联邦立法相一致,以保证联邦立法在全国范围的协调统一,维护联邦法律的权威。联邦政府主要负责对州和地方政府进行监管以及宏观决策和法律法规以及标准的制定。在页岩气开采的环境保护方面,州和地方政府处于主导地位,对于页岩气开采过程中的大气污染防治、水资源的保护、许可证的颁发、对邻地土地所有权人和非邻地土地所有权社区居民的相关权利的保护有优先管理权。④

（二）州的监管权限

州政府负责监管资源开采、水资源使用以及土地规划,州管理者对于社会、水质和页岩层的地质特点有更深入全面的了解,州能够更好平衡水力压裂的经济和环境利益。各州页岩气开采的监管机构主要有州环保局、州能源委员会、州公用事业委员会、州环境质量委员会、州铁路委员会以及州长页岩气咨询委员会。有些州将大气污染防治监管交由卫生局和自然资源管理局等,对于水污染有些州则规定由自然资源管理局负责独立监管。⑤ 州能源委员会通常制定有关场地许可、钻井、完井和开采的相关要求,州公用事业委员会则主要受理页岩气开发过程中相关的投诉意见。州环境监管机构州环保局的职责为执行联邦制定的环境保护政策,对水资

---

① Aladeitan Lanre and Nwosu, Chisom, "Shale Gas Development: Their Gain, Our Pain and The Cost", *Journal of Politics and Law*, Vol. 6, 2013, pp. 321-343.

② 王曦:《美国环境法概论》,武汉大学出版社 1992 年版,第 208 页。

③ 然而在某些特定情况下,立法要求地方标准必须与联邦标准相同,不得严于或宽松于联邦标准,例如《清洁空气法》规定,在联邦法律法规已经生效的情况下,州和开采地政府不得制定或执行任何与联邦臭氧标准不同的规定。游腾飞:《美国联邦制纵向关系权力研究》,博士学位论文,南开大学,2013 年。

④ Burt J. Zach, "Playing the Wild Card in the High-stakes Game of Urban Drilling: Unconscionably in the Early Shale Gas Leases", *Texas Wesleyan Law Review*, Vol. 15, 2008, pp. 1-30.

⑤ McGinley Patrick C., "Regulatory Takings in the Shale Gas Patch", *Penn State Environmental Law Review*, Vol. 19, 2011, pp. 193-240.

源、排放物和废弃物管理进行监管，包括对页岩气公司进行现场检查、监测、抽样并要求其披露相关信息，并对违法者处以罚款。

地下水污染由各州实施监管，《清洁水法》的许可仅限于可航水体和邻近湿地，并且授予州管理地下水的权力。州际的废水处置和甲烷排放由联邦法律监管，水资源供应和地下水污染主要由州实施监管，州享有水力压裂的管理权，当水力压裂的操作引起损害并对物种产生威胁时由联邦政府进行监管。州根据《危险废物运输法案》对危险化学物质运输进行监管，如果州规定开采商进行水力压裂操作不需要政府批准，则州根据《清洁水法》承担环境审查义务，各州根据水质和总量控制标准对页岩气生产地区的水资源用途进行分类，制定水质控制标准，规定污染物排放数量以及排污口的排放配额，防止生产地区饮用水水质下降，促使流域水达到水质标准。[1] 制定水环境系统规划，对页岩气生产企业的水环境控制系统的建设情况进行检查，对污染源的控制措施进行审批，在页岩气生产地区建立废水处理厂的环境保护基础设施。[2] 如宾夕法尼亚州根据《清洁水法》制定了该州的工业废弃物排放标准，对天然气生产过程中的废水排放做出规定，禁止在未获得许可证的情况下排放页岩气废水。[3]

州有颁发矿产资源开采许可证的权力，根据分区条例，开采商在钻井之前要获得州政府颁发的许可证，包括土地使用许可、钻井各阶段许可、开采许可以及对于土地有影响的其他许可。许可证的申请者在钻井设备建设期间需接受地方巡视员的检查，并且向州管理部门披露相关信息。[4] 申请许可证需要交纳管理费，用于州因管理页岩气开采所产生的成本，根据石油天然气开采的相关条例，许可证禁止转让。页岩气开采仅能在许可证规定的区域内进行，在许可证规定的区域外开采则构成违法，州政府管理部门有权吊销许可证。在开采区内，开采商拥有许可证赋予的权利。

州负责制定空气质量标准的实施计划，联邦环保局根据《清洁空气

① Joshua P. Fershee, "The Oil and Gas Evolution: Learning from the Hydraulic Fracturing Experiences in North Dakota and West Virginia", *Texas Wesleyan Law Review*, Vol. 19, 2012, pp. 19-23.

② Wurzer. Molly, "Taking Unconventional Gas to the International Arena", *Texas Journal of Oil, Gas, and Energy Law*, Vol. 2, 2011-2012, pp. 357-382.

③ 丁贞玉等：《美国页岩气开采的水环境监管经验研究》，《油气田环境保护》2013 年第8 期。

④ Tincher, Gina., "Unconventional Gas Technical Engagement Program: How to Ensure the United States Shares Its Experience in a Socially and Environmentally Responsible Manner", *Energy Law Journal*, Vol. 36, 2015, pp. 113-140.

法》的规定制定国家环境空气质量实施标准，页岩气开采产生大量空气污染物，各州根据州页岩气开采的具体情况，制定达到该标准的实施计划，即明确在页岩气开采之后达到初级和二级环境空气质量标准的时间；为页岩气生产企业制定排放限值，企业为实现排放标准和排放限值需向州递交设备的改造和运转方案，对生产企业污染监测情况进行检查，将生产企业的污染物排放情况作为许可证颁发的必要条件之一；配备充足的人员、资金和设备以保证计划的实施，审查生产企业污染物排放情况的报告，该报告必须与环境空气质量相一致，并定期向公众公开；要求生产企业支付许可证审批和执行的费用。①

州内对页岩气生产设立统一的标准和规则，并设立空气质量管理区。制定废物管理计划、管理要求及技术标准，为了便于管理，在州内设立空气质量管理区，如加州设立了南海岸大气质量管理区，负责对油气资源在内的污染源进行监管，与地方政府和社会团体合作，制定区域污染防治计划。

三　开采地政府的环境行政管制机制

（一）州与开采地政府的管理权限划分

州与开采地政府管理权限的划分，主要体现在各州的立法和判例中，其权限划分原则是开采地政府承担主要的监管职责，但为防止开采地政府不当限制石油天然气的开采，州政府在特定情况下，有优于开采地政府的管辖权。②

一些州通过立法对管辖权限进行划分。堪萨斯州在管理石油天然气的开发问题上，如果开采地政府的管理和堪萨斯州健康和环境保护部产业委员会的管理发生冲突，根据《堪萨斯州宪法解释》第 55 条和第 65 条，州政府享有管辖权。开采地政府无权对石油天然气生产颁发许可证，法律明确规定开采地政府对石油天然气优先管辖权的范围仅限于对水力压力技

---

① Tincher, Gina, "Unconventional Gas Technical Engagement Program: How to Ensure the United States Shares Its Experience in a Socially and Environmentally Responsible Manner", *Energy Law Journal*, Vol. 36, 2015, pp. 113-140.

② Gaille S. Scott, "How Can Governments Accelerate International Development", *Energy Law Journal*, Vol. 36, 2015, pp. 95-112.

术使用的限制。① 路易斯安那州规定开采地政府享有部分优先管理权限，并对实施优先管辖的范围、事项和理由做出规定，《路易斯安那州石油生产环境保护条例》对优先管辖的规定是开采地政府对于州内部有关石油天然气生产中井场的设置以及井间距离的规定享有专属的管辖权。2011年爱达荷州颁布一项立法，平衡各州和地方政府的利益，立法的主要目的是明确州和地方政府权限范围，承认地方政府负责管理石油天然气领域的开采和生产，并承担保护公共健康、安全和福利的义务，但开采地政府不能禁止石油天然气开采所需的基础设施建设，这些基础设施的建设应该遵守开采地政府的规定，开采地政府制定的地区条例不得与爱达荷州法典相冲突，分区管理和土地使用属于开采地政府的管辖范围，对于州立法能否在分区条款内禁止石油天然气的开采，主要取决于开采规模以及石油天然气开采商使用水平钻井技术开采碳氢化合物的能力。莫西根州的立法排除州关于石油天然气监管，但开采地政府不能对钻井、完井或者石油天然气钻井的运行以及其他开采行为进行控制和管理。纽约州法律规定，地方政府对于当地公路毁损和石油天然气开采中的基金和许可费享有优先管理权，但不能完全禁止石油天然气钻井和生产行为，立法明确了开采地的优先管辖权。宾夕法尼亚州的《宾夕法尼亚市政法典》② 和《洪水防治法案》规定了优先管理权，《宾夕法尼亚市政法典》规定开采地政府负责管理宾夕法尼亚州的土地使用，要求根据分区条例对页岩气的井场设置进行特别规定，《洪水防治法案》规定地方分区条例有权管理天然气井场的设置以及制定安装噪声防护设施的规定，宾夕法尼亚州最高法院对于当地政府的管理权限做出限制，包括行使优先管理权时必须遵守州石油天然气的管理规定，如分区条例不得与《宾夕法尼亚州石油天然气法案》相冲突。

一些州通过普通法对管辖权限做出划分。俄亥俄州在莫里森诉贝克能源公司案中对于开采地政府优先管辖的范围做出明确的规定，如果当地政府规定的事项属于地方自主事务，则不受州立法的限制，2013 年贝克能源公司获得州的钻井许可，而开采地政府的分区条例禁止贝克在当地钻井，法院认为，虽然贝克能源公司获得州颁发的钻井许可证，但此事项属

① Anderson Owen L., "Shale Revolution or Evolution: Opportunities and Challenges for Europe", *Global Business Law Review*, Vol. 4, 2013, pp. 1-26.

② Puzzuole Bernadette, Arcuri Frank, "Pennsylvania Municipalities Planning Code: an Afterthought", *Widener Journal of Public Law*, Vol. 2, 1992, pp. 71-80.

于开采地政府的自主事务，因此当地政府可以禁止贝克能源公司的开采行为。卡罗来纳州通过维斯诉蓝得沃兄弟案①解决州和开采地政府的权力冲突问题，当地政府禁止在城市范围内进行石油天然气钻井，法院认为根据《石油天然气保护法》，开采地政府不能对城市范围内的土地用途行使不受限制的优先管理权。当地政府行使优先管理权应限于防止浪费，保护相关土地所有权人的股份和红利，并促进强制联营协议的签订，防止开采地政府完全禁止石油天然气开采而使矿产资源闲置，土地所有权人缺少盈利途径，并且不得与州石油天然气的开采政策相冲突，最后卡罗来纳州最高法院允许州干预开采地政府优先管辖权的行使，开采地政府无权禁止页岩气的开采。怀俄明州的立法限制当地政府对于石油天然气管理的权力，即开采地政府制定的分区条例不能禁止必要的地下矿产资源开采，立法对于分区条例中优先管辖的适用范围未做出规定，怀俄明州在梅尔肯诉科尔—麦基石油天然气公司案②中，对州和市级政府分权做出规定，当地政府不得对符合法律法规的石油天然气的勘探行为征收税款和费用，当地政府除根据地方防火条例、土地许可条例以及地方建筑条例征收费用外，1996年在该判决做出后，开采地政府对于废气井和所有的非采掘井征收400美元的费用，包含勘查费和安全检查费。路易斯安那州颁发钻井许可证的部门为路易斯安那州委员会，联邦和地方政府无权对获得钻井许可证的开采商的钻井或钻井测试行为进行干预，此项规定来源于路易斯安那州最高法院审理的一个案件，开采商反对什里夫波特市的优先管理权，什里夫波特市颁布一项法令禁止在该市所属的一个湖泊1000英尺之内进行钻井，法院需要解决州和地方政府管理权限冲突的问题，立法明确地方政府对当地土地利用的优先管辖权，然而州最高法院认为州对于该湖泊1000英尺缓冲区享有优先管辖权，而不是由市级地方政府管辖。③ 新泽西州没有关于石油天然气的优先管理判例和立法，州立法关注井间距离等细节的规定，而地方政府的分区条例关注传统的土地使用，因此在某些情况下产生冲突

① Morgan Michael, Check Mary Jo., "Local Regulation of Mineral Extraction in Colorado", *Colorado Lawyer*, Vol. 22, 1993, pp. 751-754.

② Kramer Bruce M., "State of State and Local Governmental Relations As It Impacts the Regulation of Oil and Gas Operations: Has the Shale Revolution Really Changed the Rules of the Game", *Journal of Land Use and Environmental Law*, Vol. 29, 2013, pp. 69-116.

③ David B. Spence, "Federalism Regulatory Lags, and the Political Economy of Energy Production", *Political Economy of Energy Production*, Vol. 16, 2013, pp. 443-462.

时，地方政府否认州颁发的许可证。①

（二）开采地政府的具体环境管理权限

页岩气钻井带来的损害主要由当地承担，包括水污染、空气污染和社区紊乱等。地方政府便于对页岩气开采进行监管，减少环境污染和生态破坏。而开采地政府又隶属于州政府，需要遵守联邦和州的法律法规，因此便于上下协调一致。此外当地政府是教育、交通、医疗和卫生等基础设施的主要建设和管理者，在开采页岩气的同时，更有利于公众参与地方事务，当地政府在对页岩气的监管上，拥有州和联邦政府无法比拟的优势。

开采地政府的管理范围。② 开采地政府有制定分区法令的权力，分区法令是限制页岩气的开采区域和开采行为，对居民的生活环境和生态环境给予保护的法令，在石油天然气公司进行页岩气钻井前，开采地政府将钻井及周边受影响地带分为三个区域：钻井区、缓冲区和保护区，如 20 世纪 30 年代颁发的《俄克拉荷马州城市条例》规定在钻井区和居民区之间建立缓冲区，以限制石油天然气开采对居民的影响，分区法令包括以下内容：首先，分区法令的重点是确定保护区的范围，保护区是禁止开采页岩气的区域，包括居民区、宗教机构、公共建筑、医院、学校和公园，此外法令对钻井的区域、范围和井场位置等做出规定，缓冲区的范围从 100 英尺到 1500 英尺不等。在大量使用水力压裂时，要求钻井商确保他们的行为遵守分区法令和土地使用政策。如果钻井商未能证明其行为符合法律，在颁发钻井许可证之前，州环境保护部要进行进一步调查。当地居民根据分区法令和土地利用法律，可阻止州环境保护部颁发钻井许可证。当地居民有权参与土地使用的决定，即钻井商与受钻井影响的居民进行直接交流协商，减少或避免页岩气开采带来的损害，分区法令同时要求开采商对当地居民给予补偿。其次，对噪声的监管，分区法令包括设定噪声标准，即在井场和居住区之间设定分贝限值，一般而言距离噪声源 300—500 英尺的范围内，噪音不得超过 70—90 分贝，申请开采许可证时需要提交钻井

---

① Kramer Bruce M., "State of State and Local Governmental Relations As It Impacts the Regulation of Oil and Gas Operations: Has the Shale Revolution Really Changed the Rules of the Game", *Journal of Land Use and Environmental Law*, Vol. 29, 2013, pp. 69-116.

② William Yuksta, "Manageing Fractions: the Role of Local Government in Regulating Unconventional Natural Gas Resource-Recommendations for New York", *Cardozo Pub. Law*, *Policy and Ethics*, Vol. 563, 2013, pp. 34-42.

之前该区域的噪声分贝，以便管理部门对于钻井噪声做出判断。① 此外，页岩气开采过程中需要使用压缩机，压缩机产生大量噪声，在费楠诉布莱福特镇案中，页岩气开采者要建立一个压缩机站便于将页岩气从井口输送到市场，根据钻井许可证，井口允许安装压缩机，开采商在钻井场地安装压缩机时，遭到当地居民的反对，法院认为安装压缩机属于石油天然气的生产范围，如果反对安装压缩机，天然气将无法向市场输送，因此法院判定安装压缩机作为页岩气生产和输送的必要环节，不应该受到当地政府的禁制，但对压缩机的工作时间做出规定，分区法令还要求安装消声装置，以削减噪声。再次，分区法令对道路维护做出规定。开采商申请许可证之前，应该签订道路维护协议或者支付道路维护基金。② 页岩气开采需要使用重型卡车等大型机械设备，同时水力压裂技术需要消耗大量水和沙，对道路使用也产生影响，很多地方政府规定页岩气开采商需要支付 5 万—20 万美元的公路维护费。最后，分区法令要求在申请许可证时提交应急预案，防止井场事故发生，应急预案要求开采商对于危险物质的储存和运输做出限定，明确物质泄漏时应采取的应对措施。分区法令还鼓励公众对当地事务进行监管，当地居民根据分区法令和土地利用法律，可阻止州环境保护部颁发钻井许可证，当地居民有权参与土地使用、钻井区域的范围、股份分红、生态补偿和钻井行为的限制等问题的决策和协商，减少或避免页岩气开采带来的损害。③ 分区法令还规定当地政府要求开采商缴纳保险、维护基金并签订损害补偿协定，同时纽约州立法明确允许开采地政府通过使用分区法令，限制或排除在特定区域内使用水力压裂，在德克萨斯州，巴奈特页岩层社区通过分区法令监管水力压裂和其他天然气生产行为，同样对生产区域做出限制，包括州和当地政府如何减少水力压裂对当

---

① Mark Weinstein, "Hydraulic Fracturing in the United States and the European Union: Rethinking Regulation to Ensure the Protection of Water Resources", *Wisconsin International Law Journal*, Vol. 30, 2017, pp. 900-908.

② McGinley Patrick C., "Regulatory Takings in the Shale Gas Patch", *Penn State Environmental Law Review*, Vol. 19, 2011, pp. 193-240.

③ Ehrman Monica, "Next Great Compromise: a Comprehensive Response to Opposition against Shale Gas Development Using Hydraulic Fracturing in the United States", *Texas Wesleyan Law Review*, Vol. 46, 2014, pp. 423-468.

地产生的影响。①

当地政府还要求开采商将水力压裂中使用的化学物质的浓度和成分向公众部分披露，涉及商业秘密的部分，向管理者披露，对不符合标准者不予批准以便管理者加强对水质的保护。② 开采地政府还有权因地制宜，对废水处置进行监管，确定开采商可采取的废水处置方式，包括地下注入，污水处理厂处理，土地填埋以及废水循环利用等，③ 防止压裂废水回流到地表，造成土壤污染和水污染，鼓励开采循环利用压裂废水，以减少废水的产出和对淡水的要求。当地政府还需要对水资源利用的情况进行审批和通报，水资源主管部门督促开采商提交用水计划，包括拟用水质、水量和提高用水效率的方案，在钻井过程中，主管部门通过水质数据库对水质进行实时监测，防止污染，根据开采商提交的用水计划，以及主管部门的监测结果，对于水资源的利用效率以及对循环用水的使用情况，做出取水评价通报，促进开采商使用循环水，提高用水效率，最大限度实现对水量和水质的保护。④ 当地政府还拥有绿色完井的审查权，美国怀俄明州、德克萨斯州等绿色完井的比例高达 80% 以上，地方政府环境保护部门派遣巡视员，对绿色完井状况进行检查登记，并向社会公布。⑤

美国联邦、州和地方政府对页岩气开发的明确权力划分，避免了各级政府部门权责不清，权力交叉、重叠和矛盾的现象，在促进页岩气产业发展的同时，更好地保护了地方居民的权益，同时赋予地方更多的自主权，有利于发挥地方政府的地域优势，加强对当地环境的保护，在减少管理成本的同时，便于居民对当地事务的自主管理，加强公众参与。

---

① 保险包括环境损害保险，钻井事故保险、卡车责任险以及人身意外险等，损害赔偿协定是页岩气开采商对于页岩气钻井发生的财产损失、人身损害和伤亡而支付的赔偿，维护基金包括道路维护费用等。

② Aladeitan Lanre and Nwosu, Chisom, "Shale Gas Development: Their Gain, Our Pain and the Cost", *Journal of Politics and Law*, Vol. 6, 2013, pp. 216-226.

③ Verschuren Jonathan, "Hydraulic Fracturing And Environmental Concerns: the Role of Local Government", *Journal of Environmental Law*, Vol. 27, 2015, pp. 431-458.

④ Kinchy Abby J., Perry Simona L., "Can Volunteers Pick up the Stack-efforts to Remedy Knowledge Gaps about the Watershed Impacts of Marcellus Shale Gas Development", *Duke Environmental Law and Policy forum*, Vol. 22, 2012, pp. 303-340.

⑤ David S. Steele, Jennifer M. Hayes, "Environmental and Social Implications of Hydraulic Fracturing and Gas Drilling in the United States: an Integrative Workshop for the Evaluation of the State of Science and Policy", *Duke Environmental Law and Policy in the Forum Syposium*, Vol. 22, 2012, p. 254.

第三节　美国页岩气开发行政管制机制的分析

一　美国的联邦制政治体制

分析美国页岩气的行政管制机制，离不开对美国政治体制的分析，美国与中国奉行截然不同的政治体制，只有结合政治体制背景对页岩气的能源行政管制机制和环境保护行政管制机制进行分析，才能更有效借鉴美国的页岩气行政管理制度。

美国是最早建立联邦制的国家，美国联邦制的形成已经有 200 多年的历史。在 200 多年前，美国最初只是英属的 13 个殖民地，随着英国与这些殖民地之间的矛盾激化，北美爆发了独立战争，并建立了邦联的政体，邦联仅是 13 个主权州的松散联盟，相当于主权国家的协调机构，① 1787 年召开了制宪会议，美国的政治体制发生重大转折，建立了联邦制政体。联邦制是指由两个以上的政治实体结合而成的国家结构形式，联邦政府和地方政府实行分权，其权力分配在宪法中明文规定，除非通过修宪，否则不能任意变更，联邦和地方政府在权力范围内独立行使职权，地方政府权力的行使，不受联邦的干预，体现多中心的复合共和制，联邦制的理念是联邦的权力来源于各成员的让渡，但地方政府享有部分管理内部事务的权力。②

对于联邦的权力范围，采取列举式，即在宪法中明确联邦的权力内容，未列举的事项都由各州承担。宪法对权力的分配做出了规定，国防、外交、信贷和州际贸易领域的管辖权归联邦政府所有，而其他大部分国内事务，如教育、福利、卫生、能源、环境保护、刑事司法等管辖权则均由州政府承担，③ 即州政府除不能行使外交、国防和国际贸易等方面的权力外，对州的财政、税收、能源、贸易、环境保护方面享有广泛的权力，各州在州内设立自己的立法、行政和司法机关，拥有州宪法和法律的制定权。

从美国联邦制的建立过程可以看出，13 个英属殖民地在反对英国殖

---

① ［美］乔治·安德森：《联邦制导论》，田龙飞译，中国法制出版社 2009 年版，第 9 页。
② 陈茹玄：《联邦政治》，商务印书馆 2013 年版，第 4 页。
③ 谭融、于家琦：《美国联邦制的发展沿革》，《天津师范大学学报》2002 年第 6 期。

民统治的共同利益下联合起来，并建立了松散的邦联政体，随着政治形势的需要，邦联政体过渡到联邦政体，联邦政府的权力来源于各成员的让渡，鉴于各成员在不同的政府宪法下成长，有不同的习俗、生活方式、宗教和习惯，因此各成员政府保留较大的自治权力，联邦政府只享有宪法明确授予的权力，这种权力分配在能源行政管理中也有所体现。

我国《宪法》规定，在中央的统一领导下，鼓励地方政府发挥主动性和积极性。我国是单一制的国家结构形式，单一制的国家结构主要表现为国家只有一部宪法，只有一个国家最高权力机关和中央政府，公民只有一个国籍，只有中央政府才能代表国家行使外交权。[①] 我国实行单一制的国家结构形式有深层的历史和社会原因，我国历史上从"秦朝开始结束了分封制，建立了以郡县制为核心的中央集权政治体制"[②]，奠定了单一制国家的基础，我国现在单一制的国家结构形式是历史传统的延续，此外我国经济建设的过程中要充分考虑各种不平衡的因素，包括生产力水平、资源分布、民族特点等，只有单一制的国家形式能够平衡各种因素，扬长避短，保障国家公民的利益。

二　对美国能源行政管制机制的分析

美国联邦制的政治体制在能源行政管制机制中也有所体现。美国联邦能源行政管理机构主要是能源部、联邦能源监管委员会，并由联邦土地管理局、内政部和商务部等分工配合，主要负责国家能源发展规划的制定，国家能源政策的实现，国际能源市场开发和国际能源合作，跨州油气资源运输和电力分配的监管，对联邦土地上油气资源开发的监管，国家能源税收优惠政策的制定，管道基础设施的建设等。州能源监管机构承担更为实质的职责，州公用事业委员会、州环保局、州能源委员会、州矿产资源管理局作为州的能源管理机构主要负责州的能源政策和发展战略的制定，促进能源领域的技术研究，制定州能源标准，电力和天然气零售业务的监管，电力基础设施的建设，制定新能源和可再生能源的配额，颁发天然气管道运营许可证等。

美国各州的能源管理部门是能源管理权的主要承担者，联邦只行使法律明确规定的权力，联邦不能行使法律未定事项，地方享有高度的能源管

---

① 江国华：《宪法哲学导论》，商务印书馆2007年版，第24页。
② 殷啸虎：《宪法》，清华大学出版社2012年版，第116页。

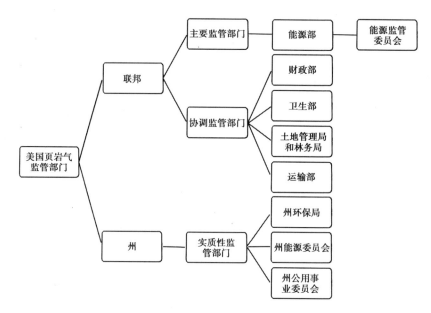

图 4-1 美国能源行政管理机构

理权力。美国的这种能源行政管理特点是与美国联邦制的政治体制分不开的，根据联邦制的建立过程可以看出，联邦权力来源于地方的让渡，联邦和各州能源管理部门之间不是行政隶属关系，联邦管理权限主要限于州不能有效行使管理的事项。我国与美国有截然不同的政治体制，因此介绍美国能源管制机制，主要是学习美国能源管理的权责分明，各部门协调配合的管理模式，通过对这些经验制度的学习，弥补我国页岩气能源行政管制机制的不足。

三 对美国环境保护行政管制机制的分析

根据联邦宪法的规定，除国防、外交和州际贸易领域的管辖权归联邦政府所有之外，环境保护事务主要由地方政府承担，然而由于州对煤炭产业发展带来的环境问题无能为力，《露天采矿管理与复垦法》创设了联邦管理机制，国会认为对页岩气的监管，应该仿照《露天采矿管理与复垦法》的做法，因为在《露天采矿管理与复垦法》颁布时，煤炭产业无疑是美国的战略产业，而页岩气也是目前美国的战略产业，对于国家经济发展有举足轻重的作用，因此联邦对水力压裂造成的环境破坏影响，享有一定的监管权，《露天采矿管理与复垦法》作为联邦管理地方环境保护的重要模式，成为页岩气开发环境保护管理的重要借鉴。

　　具体来说，联邦负责跨州的大气污染监管、制定页岩气开采的联邦环境标准和跨州的水污染等；州负责州内地下水污染的监管，开采许可证的颁发，制定州内统一标准；开采地政府负责的环境监管事项包括道路维护，噪声的防治，对信息披露的审查，废水处置的监管，设定开采区和生活区的范围，审查水资源利用计划以及对绿色完井的审查等，开采地政府承担主要的环境监管职责，有利于发挥地方的优势。

表 4-1　　　　　　　　　美国页岩气纵向环境行政管理职权划分

联邦	跨州的大气污染监管	
	制定页岩气开采的联邦环境标准	
	跨州水污染监管	
州	地下水污染的监管	
	颁发开采许可证	
	制定空气质量达标计划	
	制定州内适用的统一标准和规则	
地方政府	制定分区法令	确定禁止开采区域的范围、对噪声的监管、维护当地道路、审查应急预案、制定损害补偿协定等
	信息披露的监管	水力压裂液的化学成分、浓度等
	废水处置的监管	地下水处置、公共污水处理厂、土地填埋、废水循环利用等
	水资源利用的监管	审查用水计划、建立水质数据库、根据取水评价系统，报告水资源利用情况
	绿色完井的审查	对绿色完井的比例做出规定

　　地方权力的行使有利于发挥地方政府的资源优势，地方政府更了解当地居民的需求，通过信息获取优势使得政府服务更加符合公众需要。页岩气开采过程中，需要披露很多信息，包括披露水力压裂中使用的化学物质及浓度、水资源使用量和用水效率以及回流水处理方式等，页岩气开采地政府有获取直接数据的地域优势，避免信息向上传递的过程中发生各种误导，赋予地方政府更多的环境监管权限，有利于提高政府对页岩气开采和环境保护的效率。此外，地方政府行使监管权力，是当地居民参与公共事务管理的途径之一，当地居民自主行使管理事务权利，有利于促进公共利益的实现，地方政府作为反映当地民众诉求的基层组织，其享有的权力范

围以及事务的处理与当地居民的利益密切相关。根据奥斯特罗姆的集体行动逻辑，在人数较少的集团内部，如果他们有共同的利益，则更愿意积极主动寻求公共利益的实现，因此在地方内部，当地居民参与本地公共事务，更有利于地方居民自主地管理本地事务以确保环境管理权限的有效行使。我国环境行政管理权限的划分，可以借鉴美国经验。

本章小结

页岩气作为新兴战略能源，首先服从能源行政管理机构的监管，能源行政监管主要侧重于页岩气能源发展政策的制定和实施，页岩气能源市场的开发，页岩气运输的监管，能源基础设施的建设，页岩气的转售，页岩气税收优惠政策的制定和实施等。此外页岩气开发产生多重环境负外部影响，对页岩气的行政监管还包括环境保护的行政管理，美国页岩气开采的环境行政监管分为联邦、州和开采地政府三级，联邦主要行使宏观调控职权，州特别是开采地政府对页岩气开发利用的环境保护，承担了更主要的监管职责，这种监管体制有利于地方政府发挥管理地方事务的主动性、积极性，在页岩气开采时，获得环境防治的及时信息，便于公众对页岩气开采的环境保护情况进行监督。页岩气的行政管制机制与其联邦制的政治体制密不可分，对于能源行政管制机制而言，地方政府的自治性主要来源于联邦制的权力分配原则，因此我国对能源行政管制机制的学习，侧重于其能源管理权限的明确划分，各部门协调配合的管理模式；而对美国页岩气环境行政管理权限的分配，主要是根据事权原则划分的，开采地政府对于噪声、道路维护、信息披露和废水处置等事务的监管有联邦和州政府无法比拟的优势，这值得我国借鉴。

第五章

美国页岩气开发的经济激励
机制和社会监督机制

经济激励机制是除立法、行政监管和社会监督之外，法律调控的另外一种重要的方式，[①] 因此在介绍分析页岩气开采的政策立法、能源权属、行政监管之后，介绍经济激励机制。本章介绍的经济激励机制主要包括排放权交易和矿产资源税费制度，其中矿产资源税费主要在于提高矿产资源的开采效率，遏制采富弃贫和浪费开采的不良开采行为，体现国家的所有者权益和实现收入公平。虽然矿产资源税费中也有环境税的内容，但主要属于能源领域的经济激励机制，而排放权交易主要是鼓励企业减少污染物的浪费，防治环境污染，主要属于环境保护的经济激励机制的内容。学者对这两项激励机制已经进行了大量研究，本章的主要关注点是将这两项制度应用于页岩气领域，美国在此也处于初步探索阶段，希望通过这些内容的介绍，能为我国页岩气开发的经济监管和环境保护提供有益借鉴。

除经济激励机制外，社会监督是对页岩气能源开发的另外一种行之有效的法律调控手段，本章的社会监督主要是指公众参与，美国页岩气开发公众参与机制的完备主要体现在参与程序和参与形式上，本章将以德克萨斯州为例进行介绍。

第一节　能源经济激励机制——矿产资源税费制度

矿产资源税费主要在于避免采富弃贫、无序开采的不良开采现象，体现国家所有者权益和实现收入公平，虽然矿产资源税收中也有环境税的内

[①]　李艳芳：《新能源与可再生能源法律与政策研究》，经济科学出版社 2015 年版，第130 页。

容，但主要属于能源领域的经济激励机制。美国从 2012 年开始，对页岩气征收矿产资源税费。

一　矿产资源的税收理论

（一）地租理论

地租包括绝对地租、级差地租和垄断地租。绝对地租是指，土地所有者凭借其对土地所有权而对土地利用者征收的地租。级差地租Ⅰ是指土地所有权人提供的土地因为土壤产出率较高和交通便利而获得的较高利润转化为地租形式。由于土地资源的稀缺性，一些土地所有权人耕种了优等土地，其他土地所有权人只能耕种中等或劣等土地，而种植劣等土地的所有权人也希望获得平均利润，因此农产品价格是根据劣等土地的价值加上平均利润决定的，土地所有权人在面积相同的土地上投入相等资金，优等土地可以获得更多农产品，因此优等土地可获得平均利润之外的超额利润，超额利润就转化为级差地租Ⅰ。级差地租Ⅱ是指在同一块土地上追加投资和劳动力以获得更多的产出率，获得超额利润，超额利润即可转化为级差地租Ⅱ。由于农民的经营方式不同，在面积相同的土地上追加投资和劳动力的产出率也不同，超出平均利润的超额利润则表现为级差地租Ⅱ，级差地租Ⅱ往往因为集约经营和粗放式经营的不同而产生差异。垄断地租是由于自然条件的先天优势，产出商品的价格超出其价值的超额利润。[①]

地租理论适用于页岩气产业时可理解为，页岩气绝对地租是指页岩气所有者凭借其对页岩气的所有权而形成的地租，即探矿权人和采矿权人为获得探矿权和采矿权而向所有权人交付的地租。页岩气开发的级差地租Ⅰ是同种页岩气资源由于埋藏的区域不同等自然条件的差异而形成的地租。有些页岩气资源埋藏浅，易开采、品位好、交通便利，因此可以获得超过劣等储层平均利润的超额利润，这种超额利润即可转化为级差地租。页岩气开发的级差地租Ⅱ是指对于页岩气储层追加投资和劳动力以获得更多的产出率，获得超额利润，超额利润即可转化为级差地租Ⅱ。页岩气开发的垄断地租是指由于自然条件的先天优势，蕴藏页岩气等矿产资源，而获取的超额利润。绝对地租、级差地租和垄断地租是对页岩气等矿产资源价值的补偿。

---

① 朱剑农：《马克思主义地租理论概要》，农业出版社 1984 年版，第 32 页。

（二）收益分配理论

古典经济学家斯密、李嘉图和萨伊等人的分配理论认为收益分配研究的是财富的增加，即进一步对于投资而产生的经济活动的研究，生产过程中投入的每个生产要素对于财富的增加都有其独特的贡献，这些要素包括劳动、土地、资本和组织，并以工资、地租、利息和利润作为报酬的表现形式，劳工工资、土地地租、资本利润和国家税收是古典经济学分配理论讨论的主要内容。① 对于矿产资源收益分配来讲，其收益分配主要研究通过矿产资源的每个生产要素的投入实现财富的增加，对于国家来讲，在矿产资源开发的过程中因为矿产资源的所有者权益，开采企业占用的国有土地以及国家对矿产资源的先期勘探开发，通过向资源开采企业征收的各种税费等形式，实现收益的增加。② 从矿产资源所有权的收益来看，属于财产性收益，是国家对于矿产资源产权所获得的收益；国家对矿产资源的先期勘探开发获得的收益，属于投资性收益，是对国家先期勘探开发的补偿，也是对国家先期投入的劳动要素的补偿；此外还需对矿产地支付租金，矿产资源开采者因占用矿产地导致的非排他性使用，也构成矿主收入的一部分，这就形成了矿产资源税费中的权利金、红利、矿产地租费和矿业权租金等。此外矿产资源的收益还受制于矿产资源本身，包括矿产资源的储量、空间形态、采选程度、交通运输等，国家作为矿产资源生产要素的所有者，理应参与矿产资源开发的收入分配，只是由于矿业生产的特殊性，其价值转移形式有所不同，因此征收矿产资源税费符合收益分配理论，是国家所有的资源性资产参与国民收入分配的体现。③

二　美国非常规天然气税费优惠制度

《能源意外获利法》《2003能源政策法案》《2007能源独立与安全法》和2009年《美国清洁能源安全法》对非常规能源的税费减免做出了规定。1980年联邦出台的《能源意外获利法》对页岩气开发实行先征后返的税收补贴政策，给予页岩气每立方米3.5美分的补贴，一些州

---

① 杨斌：《税收学》，科学出版社2004年版，第57页。
② 张文驹：《中国矿产资源与可持续发展》，科学出版社2007年版，第69页。
③ 中国矿产资源税费制度改革研究课题组：《中国矿产资源税费制度改革研究》，中国大地出版社2008年版，第46页。

对非常规天然气生产商直接免征生产税;① 联邦能源部设立非常规天然气资源研究基金,每年投入 4500 万美元加强对煤层气和页岩气等资源的研究;② 通过信贷政策,鼓励中小企业加入非常规天然气的开采。进入 21 世纪之后,联邦出台了《2005 能源政策法案》和《2007 能源独立与安全法》,对非常规天然气实行税收优惠,即鼓励各州制定非常规天然气的税费补贴政策,将非常规天然气征税的起点价格从 23.5 美元提高到 35 美元,③ 并为州提供资金援助和技术支持;组建非常规能源技术委员会,鼓励对非常规天然气的勘探和开发研究,降低开发成本。奥巴马政府出台了《美国清洁能源安全法》,对页岩气的鼓励政策包括提高非常规能源的战略地位,促进页岩气和页岩油的勘探开发;对全国电网进行智能化改造,实现页岩气和可再生能源在内的新能源统一入网管理;电力行业采用非常规和可再生能源发电可享受税收减免政策,并向其发放较多的许可份额。④

从 1980 年到 2012 年美国对于包括页岩气在内的非常规天然气的税收优惠刺激了页岩气产业的发展,页岩气的规模化商业生产已经实现,因此从 2012 年开始,联邦和各州政府逐渐取消对页岩气的税收减免,适用常规化石能源的税收规定。⑤

美国的页岩气储量丰富,页岩气的开采能够实现国家能源独立和能源安全,此外相较于煤炭和石油,页岩气属于清洁能源,因此 2012 年之前美国的能源政策是通过税费优惠等形式鼓励页岩气的发展。2012 年页岩气产业已经发展成熟,为从经济角度提高页岩气能源的开采效率,避免浪费开采和低效开采的现象,体现国家所有者权益和实现收入公平,美国从 2012 年开始对页岩气征收矿产资源税费,这种政策路径与我国有相同之处。

---

① 张末楠:《美国"能源独立"战略影响及分析》,《中外能源》2012 年第 6 期。

② 刘洲虹:《美国能源依存度的拐点及启示》,《金融经济》2015 年第 6 期。

③ 刘亮:《能源危机与环境保护的博弈——分析布什政府的能源新政》,《中国石油石化》2002 年第 4 期。

④ 康玮:《页岩气资源税费制度研究》,硕士学位论文,中国地质大学,2012 年,第 14 页。

⑤ David S. Steele , Jennifer M. Hayes, "Environmental and Social Implications of Hydraulic Fracturing and Gas Drilling in the United States: an Integrative Workshop for the Evaluation of the State of Science And Policy", *Duke Environmental Law and Policy in the Forum Syposium* , Vol. 22, 2012, p 254.

三　美国适用于页岩气的矿产资源税费制度（2012 年后）

矿产资源税费主要的征收对象是从岩层中开采具有市场价值的不可再生资源，应用于石油天然气等行业。美国有 26 个州对天然气的开采征收矿产资源税费，是州和地方政府重要的税收来源。矿产资源税费的征收目的在于遏制浪费开采、无序开采的不良开采行为，提高能源利用效率。美国矿产资源税费包括三种形式：权利金、红利和矿业权租金。

权利金是矿业权人因开采他人所有的矿产资源而对所有者支付的费用，其征收对象是矿业权人，是财产性收益，是对所有者权益的补偿，以劣等矿产资源的超额利润为基础，是矿产资源所有者凭借其绝对地租而获得的收益，是调整矿产资源所有者与探矿权和采矿权主体之间权利义务关系的一种表现形式。美国在《矿产租让法》中确立了权利金制度，即矿产资源开采者因开采矿产资源而向矿产资源所有权人逐年缴纳的费用。联邦和各州的权利金征管部门根据市场价格采取税前征收，无须根据矿产资源销售量征收，从而保证了政府的财政收入。[①] 征管部门根据矿业权人的申报，在进行审查之后，确定权利金的数额，同种矿产资源适用统一的费率，以劣等矿产资源的超额利润为基础。对于联邦所属的矿产资源的权利金，矿产资源管理局将征收的费用上交给联邦财政普通基金账户，对于州的矿产资源权利金则归属于州财政，进入联邦和州账户的权利金用于州道路维护、土壤水质和空气质量的维护以及其他公共基础设施建设，对于私人所有的矿产资源，权利金则归属私人所有权主体，权利金的使用由联邦和州审计机构进行监管。

美国矿产资源税费还包括红利和矿业权租金。红利是矿业权人因为埋藏储层、品位、开采程度和交通条件的有利因素获得的级差收益，除权利金之外，矿产资源所有者向矿业权人收取的费用，与权利金类似，是资源所有权者权益的体现，权利金体现的是绝对地租，而红利体现的是级差地租，适用不同税率。红利采用招标拍卖的方式，超过权利金部分的租金即为红利，红利是美国矿产资源税收的主要来源。矿业权租金也称为矿业权使用费，是矿业权人为取得矿业权而向所有权人支付的费用，体现的仍是所有权人与矿业权人的关系，矿业权租金按照土地面积征收，但不是土地

---

① 江峰：《矿产资源税费制度改革研究》，博士学位论文，中国地质大学，2007 年，第 39 页。

租金，是对矿产地的排他性使用而支付的费用，属于矿产地租金，收取矿业权租金在于遏制矿业权人在开采过程中采富弃贫，乱采乱掘等过多占用矿地面积的现象。美国很多州从 2012 年开始取消对页岩气的税收减免，对页岩气全面征税，以减少页岩气开采的潜在风险。[①]

非所有者权益的税收主要是影响费和矿产地租费。影响费属于对矿产资源征收的环境税。最近一项研究表明，页岩气开采产生的潜在风险与产出并没有必然的关系，2012 年宾夕法尼亚州对马萨勒斯页岩气生产商征收影响费，[②] 征税对象为进行非常规天然气钻井的开采者，费用的征收数额根据当年天然气的平均价格以及钻井数量确定，有效避免了空气污染、水污染、居住环境碎片化以及交通堵塞问题，这种费用有利于将页岩气井的外部成本内部化，费用的征收可以因地区而定，对于生态敏感区和占用空间更多的页岩气生产则收费更高。矿产地租费是矿业权人为继续矿产资源的开采活动，维持合同的有效性而向矿产地出租者支付的费用，德克萨斯州、怀俄明州、俄亥俄州等很多州都有矿产地租费的规定。[③]

美国页岩气产业在 2012 年步入了产业成熟阶段，美国则开始对其适用矿产资源税费制度，取消税费减免。美国的矿产资源税费制度较完善，是绝对地租、级差地租、环境税和矿产地占用补偿的集中体现，对页岩气还征收体现为影响费的环境税，有效遏制了浪费开采矿产资源的现象，提高了开采效率，我国在 2020 年后开始对页岩气征税，美国矿产资源税费制度对于我国相关制度的完善提供了借鉴。

第二节　环境保护经济激励机制——排放权交易

排放权交易作为另外一种经济激励制度主要是通过市场手段，实现污染物排放的减少和水资源的高效利用，防治环境污染和生态破坏，主要属于环境保护的经济激励机制的内容。

[①]　马长海：《矿产资源税费制度研究》，硕士学位论文，西南财经大学，2010 年。

[②]　Jennifer Hayes, "Protecting Pennsylvania's Three Rivers' Water Resources from Shale Gas Development Impacts", *Duke Environmental Law and Policy Forum*, Vol. 22, 2012, p. 96.

[③]　David S. Steele, Jennifer M. Hayes, "Environmental and Social Implications of Hydraulic Fracturing and Gas Drilling in the United States: an Integrative Workshop for the Evaluation of the State of Science and Policy", *Duke Environmental Law and Policy in the Forum Syposium*, Vol. 22, 2012, p. 254.

一　排放权交易的理论框架和要素

排放权交易作为经济激励中的市场监管方式，根据成本效益法则，不重视污染防治的企业需要支付更多的排污费用，排污权交易制度能有效激励企业投资污染防治技术，以减少排污成本。

（一）排放权交易的理论逻辑框架

排放权配额首先可以作为商品。什么是商品，马克思在《资本论》中对商品做出了解释："一个外界对象，一个靠自己的属性来满足人的某种物，每种这样的物都是许多属性之总和，因此可以在不同的方面有用，物的有用性，使物成为使用价值，但这种有用性不是选在空中的，它决定于商品体的属性，离开了商品体就不存在。因此商品体本身，如铁、小麦等就是使用价值或财物。一个物可以用，而且是人类劳动产品，但不是商品，谁用自己的产品来满足自己而且要为别人生产使用价值，即生产社会的使用价值，只有当这些产品不是为了满足自己消费而是为了满足他人消费，也即为社会消费而生产时，才属于商品，它们在生产出来之后通过交换而进入社会消费，交换是商品的另一个属性。中世纪的农民为封建主生产粮食以抵偿地租，为神父生产粮食以抵偿税收，这种生产也是为了满足他人需要，但是不能称之为商品，因为没有通过交换缓解，将其使用价值流转到需要使用他人的手里。"① 由此可以看出劳动产品要想成为商品必须满足两个条件：一是生产这种劳动产品必须是为了满足他人需要，即社会的需要，而不是为了满足自己的需要；二是必须通过交换而满足他人的需要。商品按照一定的比例进行交换，实际是按照劳动量即商品的价值量进行交换，价值量是根据社会必要劳动时间来确定的，即在现有的社会正常生产条件下，在社会平均劳动熟练程度和劳动强度下，生产某种使用价值所需要的劳动时间。然而商品的价值量不是恒定不变的，伴随着劳动生产的变化而变化，劳动生产力越高，生产某种产品所耗费的劳动时间越少，凝结在产品中的劳动量也就越小，产品的价值量也就越小，相反劳动生产力越低，生产该种产品所耗费的劳动时间就越多，凝结在产品中的劳动量也就越多，产品的价值量也就越大。由此，商品的价值量与劳动量成正比，与劳动生产力成反比。生产力提高时商品的价值量就少，生产力降

---

① ［德］卡尔·马克思：《资本论》，郭大力等译，上海三联书店 2009 年版，第 36 页。

低时商品的价值量就大。可见，那种通过提高劳动成效进而提高劳动所带来的价值量的生产力的变化，假如减少生产此类商品的价值量所必需耗费的劳动时间的总和，则会减少这个增加总量的价值量，反之也是如此。商品价值量由社会劳动生产力决定，使用价值和价值是商品的两个因素，二者缺一不可，但二者不能被生产者或者购买者同时拥有，生产者想获得价值，就必须让渡使用价值，购买者想获得使用价值，就必须让渡价值，这种矛盾只有通过交换才能解决。排放权交易具有商品的属性，政府在确定排放总量之后，按照一定标准在企业之间分配排放配额，企业根据自身的减排成本，确定在市场上购买或者销售排放配额，即排放权配额凝结了人类的一般劳动，即企业通过技术研发，设备更新等降低排放量，其有价值，另外，排放配额能满足企业排放污染物或出卖排放配额的需要，因此具有使用价值，据此排放权配额是商品。

　　排放权配额又是如何交换的？根据污染物排放总量控制理论，管理部门对一定时期特定区域内污染物的排放总量做出限制，再通过核发许可证等方式，向排污者发放排放配额，排放者可以通过买卖排放许可证的方式进行排污权的转移，实现环境资源容量的优化配置，使排放成本内部化。排放权交易理论以外部性理论和科斯定理为基础。外部性理论：外部性是指一个经济主体的活动对其他经济主体的福利所产生的有利的或不利的影响。页岩气在开采过程中，产生的一些污染成本通过私人成本无法体现出来，而这些成本需要社会分担，社会成本和私人成本之间的差异即所谓的外部性，庇古主张对这种外部性问题进行征税，就是有名的庇古税①，对于矿产资源征收的资源税、矿产资源补偿费、探矿权采矿权使用费和价款以及国外征收的权利金都是庇古税的表现。除了征税之外，另外一种重要的调整方式——科斯定理，科斯主张通过市场手段消除污染物排放带来的环境负外部效应。科斯认为："如果交易成本为零，无论初始产权如何界定，都可以通过市场交易和自愿协商达到资源的最优配置；如果交易成本不为零，就可以通过合法权利的初始界定和经济组织的优化选择，提高资源配置的效率，实现外部性问题的内部化，而无须抛弃市场机制。"② 科斯认为，市场能够提供有效的环境问题内部化的手段，前提是只要明确产权，因此依据科斯定理在规制外部性问题时，首要解决的是将环境容量作

---

① ［英］A. C. 庇古：《福利经济学》，金镝译，商务印书馆 2009 年版，第 76 页。
② 沈满虹：《环境经济手段研究》，中国环境科学出版社 2001 年版，第 95 页。

为一种市场资源通过核发许可证的方式，将污染物的排放权分配给排污者，排放权的分配是明晰产权的手段，也是进行市场交易的前提，在明确产权后，通过排放权交易理论，使科斯定理得以实现。产权明晰后，即可以进行排放权交易，排放权交易理论认为：物品的有用性及稀缺程度成为物品的价值基础。环境能够为人类提供消费市场、资源、美学和精神享受，因为满足了有用性的条件，此外环境容量的有限性满足了稀缺性的需要。① 因此环境与其他商品一样也具有价值，可以在市场上进行交易，在具备交易的要件后，需要明晰产权界限。将污染物的排放总量作为产权，并通过一定的配额方式核发给排污者，排污者将配额在市场上进行自由转让，则完成了市场调控环境负外部性的过程。排放权交易理论的代表戴尔斯提出这种假设："如果政府在未来五年内，年均允许排放的污染物总量为 X 吨，政府将这 X 吨的排放量换算成污染权，排污者需自行在市场上购买排污权，才能获得排污资格，排污者计算出污染物的年均排放量后，换算成排放配额，向政府购买初始排放权。如果最终排放量超出从政府购买的初始排放配额，则可自行到排污权交易市场上购买排污权，如果企业完成排污行为后，还剩余排放配额，则可以到市场上进行出售，企业为了减少排污成本自然会主动改进排污设施，甚至通过出售排污权来获取利润，从而减少污染物的排放总量。"通过市场交易方式将环境负外部性效应内部化的同时，减少了污染物的排放，实现改善环境的目的，同时避免政府干预所带来的成本。从这点来看，排污权交易是除政府向页岩气等矿产资源征税之外的行之有效的手段。排放权交易的依据是成本法则，边际减排成本的差异是排权交易得以进行的内在动力。② 由于边际减排成本的差异，减排成本低的企业通过减少污染物的排放量，将剩余的排放权在市场上转让，以期获得利润；减排成本高的企业通过购买排放权，实现经济效益，避免罚款。如果企业的边际减排成本一致时，则排放权交易的动因消失，交易不复存在。

（二）排放权交易的要素

排放总量控制和分配初始排放配额是排放权交易的要素，总量控制是

---

① ［美］丹尼尔·科尔：《污染与财产权》，严厚福、王社坤译，北京大学出版社 2009 年版，第 103 页。

② ［美］约瑟夫·P. 托梅因、理查德·D. 卡达希：《美国能源法》，万少廷译，法律出版社 2008 年版，第 23 页。

将一定的区域作为一个整体，根据区域的环境容量和环境质量目标，该区域内确定时间里能够容纳的污染物总量，通过一定的措施和制度安排，使得该区域内确定时间里污染物排放总量不超过环境容量，确保环境质量目标的实现。① 总量控制的核心是要确定政策的动态一致性。动态一致性是指一项政策不仅在制定阶段应该是最优的，而且在制定之后的执行阶段也应该是最优的。如果一项政策只是在制定阶段是最优的，而在执行阶段并不是最优的，这项政策就是动态不一致的。② 在政策制定阶段，先是把地域范围确定，然后再分配排放总量和排放配额。地域范围既包括行政区域也包括流域和环境区域以及联防联控区域；时间段往往分为五年计划和年度计划。动态一致性的关键是确定污染物的排放总量，这里的总量控制主要采取目标总量控制，政府部门需要了解区域内企业一定污染物的实际排放量，从而确定企业的污染物削减目标。政府部门通过监测、调查、企业自行申报、统计和核算等方式确定企业污染物的实际排放量，企业安装监测设备对其排污情况进行监测，然后将监测到的污染物排放信息上报给政府部门，政府部门再通过统计和核算，结合地区的环境容量和要达到的环境目标，向企业分配初始排放权。

初始排放配额的分配对于确保排放权交易政策的动态一致性具有至关重要的作用，初始排放配额往往免费分配给企业，在确保企业实现生产目标的同时，达到污染物排放削减的目的。污染物排放总量控制实现了环境容量和环境目标的有效结合，例如有甲、乙两个排污企业，企业根据污染物的排放历史，申报的年排污量分别为 400 单位和 500 单位，政府主管部门根据地区的环境容量和环境总量控制目标，给甲、乙两个企业一年的排放配额分别为 300 个单位和 400 个单位，因此甲乙企业通过核算边际减排成本发现，甲企业的边际减排成本低，甲通过减排使 300 个单位的排放配额还有富余，而乙企业的边际减排成本高，污染治理资金高而治理收益小，分配的 400 个排放配额不能满足生产需要，因此乙企业可通过向甲企业购买排放配额的方式，解决减排边际成本高的问题，双方通过市场交易手段，满足经济效益和环境效益的需要。

① 刘天齐、李克国等：《环境经济学》，中国环境科学出版社 2003 年版，第 123 页。

② 张维迎：《博弈论与信息经济学》，上海格致出版社 1996 年版，第 78 页。

二　美国排放权交易制度形成及主要内容

从 20 世纪 70 年代开始，美国通过排放量削减信用、泡泡政策和封闭市场体系建立了排放权交易制度，21 世纪以后，页岩气开采排放的氮氧化物、甲烷等进入排污权交易市场，页岩气开采商和当地农民之间也进行了水权交易，实现了排放权交易制度在页岩气领域的初步应用。

美国 20 世纪 70 年代通过了《清洁空气法修正案》，并制定了国家环境质量标准，为排放交易权提供了基础，根据《清洁空气法》的规定，未达到国家环境质量标准的地区为未达标地区，在未达标地区新建或改建污染源需要满足执行最严格的污染控制技术和获得足够的排放量削减信用等标准。排放量削减信用是排污者在一定时间内自愿削减的污染物排放量达到一定标准时，即可向联邦或州的环境主管部门申请，获得对等的污染物排放信用，这些信用可以储存在银行里。① 储存的信用可以与其他企业进行交易，与此同时，联邦环保局对交易进行限定。排放信用的购买方为达标企业或环保组织和公众。环保组织和公众购买排放信用的目的在于使这些节省下来的排放信用退出市场交易，实现污染物排放量的减少。在排放信用削减计划的实施中，泡泡政策应运而生。

20 世纪 70 年代，泡泡政策的出现，成为美国排放权交易的雏形。泡泡政策是将一个地区或一个排放者的空气污染物排放总量比喻为一个泡泡。一家企业可以在一定条件下自行决定空气污染的治理资金，调节各排污口的排放量，只要污染物排放总量不超过联邦环保局规定的排放限值，企业可以自行治理调整方案，将污染治理资金用于以最少成本获得最大治理成效的排污设施上，更合理有效地安排污染治理资金，改变企业被动遵守政府制定的排放限值的局面，通过把治理资金使用在成效最显著、成本最小的污染设施上，将节省的排放配额或者用于抵消企业治理费用高而成效小的其他污染设施的超标排放量，或者到市场上出售给其他主体，在保证污染者治理污染遵循成本—利润法则的前提下，实现了空气污染物总量控制的目标。②

1982 年联邦环保局颁布《排放权交易政策报告书》，正式宣布鼓励各

---

① 美国建立排放银行，用于排污权交易。参见彭江波《排放权交易作用机制与应用研究》，博士学位论文，西南财经大学，2010 年。

② 王曦：《美国环境法概论》，武汉大学出版社 1992 年版，第 269 页。

州建立排放权交易体系，从 20 世纪 90 年代开始，美国开始实现封闭市场体系。① 封闭市场体系是限额交易计划的产物，它强调环境保护主管部门通过监测、评估和推算等方式，掌握一定区域内企业的年度排放量，再据此估算出区域内年度排污总量，结合年度削减计划，制定出排污总量，进而对排污权交易进行限定，即所谓的限额交易计划。州环境保护主管机关以许可证的形式向企业派发排放量，企业根据排放边际成本，自行决定实施减排方案或是到排放权交易市场上购买排污指标，或将排放余额存放于银行，使排污权交易系统日趋完善。而此时，美国的排放权交易系统尚未将地区污染物排放上限和削减计划纳入排放交易的考量范围。

三 排放权交易在页岩气开发中的应用

排放权交易开始用于页岩气开采排放的氮氧化物，② 20 世纪美国的排放权交易主要用于煤炭和大型发电厂，21 世纪后建立了包括氮氧化物和硫化物在内的排放权交易市场。页岩气在开采过程中排放大量的氮氧化物，由于页岩气是美国的新兴战略产业，联邦并未明确将页岩气开采中污染物的排放纳入交易范畴，但目前已经有一些州对此采取了行之有效的做法。美国联邦环保局要求各州和市郡等地方政府根据《清洁空气法》的内容，对页岩气的排放交易做出一些规定。③ 马萨勒斯页岩生产地区的一些州对页岩气排放的氮氧化物做出限制，④ 2003—2008 年氮氧化物的排放量，降低到污染物排放总量的 12%，达到国家空气质量标准，2008 年全国性的以市场为基础的总量控制和排放交易机制建立了起来。⑤

甲烷等温室气体的排放交易开始于 2009 年，美国众议院在 2009 年 6 月通过了《美国清洁能源与安全法》，该法案详细规定了温室气体排放的

---

① Sullivan Mary Anne, "Voluntary Plans Will Not Cut Greenhouse Gas Emissions in the Electricity Sector 2002", *Sustainable Development Law and Policy*, Vol. 6, 2013, pp. 66-67.

② Gaille S. Scott, "How Can Governments Accelerate International Development", *Energy Law Journal*, Vol. 36, 2015, pp. 95-112.

③ Pifer Ross H., "Greener Shade of Blue: Technology and the Shale Revolution, Notre Dame Journal of Law", *Ethics And Public Policy*, Vol. 27, 2013, pp. 131-148.

④ Tincher, Gina, "Unconventional Gas Technical Engagement Program: How to Ensure the United States Shares Its Experience in a Socially and Environmentally Responsible Manner", *Energy Law Journal*, Vol. 36, 2015, pp. 113-140.

⑤ Kate Sinding, "Protecting New Yorkers' Health and the Environment By Regulating Drilling in the Marcellus Shale", *Duke Environmental Law and Policy Forum*, Vol. 29, 2012, p. 43.

总量控制计划和交易制度，在总量控制的基础上，对企业温室气体排放做出法律限制：要求企业以 2005 年的排放量为基础，到 2020 年减排 17%，到 2030 年减排 42%，到 2050 年减排 83%，在交易制度上，所有企业必须通过竞标方式获得二氧化碳等温室气体的排放权，同时将部分拍卖所得用于提高能效和发展清洁能源，它也规定了温室气体排放配额的分配、登记、许可、禁止超标排放、处罚、储蓄与借贷、贸易、战略储备等方面内容。① 该法案的颁布极大地推动了美国国内碳排放交易体系的建设。页岩气生产过程中会排放大量甲烷，而甲烷是温室效应的主要贡献者，德克萨斯州和北达科他州等预计将甲烷纳入碳排放交易市场的范围，开采商通过绿色完井可以获得碳信用，并抵消部分甲烷排放。② 美国页岩气生产已经进行了水权交易的实践，页岩气生产消耗大量水资源，美国规定水权可以纳入市场交易范畴，明晰的水资源产权，有利于交易的进行，通过水权交易可以提高用水效率，农业灌溉用水是水资源耗费的主要来源，农民自觉减少灌溉用水，主动种植需水量小的作物，并采取节水措施，将节省下来的水资源带到水权市场进行交易，卡罗莱纳州和尤蒂卡州已经有页岩气开采者和农民就灌溉用水进行交易的实例。③

第三节　页岩气开发的社会监督机制

除经济激励机制之外，社会监督机制成为页岩气开发有效的法律调控手段，本书所研究的社会监督机制主要是指公众参与。美国页岩气开发公众参与机制的完备主要体现在参与程序和参与形式上，本节将以德克萨斯州为例进行介绍。

一　公众参与的理论基础

代议制民主不能够有效激发公众参与公共事务的管理，从而阻碍了民主的实现，而集体行动能够通过自主治理，实现公共资源的有效利用。参

---

① 赵爽：《能源变革与法律制度创新研究》，厦门大学出版社 2012 年版，第 234 页。

② Ehrman Monica, "Next Great Compromise: a Comprehensive Response to Opposition against Shale Gas Development Using Hydraulic Fracturing in the United States", *Texas Wesleyan Law Review*, Vol. 46, 2014, pp. 423-468.

③ Morgan Michael, Check Mary Jo., "Local Regulation of Mineral Extraction in Colorado", *Colorado Lawyer*, Vol. 22, 1993, pp. 51-52.

与和民主理论、公共资源治理理论和人民赋权理论为公众参与提供了理论
基础。

（一）参与和民主理论

亚里士多德最早对民主制做出了界定，他认为"一个人执政是君主
制，少数人执政是贵族制，多数人执政是民主制"。科恩认为"民主即是
一种社会管理体制，在民主的社会制度中，社会成员大多能参与直接或间
接地影响全体社会成员的决策，民主的广度、深度和范围成为衡量民主的
尺度。民主的广度是公民参与的普遍性问题，即公众参与民主的数量；民
主的深度是公民参与的充分程度；民主的范围是公民参与对全社会影响的
决策的数量和程度"①。罗伯特·达尔认为民主由有效的参与，投票的平
等，充分的知情，对议情的最终控制和成年人的公民资格组成。具体而言
指在政策被执行前，所有社会成员都应拥有同等的机会表达他们对政策的
看法；投票的平等是每个社会成员对政策的最终决定都拥有同等的投票机
会；充分的知情即每个社会成员都应拥有同等的了解各种备选政策信息的
机会；对议程的最终控制即社会成员对议程的程序和内容有最终决定权；
成年人的公民资格即成年常住公民充分享有这些权利。他认为民主的本质
就是参与，民主可以被理解为参与。② 经济发展与利益分化理论的代表人
物丹尼尔·勒纳认为："传统社会是不参与的，而现代社会是参与的，在
历史上，社会经济现代性和政治参与似乎携手并进。社会经济发展水平越
高，政治参与水平随着社会—经济地位变化而变化，受教育程度和收入较
高以及职业地位较高的人，通常比收入、受教育程度和职业地位低的人更
多地参与。经济复杂化导致各种组织和社会团体大量出现并使更多的人涉
入团体，涉入团体和组织通常也与政治参与相联系，经济发展要求同时也
促使政府职能扩大，政府活动愈影响社会群体，这些群体就愈觉得政府与
自己的目的相关，也愈是积极努力地去影响政府决策。对于个人来说，社
会经济现代化必然使个人与民族、国家的关系变得日益重要，个人对国家
认同趋向于超过个人的其他忠诚。这种认同在理论上体现于公民权的概
念，这种公民权概念超越了社会阶层和社会群体之间的界线，从而为大众
性政治参与奠定了基础。国家面前人人平等，人人都具有最低限度的平等

---

① ［美］科恩：《论民主》，聂崇信、朱秀贤译，商务印书馆1988年版，第110页。
② ［美］罗伯特·达尔：《论民主》，李风华译，商务印书馆1999年版，第43页。

权和参与国家事务的责任。因此，社会经济现代化意味着一种政治文化和政治观念的形成，这种政治文化和政治观念在某种程度上使政治参与合法化，并因此促进政治参与。经济的发展促进利益分化进一步成为参与的有效方式。"①

1992 年哈佛大学教授罗伯特·D. 帕特南出版了《使民主运作起来：现代意大利的公民传统》，并形成有名的帕特南理论。其理论大致可概括为。公民参与政治事务管理能够激发公民的自主意识，公民享有公共事务的决策权和参与权，将更积极投身于公共活动，合理协调自身利益与他人利益并保持平衡。而西方国家的自由民主理论没有形成真正的民主。自由主义民主的核心是代议制民主理论。代议制民主理论以公民参与和民主选举为关键，而选举的结果是实现少数精英对多数人的控制，因此公民表现出政治冷漠的非民主态度在代议制民主中非常普遍。真正的民主应该体现公众参与的民主。帕特南认为在参与理论中，政治不仅局限于通常所指的全国性政府或地方政府参与，还指在决策过程中的平等参与。政治平等指在决策结果方面的权力平等，对民主体系的辩护主要因为其是参与过程中逐渐积聚的人性的结果，② 即整个政治理论应该体现政治决策过程中的每个公民的参与。公民参与体现了三大价值：第一，公民参与能够提升个人自由价值，改变代议制民主中的政治冷漠和消耗。第二，参与过程中的人人平等。在参与民主里，公民相互之间都没有垂直的依附关系，人人享有平等的参与权利，因为共同的利益诉求和社会责任，基于相互之间的信任，横向联结在一起。第三，公民通过参与提升其对社会的归属感。公众参与的充分实现不可能存在于代议制体系下的政治权力的选举中，因为这种选举是实现少数精英对多数大众的管理，因此公众参与应该在有别于自由主义理论的社会团体中进行，包括经济领域、生活领域和工业领域。帕特南认为公民个人参与的领域越广泛，程度越深入，越能提升其政治效能感，公民参与程度越高的社会，社会经济发展水平和政府运作效率也越高。

（二）公共资源治理理论

公共资源是指具有非排他性，属于人类社会共同所有的自然资源和社

---

① ［美］塞缪尔·亨廷顿、琼·纳尔逊：《难以抉择》，汪晓涛等译，第 46—48 页。

② ［美］卡罗尔·帕特曼：《参与和民主理论》，陈尧译，上海人民出版社 2006 年版，第 39 页。

会资源。[①] 大气和水的环境容量都被视为公共资源，由于这些公共资源具有非排他的特性，因此导致资源低效配置的外部性问题，即"公地悲剧"，个体在追求自身利益最大化的同时给集体利益带来损失，从而导致公共资源治理研究的开始。以排污者向大气排放空气污染物为例，由于大气被视作公共资源，因此具有非排他性使用的特点，污染者在生产过程中，为了实现自身效益的最大化，向大气中竞相排放污染物而无须承担因此带来的成本，最终导致大气和水体中的污染物越来越多，而社会需要投入更多的经费和人力进行污染防治，排放产生的污染则由全社会分担，因此应该将公共资源的非排他性使用导致的环境污染和生态破坏，内部化为公共资源利用者的成本。奥斯特罗姆在《公共事物的治理之道——集体行动制度的演进》一书中，通过公共池塘模型，对公共资源的治理进行研究，公共池塘资源由于具有非排他性，任何人对其进行竞争性的消费，必然导致个人追求短期利益最大化，公共池塘资源因过度使用而导致衰竭。为避免公共资源使用的"搭便车"和公地悲剧现象的发生，必然要求对其加以治理。治理措施除政府管制和市场配置资源两种方式之外，还有第三种方式，即集体行动，在集体成员内部的相互信任的基础上，通过一系列的制度设计实现成员的自主治理。集体行动的逻辑破除了狭隘的政府和市场、公共与私人的二元理论，[②] 奥斯特罗姆认为，通过集体行动能够自主摆脱公地悲剧的困境，集体行动的逻辑使存在相互依赖关系的资源占用者自觉组织起来，在彼此信任的基础上，进行自主治理，从而避免"搭便车"以及短期利益的诱惑，实现公共资源的有效利用。美国的市民组织、社区福利协议等，就是集体行动逻辑的典型应用。

（三）人民赋权理论

行政权力根源于人民的赋权，古今中外很多学者包括霍布斯、洛克、卢梭等持此种主张，认为行政权力是社会成员舍弃其自然权利的一部分或者全部，让渡给国家或社会整体，国家或社会通过社会成员让与的权力，保障每个社会成员自然权利的实现。即政府的权利是人民赋予的，人民将

---

① 聂立：《我国碳排放权交易博弈分析》，博士学位论文，首都经济贸易大学，2013年，第46页。

② 即市场失灵后主张政府治理，政府管制失效则主张市场调控的观点，在这种非此即彼的解决框架下，很多人认为除非彻底实现私有化，或者完全的强权控制，否则难以解决公共资源使用导致的公地悲剧。

其享有的自然权利部分或全部让渡给政府之后，就转变为政府的权力，人民不再或暂时不享有让渡的自然权利，政府权力的行使在于保证民众利益的实现，政府行使权力主要在于维护公众利益。政府权力的行使必须通过一定的途径或方式获得社会成员的认可，必须有社会成员的监督，否则这些就不可能成为真正的权力。① 随着社会的发展，到了近现代，社会成员对政府行使权力监督的最主要的形式是公众参与，即政府权力的高效行使必然要求当地居民的民主参与。地方权力的行使需要地方居民的参与也就是参与地方事务的决策和执行，通过公民参与实现地方善治。② 对于页岩气开采的环境保护而言，更多涉及地方公共事务，因此以民主化的形式，鼓励公民参与，便于公民诉求实现的同时，加强对地方政府权力行使的外部监督。此外，公众参与地方公共事务的执行和决策，还有助于形成治理公共事务的合力，减少权力滥用和寻租。我国目前已经设置多种途径，确保公众参与公共事务政策的制定和执行，包括听证制度、民意调查以及信访制度等，而且在实践中已经取得一定的效果，但也应该广泛吸收借鉴各种形式，使公众参与得到更大限度地发挥。

二　美国页岩气开发公众参与的实践

德克萨斯州作为页岩气开采州，在公众参与页岩气开发中，形成了完备的参与制度。《国家环境政策法》《环境质量审查法案》《德克萨斯州信息公开法案》为页岩气开发公众参与提供了完备的法律保障，这些法律规定了项目开发的环境质量标准、环境影响评价，以及环境保护规划并要求行政机关及企业有公开相关信息的义务。特别是对公众参与的程序和形式做出详细规定，确保公众有效参与公众决策。

（一）德克萨斯州公众参与页岩气开发的程序

以德克萨斯州页岩气开发为例，在页岩气勘探开发之前，需要根据《国家环境政策法》《环境质量审查法案》《德克萨斯州信息公开法案》对环境保护事项和信息公开的规定，由德克萨斯州预算管理办公室对页岩气开发的环境影响进行程序审查，由页岩气开发的决策者据此做出合理的环境影响评估方案。页岩气开发的审查过程由开发范围草案、环境影响评

---

① 李步云：《人民权利的若干理论》，湖南人民出版社 2007 年版，第 189 页。
② 李卫华：《公众参与对行政法的挑战和影响》，上海人民出版社 2014 年版，第 74 页。

估草案和环境影响评估决案三个阶段组成，每一个阶段都充分体现了公众参与。在开发范围草案阶段，由主管部门公布页岩气拟开采范围，公众对开采范围进行评议，首先召开听证会，由页岩气开发企业对页岩气开采的范围进行介绍，并给予公众 10 天的评议期，确保公众的意见得到充分的考虑，同时为防止问题久拖不决，将不必要研究的议题从此阶段排除，不再进入下一阶段的考虑范围。开发范围草案编制完成之后，进入环境影响评估草案的编写阶段，在此阶段由公众通过书面和口头的方式对草案提出修改意见，再由行政主管部门根据公众修改意见提出数个备选方案。① 最后进入环境影响评估决案阶段，在此期间，行政部门对公众在草案阶段提出的意见进行概述，并对实质性意见做出回应，在决案阶段的公示期间，行政部门需要对公众意见进行反馈和记录，以确保公众参与页岩气开发立项的全过程。

（二）德克萨斯州公众参与页岩气开发的形式

公众参与页岩气开发主要有正式参与和非正式参与两种形式。正式参与是在页岩气发展规划的制定阶段，主要有公开咨询委员会、听证会和公民提议投票三种形式。非正式参与主要是在页岩气发展规划的选择、实施和反馈阶段。在选择阶段，非正式参与主要有公开评议、预投票和媒体宣传三种形式。实施阶段的非正式参与主要有聘请社区居民参与行政部门的页岩气决策、聘请外部调整者协商以及公众培训三种形式。反馈阶段的非正式参与主要是设立咨询中心，开通电话网站和对群众进行走访，② 下面将对其中的几种形式进行介绍。

（1）公开咨询委员会：由于页岩气开发具有很强的专业技术知识，为了保证公众能更有效地参与页岩气开发的决策，由德克萨斯州区域计划协会、德克萨斯州大学能源发展研究所组成公开咨询委员会，为公众提供专业知识的咨询服务。③ （2）听证会：在页岩气开发之前，行政部门为当地居民和利益相关者提供发表意见的机会，以便对页岩气开发计划进行修

---

① Sullivan Mary Anne, "Voluntary Plans Will Not Cut Greenhouse Gas Emissions in the Electricity Sector 2002", *Sustainable Development Law and Policy*, Vol. 6, 2013, pp. 66-67.

② Beren Argetsinger, "The Marcellus Shale: Bridge to a Clean Energy Future or Bridge to Nowhere? Environmental, Energy and Climate Policy Considerations for Shale Gas Development in New York State", *Pace Environmental*, *Law Review*, Vol. 29, 2011, p. 5.

③ John R. Nolont, Steven E. Gavinl, "Hydrofracking: State Preemption, Local Power and Cooperative Governance", *Case Western Reserve Law Review*, Vol. 63, 2013, pp. 997-999.

正，由行政部门对公众在听证会中所提出的书面意见和口头意见给予答复。（3）公民提议投票：如果对于相关问题争议较大，公众可以提议，并由当地居民、利益相关者、页岩气开发企业以及其他相关主体对于争议问题进行投票，投票结果以 2/3 多数作为解决问题的标准。（4）公开评议：行政主管部门将页岩气发展规划发布在网站、报纸等媒体上，利益相关者将在 30 天内对发展规划发表意见，评议结束后行政部门对所有意见进行审议，将公众意见和答复汇总后发布到相关网站上。由于页岩气开发范围较广，为了确保公众的有效参与，在项目之下分别设置不同层面的中观和微观子项目，并以社区为单位组织实施。（5）社区居民参与行政部门的页岩气决策：德克萨斯州仿照日本的公害防止协议，由公众代表参与页岩气发展规划的制定，减少公众对于页岩气开发规划的抵制情绪，提高页岩气规划的发展进度。（6）聘请外部调整者协商：为防止争议久拖不决，由行政部门聘请 NGO 组织或者专家学术团体作为外部调整主体，对页岩气开发企业和当地居民以及利益相关者的争议进行调解，促进双方协议的尽快达成。（7）公众培训：为保证公众能有效参与决策，了解页岩气开发的相关专业知识，由公开咨询委员会对公众进行培训。①

值得一提的是，在页岩气开发的公众参与中，行政部门不是规划的唯一决策者，其作为活动的组织者，只负责与活动参与者进行沟通，具体包括制定页岩气开发利益相关者清单，并说明参与情况；为公众提供指导和培训；安排相关主体参加评议；与页岩气开发企业、当地居民以及利益相关者等主体进行合作，行政部门组织了近百次大型听证会，为公众和页岩气开采企业之间的沟通创造平台，在保护公众权益的同时，促进页岩气发展规划的进行，将页岩气开发的环境风险降至最低。② 由于页岩气开发的专业技术性，由专家学者对页岩气开发的公众参与提供咨询和培训，并协助行政部门和页岩气开发企业解决页岩气开发的环境保护、基础设施的建设和维护、居民住房、社会保障和公共卫生方面的工作。③ 页岩气开发的

① Gaille S. Scott, "How Can Governments Accelerate International Development", *Energy Law Journal*, Vol. 36, 2015, pp. 95-112.

② Tincher, Gina., "Unconventional Gas Technical Engagement Program: How to ensure the United States Shares Its Experience in A Socially And Environmentally Responsible Manner", *Energy Law Journal*, Vol. 36, 2015, pp. 113-140.

③ 金云峰等：《存量规划中大型公共空间更新的公众参与机制研究——以美国东海岸防灾项目为例》，《研究》2019 年第 5 期。

公众参与资金一部分由国会发放，向州和开采地政府分配资金，另一部分由页岩气发展基金提供。①

本章小结

经济激励机制从经济角度上提高页岩气能源的开采效率，从环境保护角度使开采商自愿采取减少环境污染和生态破坏的生产方式进行生产，与立法、行政监管和公众参与等调控手段一起实现减少环境污染和生态破坏的目的。本章介绍的经济激励机制主要包括排放权交易、矿产资源税费。美国排放权交易制度开始于 20 世纪 70 年代，目前已经形成了较完备的交易制度，页岩气作为新兴产业，在开采过程中产生挥发性有机物和氮氧化物，美国已经进行了这两种污染物排放交易的初步尝试，并在一些页岩气生产地区，进行了水权交易。我国页岩气开采空气污染物的排放标准已经出台，国家可以根据排放标准，借鉴美国氮氧化物和挥发性有机物的排放交易，在我国探索页岩气开采空气污染物的排放权交易制度和水权交易制度。美国从 2012 年开始对页岩气征收矿产资源税费，美国的页岩气税费包括权利金、红利、矿业权租金、以影响费为代表的环境税和矿产地租费，税费体系比较完善，在体现所有者收益的同时，有效避免了页岩气开采过程中的资源浪费现象。社会监督机制作为另一种法律调控手段，能够增加政府监管的透明度，美国页岩气开发的社会监督机制主要体现为公众参与，德克萨斯州公众参与在程序和形式上已十分完备，在确保页岩气开采效率的同时，维护了当地居民和利益相关者的权益，将页岩气开采的环境风险降至最低，这些可以成为我国页岩气开发公众参与的有益借鉴。

---

① John R. Nolont, Steven E. Gavinl, "Hydrofracking: State Preemption, Local Power and Cooperative Governance", *Case Western Reserve Law Review*, Vol. 63, 2013, p. 76.

第六章

对我国页岩气开发法律调控的启示

我国页岩气开发仍然面临很多困境，包括市场机制不健全，输气管网的第三方准入机制有待完善，水资源严重短缺，不能有效解决环境污染和生态破坏等。我国应通过产权的完善，在提高页岩气开采效率的同时，加强对利益关联方的保护；通过制定石油天然气专项立法和加强能源行政监管，完善输气管网的第三方准入机制，鼓励多元投资主体的市场格局；通过能源经济激励和公众参与，提高页岩气开采效率，增强页岩气开发行政管理和产业开发的透明度；通过完善页岩气开发的环境保护政策立法、环境保护行政管理、环境保护的经济激励和社会监督机制，加强对页岩气开发的环境保护，最大限度地规避页岩气开发的负外部影响。

第一节　对我国立法体系的启示

美国页岩气产业在完备的政策和立法的支持下得以发展，我国也制定了一系列扶持政策，鼓励页岩气的发展，并通过已有立法的适用，进行法律调控。然而我国能源立法体系还不完善，缺少石油天然气的专项立法，因此应该建立以《能源法》为核心，包括石油天然气专项立法在内的完备的能源法律体系。此外页岩气作为非常规天然气的一种，需要使用特殊的技术和手段开采，水力压裂带来的环境负外部影响不同于常规天然气，因此在现有立法中应增加页岩气环境监管的专项内容，实现对我国环境的保护。

一　我国页岩气的产业发展政策及内容

从 2011 年国务院将页岩气列为独立矿产以来，出台了多项页岩气产业发展政策，已经覆盖到产业准入、政策补贴、环境保护、对外合作以及行业标准等多方面问题，使页岩气产业发展更具操作性。

（一）页岩气产业发展政策

这些政策包括《页岩气发展"十三五"规划》《中美关于在页岩气领域开展合作的谅解备忘录》《页岩气产业政策》《关于深化石油天然气改革之若干意见》《中长期油气管网规划》《关于出台页岩气开发利用补贴政策的通知》《外商投资产业指导目录》（2011 年修订）《关于做好中外合作开采石油资源补偿费征收工作的通知》《页岩气探矿权招标》《页岩气开发利用政策补贴》《页岩气销售市场化定价》《页岩气资源/储量计算与评价技术规范》《页岩气井取心及岩心采样推荐做法》《中国石化环境保护管理办法》《石油炼制工业污染物排放标准》《石油化学工业污染物排放标准》《合成树脂污染物排放标准》《无机化学工业污染物排放标准》等，这些政策标准为页岩气产业的发展提供了长效机制。

（二）页岩气产业发展政策的内容

这些政策包括页岩气资源勘查开采和监督管理、利用补贴和税收减免、基础设施建设与运营、管网设施公平开放监督管理等。具体包括以下内容：批准页岩气为独立矿种，将发展页岩气产业作为国家战略，打破油气资源只能由中石油、中海油、中石化和延长石油四大国有企业专营的局面，允许多元主体进入页岩气勘探开发领域，以独资、合作、参股以及专营服务的方式参与页岩气产业的发展，激发页岩气产业的市场活力，激发页岩气产业的良性竞争；加强页岩气地质勘查研究，加快"工业化"和"成套化"技术研发应用，着力提高四川长宁—威远、重庆涪陵、云南昭通、陕西延安等国家级示范区储量和产量规模，到 2020 年力争实现页岩气产量 300 亿立方米，到 2030 年实现页岩气产量 800 亿—1000 亿立方米的发展目标。① 鼓励外国企业对页岩气的勘探开发；制定页岩气产量目标和勘探规划；明确页岩气开发的补贴标准；成立能源行业页岩气标准化技术委员会；制定页岩气产业监管和环境保护政策；明确页岩气示范区建设和技术扶持政策；对页岩气的市场和运输做出规定；制定页岩气开采相关的环境保护标准，对页岩气生产过程中的氮氧化物、挥发性颗粒物等污染

---

① 马忠玉等：《绿色发展视角下我国页岩气产业发展支持政策研究》，《中国物价》2017 年第 12 期。

源实行重点控制，对排放限值等做出规定；要求中国石化能源体系内建立环境监测体系、环境保护绩效考核制度、环境事件问责制，明确企业在环境保护方面的责任。

二　我国页岩气开发的立法体系

我国目前还没有专门的页岩气立法，对于页岩气的管理适用天然气的有关规定，因此对页岩气立法体系的考察，首先应考察能源法律体系的规定，此外对于其开采产生的环境污染适用环境保护相关的法律规定，这些立法包括能源基本法、石油天然气立法、油气资源产权立法、环境保护法以及包括节约能源和清洁生产在内的法律法规。

（一）能源立法体系

《能源法》应成为我国能源领域的基本法，是能源立法的核心，《能源法（草案）》包括 15 章 140 条，涉及能源综合管理、能源战略与规划、能源开发与加工转换、能源供应与服务、能源节约、能源储备、能源应急、农村能源、能源价格与财税、能源科技、能源国际合作等内容，体现了经济、社会和环境保护功能，有利于能源安全和能源保障的实现。

石油天然气立法主要包括《石油天然气管道保护法》《铺设海底电缆管道管理条例》《石油天然气管道安全监督与管理暂行规定》《陆上石油和天然气开采安全评价导则》《压力管道安全管理与监察规定》和《城市燃气安全管理规定》等。这些立法对石油天然气的管道保护、石油天然气价格与国际接轨的办法原则，油气资源生产、经营管理和油气资源的安全生产做出规定，然而这些立法主要由行政部门主导制定，立法的行政垄断色彩较浓，缺少对企业合作治理的重视。例如，《石油天然气管道保护法》是为了保护石油天然气管道、保障石油天然气输送安全、维护国家能源安全和公共安全，主要从管道的规划、建设、运营中的保护，管道工程建设与其他工程建设的关系做出规定。《石油天然气管道保护法》对油气资源的管道保护以行政管制措施为主，全文共 36 条，关于企业的权利性条款仅有第 13 条和 14 条，其余皆为义务性条款。此外，一些法律法规制定的时间为 20 世纪八九十年代，处于计划经济向市场经济过渡时期，立法忽视了市场机制在能源配置中的作用，不能满足社会和公众对能源市场的期待，对能源市场化发展和能源体制改革没能起到有效的推动和激励作用。例如，1989 年制定的《铺设海底电缆管道管理规定》第 4 条："中国的企业、事业单位铺设海底电缆、管道，经其上级业务主管部门审批同意后，为铺设所进行的路由调查、勘测等活动，依照本规定执行。"将企事业单位的上级主管部门的审批作为海底电缆铺设的准入条件，为市场准入设置障碍。此外，立法层级较低，除了《石油天然气管道保护法》之外，其余皆为条例规定，不利于立法的执行。

迄今为止，我国没有《石油天然气法》，《矿产资源法实施细则》将石油天然气纳入矿产资源的范畴，因此《矿产资源法》以及《矿产资源勘查区块管理办法》《矿产资源开采登记管理办法》和《探矿权采矿权转让管理办法》，在实践中一直担负着调控石油天然气资源产业活动的规范功能，因此，对于页岩气主要参照《矿产资源法》及配套法规。《矿产资源法》对国家所有权做出规定，《矿产资源法》规定国家是矿产资源的唯一所有权人，不因其附着的土地所有权或使用权而发生改变。矿产资源往往关系到国计民生，维护着国家所有权，有利于国家战略格局的实现，但其与土地所有权二元格局发生冲突，造成对集体土地所有权人利益的侵犯。此外《矿产资源法》对矿业权做出规定，勘察开采矿产资源必须经过申请，获得探矿权和采矿权，这项规定在维护国家所有权利益的同时，提供了所有权与经营权分离的途径。《矿产资源勘查区块登记管理办法》和《矿产资源开采登记管理办法》规定了探矿权和采矿权有偿使用制度，其表现形式是矿产资源税费。①

与页岩气开发相关的其他能源立法主要是《节约能源法》《循环经济促进法》《清洁生产促进法》等。《节约能源法》对节约能源制度做出规定，②即国家鼓励石油化工等行业采用节能技术并进行设备改造。《循环经济促进法》对循环经济规划制度、总量调控制度、生产者责任延伸制度做出规定，包括工业生产的三循环制度，抑制资源浪费和污染物排放的总量调控制度，以生产者责任为主的责任延伸制度，强化对高耗能、高耗水企业的监督管理，工业固体废物综合利用、工业用水循环利用、工业余热余压等综合利用制度等。③《清洁生产促进法》规定了清洁生产制度，④清洁生产制度要求矿产资源的开发应当采用节约利用资源的工艺技术，设

---

① 《矿产资源勘查区块登记管理办法》第 12 条。
② 《节约能源法》第 30、31 条。
③ 《循环经济促进法》第 15、16、17、19、22 条。
④ 《清洁生产促进法》第 25、32、33 条。

立中小企业发展基金，鼓励中小企业实施清洁生产，通过税收优惠，提倡废物的回收利用等。

（二）与页岩气开发相关的环境保护立法

我国目前尚未制定页岩气开发的专项环境保护法律，页岩气发展适用环境保护相关的法律。页岩气开发给环境带来负面影响，与防治环境污染相关的法律主要有《环境保护法》《大气污染防治法》《水污染防治法》等。其中涉及的环境保护制度主要有：环境监测制度，《环境保护法》和《水污染防治法》① 规定国家环境保护部门制定监测规范，规划监测网络，共享监测数据；突发事件应急制度，《环境保护法》和《水污染防治法》② 规定各级政府和企事业单位，应做好突发环境事件的应急准备、处置和事后修复工作；此外《环境保护法》和《大气污染防治法》③ 对信息披露制度、重点污染物排放总量控制制度、资源回收利用制度和泄漏预防制度做出规定。

三　美国页岩气开发的立法对完善我国立法的启示

（一）健全页岩气开发相关的能源立法体系

美国能源立法在促进页岩气发展的同时，在一定程度上也实现了对环境的保护。美国能源立法的特点之一是能源立法体系完善，除能源基本法之外，能源单行立法涵盖煤炭、石油、天然气以及非常规能源在内，包括能源基础设施的建设、联邦和各州的监管权限划分、解除价格管制、提高能源利用效率、减少对环境的危害、宣传教育、对公众权益的维护以及非常规能源的税收减免和政策支持等，涉及能源的生产、储存运输、输配管理、安全保障等，美国较完备的能源立法为美国能源发展和环境保护提供了保障。我国页岩气开发法律调控的重要目标之一就是加快能源立法体系化进程。体系化即"将所有透过分析而得的法命题加以整合，使之成为相互间逻辑清晰、不会自相矛盾尤其是原则上没有漏洞的规则体系，这样的体系要求所有可以想见的事实状况全都合乎逻辑地含摄于体系的某一规范之下，以免事实的秩序缺乏法律的保障。简要来讲体系化主要是将法

---

① 《环境保护法（2014）》第7、24条，《水污染防治法》第25条。
② 《环境保护法（2014）》第44条，《水污染防治法》第66条。
③ 《环境保护法（2014）》第55条，《大气污染防治法》第29、33、37条。

律素材加以编整的一种外在的规划架构"①。能源法体系化就是按照一定的原则将能源法律进行整合，使法律之间逻辑清晰，不会自相矛盾，没有漏洞。能源法律体系的整合应该实现能源安全、能源效率和环境保护，对于页岩气开发而言，在实现页岩气开发经济效益的同时，实现环境保护的目标。

在能源法律制度中，处于最高位阶的是能源基本法，能源基本法是各种能源开发利用都必须遵循的准则，既是其他能源法律具体规范和具体制度选择与安排的制度基础，也是其他能源法律与制度之间以及能源法律与相关法律与制度之间衔接、协调、匹配的准则，还是法律操作与实施的行动指南。② 我国的能源基本法是《能源法》，《能源法》已经进入向公众征求意见阶段，《能源法》的出台，将弥补能源基本法长期缺位的遗憾。《能源法》应是一部基础性、综合性的法律，以能源安全、能源效率和环境保护为基本原则，涵盖能源的勘探、开发、生产、运输、贸易、消费、利用、节约、对外合作、能源安全与监督管理等内容，重点解决能源领域的共同性、全局性、战略性和根本性的问题，包括能源综合管理、战略储备、加工转换、供应服务、价格财税和国际合作、完善能源结构、保障能源供需平衡、提高利用效率和促进新能源的发展等法律规范。它也应对发展页岩气产业，加强页岩气开发的国家合作，页岩气的税收减免，提高能源消费结构中页岩气的比例，页岩气管道传输等提供了法律保障。然而《能源法》还存在一些不足，包括：立法过于原则，可操作性不强；企业生产经营管理制度中有关环境保护的权利义务不具体、义务不明确；缺少具有可操作性的有效激励措施；企业不履行环境义务或环境违法行为，处罚力度畸轻。

我国目前石油天然气领域的单行立法主要包括《石油天然气管道保护法》等，缺少专项石油天然气法律，立法分散，关于石油天然气的储存运输、加工炼制、销售、监管和保护等制度散见于政策性文件中，相关法律制度缺位，不能为石油天然气发展提供全方位的保护。2008 年国家能源局开始组织专家进行《石油天然气法》立法草案的制定工作，解决

①　［德］马克斯·韦伯：《法律社会学》，康乐等译，广西师范大学出版社 2005 年版，第27 页。

②　肖国兴：《论能源法律制度结构的形成与形态》，《郑州大学学报》（哲学社会科学版）2008 年第 11 期。

现行油气资源相关法律立法层次较低的问题。2019 年国家能源局发布了
《关于能源行业深入推进依法治理工作的实施意见》，要求加快《石油天
然气法》立法进程。《能源法》是能源行业的基本法，是对整个能源产业
链进行调整的立法，《石油天然气法》是针对石油产业的专门立法，因此
《石油天然气法》应该在《能源法》的基础上，以保障能源安全，提高油
气资源利用效率、健全油气管网第三方接入机制、鼓励非常规油气资源的
发展、促进市场多元格局的建立为目标，解决我国页岩气开发面临的市场
机制的不健全和油气管网第三方接入机制不完善等问题。健全市场机制首
先要打破国企垄断局面，引入民营资本投资页岩气产业，因此应该在
《石油天然气法》中对页岩气勘探开发的准入机制做出规定，改变以国务
院批准为前提的门槛条件，[①] 将企业的资金、技术作为准入资质，包括申
请页岩气勘探开发的条件，页岩气矿业权的取得、转让；明确页岩气矿业
权的管理；为民营企业进入页岩气产业创造公平竞争的市场条件；明确勘
探开采企业对土地临时占用的权利和义务；鼓励对民营企业勘探开发的技
术转移，建立无差别的激励补贴机制，鼓励民营资本参与油气资源市场建
设，包括在立法中明确规定鼓励民营企业进入包括页岩气领域在内的油气
资源的勘探开发，并与国有企业展开合作，建立页岩气产业链的混合所有
制。[②] 在输气管网建设方面，应完善油气管网第三方接入机制，当油气管
网运营企业在管网运输能力有剩余时，应向第三方市场主体平等开放，鼓
励民营企业参股建设油气管道，并制定管网经营的市场准入标准、准入条
件和程序，规范管网经营行为，对民营企业参股管网设施的建设、运营做
出明确规定等。此外鉴于国家鼓励非常规天然气的发展政策，应该在
《石油天然气法》中，对非常规天然气做出专项规定，包含适用于非常规
天然气勘探开发的管理体制，非常规天然气的储存、输送、加工、销售和
定价，投资和贸易，环保和安全、对终端消费者的权益保护[③]等，为页岩
气发展提供法律保障。

　　我国页岩气发展的税收优惠和政策补贴主要体现政策性文件中，包括

---

　　①　国务院发展研究中心资源与环境政策研究所：《中国石油资源的开发与利用政策研究》，
中国发展出版社 2010 年版，第 233 页。

　　②　2014 年，中石油董事长已经表示中石油已经在推进此项改革，包括与重庆市合资合作推
进页岩气的开发。孟雁北：《中国〈石油天然气法〉立法的理论研究与制度构建》，中国社会科
学出版社 2015 年版，第 74 页。

　　③　肖国兴、叶荣泗主编：《2008 中国能源法研究报告》，法律出版社 2009 年版，第 323 页。

《页岩气产业政策》和《页岩气开发利用政策补贴》，这些文件对页岩气的税费补贴标准以及中外合作开采页岩气免征资源补偿费等做出规定。

（二）增加针对页岩气开发的环境保护法律规范

我国目前与页岩气开发相关的防治环境污染的法律主要散见于《环境保护法》《大气污染防治法》《水污染防治法》中，涉及环境监测制度、突发事件应急制度、信息披露制度、重点污染物排放总量控制制度、资源回收利用制度和泄漏预防制度等，但立法中缺少页岩气开发环境监管的专项内容，可以借鉴美国经验，在立法中增加对全程环境污染防治的内容。

加强对钻井前的环境监管，要求披露水力压裂中的化学物质，压裂液往往会导致水污染，因此应该把披露水力压裂中化学物质的成分及浓度作为页岩气开采商的义务，借鉴美国的做法，可以采取向公众部分披露和向管理者全部披露相结合的方法，对于不涉及企业商业秘密的内容，应该由开采商上传到网上，便于公众查询和监督。而对于涉及商业秘密的压裂物质开采商应该向管理者报告，以便管理者对压裂物质进行监管。① 此外为保护饮用水安全，禁止开采商使用饮用水进行水力压裂，开采地方的水资源主管部门应建立取水评价制度，通过网络的取水评价系统对开采商拟取水量、水质和用水效率进行评价，以决定开采商在水力压裂过程中是否对当地水资源产生严重影响。

增加钻井中环境监管的内容。加强页岩气回流水处置的监管，美国规定了地下注入、公共污水处理厂处理、土地填埋以及废水循环利用四种废水处置方式，我国可以将地下注入作为一种废水处置方式，但是应谨防地下注入带来的地震危险。公共污水处理厂作为我国主要的废水处理方式，可以弥补地下注入能力不足的缺陷，但是公共污水处理厂不能处理溶解性固体，因此应该通过技术手段对溶解性总固体的浓度进行预处理，即对其浓度进行稀释后，送交公共污水处理厂或者仿照西弗吉尼亚州的做法规定其流量标准，以弥补点源管理的不足。② 同时应该对土地填埋方式做出限制，即仅允许填埋不含有化学添加剂的回流水，防止添加剂使土壤中钠和

---

① Kulander Christopher S., "Shale Oil and Gas State Regulatory Issues and Trends", *Case Western Reserve Law Review*, Vol. 63, 2013, pp. 1111-1129.

② Ehrman Monica, "Next Great Compromise: a Comprehensive Response to Opposition against Shale Gas Development Using Hydraulic Fracturing in the United States", *Texas Wesleyan Law Review*, Vol. 46, 2014, pp. 423-468.

氯化物含量大幅度增加。此外，将废水循环利用作为主要的废水处理方式，循环使用压裂废水不仅能够减少水资源使用量，还可以减少废物的产出，因此通过免除开采商使用压裂废水的民事责任，规定每口井循环使用废水的最小量等方式，增加废水的循环利用。此外，对废物和页岩气泄漏应急计划做出规定，地方政府应该制定页岩气泄漏处置计划，并报上级政府批准。为防止泄漏的发生，应建立从摇篮到坟墓的废物管理体系和废物追踪制度，在泄漏发生时确保开采商能够及时采取应对措施，对泄漏进行处置，包括安装井喷防止装置和灭火设施、进行抗压测试、严格执行套管和固井标准等，为保证开采商在泄漏发生时能够承担清除责任，开采商应提交清除保证金。①

对钻井后环境监管的完善。鼓励使用绿色完井，立法中应鼓励将回流水中的页岩气和液体碳氢化合物分离出后进行利用，提高资源利用效率，美国要求2020年绿色完井的比例达到95%，②我国应该加强技术研发，提高绿色完井的使用效率。此外对水质的监测做出规定，③为防止页岩气通过岩层裂缝泄漏到含水层，以及压裂液回流到地表，污染地下水，立法中应该增加对开采区域一定范围内的水质进行监测的规定，以对水污染及时做出回应。

（三）鼓励新能源开发和利用

自从2011年页岩气被宣布为独立矿种以来，国家出台多种措施鼓励页岩气的发展，包括为页岩气开发提供税收减免和政策补贴，增加页岩气开发的资金投入，与美国就资源评估、技术研发和政策交流等方面展开全方位合作，而这些内容主要以政策形式体现，缺少法律保障。我国立法中应该增加页岩气资源勘查开采和监督管理、利用补贴和税收减免、基础设施建设与运营、管网设施公平开放等内容，实现页岩气和可再生能源在内

---

① David S. Steele, Jennifer M. Hayes, "Environmental and Social Implications of Hydraulic Fracturing and Gas Drilling in the United States: an Integrative Workshop for the Evaluation of the State of Science and Policy", *Duke Environmental Law and Policy in the Forum Syposium*, Vol. 22, 2012, p. 254.

② Thomas Swartz, "Hydraulic Fracturing: Risks and Risk Management", *Natural Resources and Environment*, Vol. 26, 2011, pp. 30-59.

③ Kenneth W. Costello, "Exploiting the Abundance of U. S. Shale Gas: Overcoming Obstacles to Fuel Switching and Expanding the Gas Distribution System", *Energy Law Journal*, Vol. 34, 2013, pp. 548-550.

的新能源统一入网管理，增加页岩气开发的资金投入和技术研发，促进能源供应的多样化。美国能源政策立法体现了鼓励新能源发展的内容，并提供具体制度保障新能源的发展，这些应成为我国立法的有益借鉴。

（四）建立公平的市场竞争秩序

20世纪80年代，中国石油行业进行"部改公司"的改革，组建了中石油、中石化和中海油分别对海洋油气勘探开发、石油炼化和陆上油气勘探开发进行垄断经营。1998年国务院颁布《矿产资源勘查区块登记管理办法》，将常规油气及其自然延伸的致密油气和煤层气的资源勘查区块的登记管理权收归中央，实行一级管理，并限定由中石油、中石化、中海油和延长石油4家公司进行专营开发。在这种计划管制下，市场竞争机制长期缺失，缺乏竞争压力导致垄断企业效率低下，市场无法生成竞争性的价格，页岩气探矿权的两轮招标中，由于国有企业垄断运输管网和成藏条件好的地质板块，导致民营企业对页岩气勘探开发和技术创新的热情不足，因此应该在立法中建立充分竞争的能源市场，鼓励民营企业发挥技术创新的作用，加强油气资源的管网建设，允许民营资本投资新建管网或收购现有管网，推进页岩气领域的价格改革，建立页岩气领域的市场公平竞争秩序。

第二节　对我国产权调整机制的启示

美国土地分属于联邦、州和个人所有，[①] 土地所有权人一般拥有地下的矿产资源，土地所有权的格局也形成了矿产资源分属于联邦、州和个人所有的模式。对于美国页岩气所有权制度的借鉴，不是要改变我国的矿产资源国家所有模式，而是学习美国谨慎的造法思维，加强对土地所有权人利益的保护。

一　我国页岩气产权制度及评价

（一）我国页岩气所有权归属于国家

我国矿产资源分为：能源矿产、金属矿产、非金属矿产和水气矿产四

---

① 李晓燕：《矿产资源法律制度的物权化构建》，中国社会科学出版社2014年版，第114页。

大类，其中石油天然气属于能源矿产，① 《页岩气发展"十二五"规划》将页岩气归属为天然气中的非常规天然气，可见根据国家对页岩气归属的分类，页岩气属于非常规天然气，天然气属于能源范畴，而能源又归属于矿产资源，② 按照这个逻辑推理，页岩气理所当然属于矿产资源，因此页岩气适用于矿产资源的所有权原则，我国对页岩气探矿权两轮招标的实践，也进一步证明了国家所有权的地位。因此考察页岩气产权，主要考察矿产资源产权。我国矿产资源产权包括矿产资源所有权和矿业权，即我国实行地下矿产资源所有权和地表土地所有权相分离的模式，③ 地下矿产资源所有权不会因其依附的地表土地所有权或使用权的改变而发生变动。④ 我国《矿产资源法》明确规定我国矿产资源所有权的主体为国家，⑤ 矿业权包括探矿权和采矿权，矿业权可以全部或部分转让，⑥ 矿业权的获得以土地使用权的获得为前提，可见国家是页岩气唯一的所有权主体。

（二）行使页岩气产权时往往侵犯土地所有权人的利益

中国矿产资源的国家所有，有利于国家的能源安全和战略格局的实现，中国只有坚持国家所有权，才能真正实现页岩气的蓬勃发展。⑦ 然而由于我国矿产资源一元所有权与土地的二元所有权，导致实践中矿业用地与集体土地所有权之间矛盾重重，即当矿业权人在获得矿业权之前，首先要获得土地使用权，据统计我国矿产资源用地的 76.7% 为集体所有，⑧ 根据《土地管理法》，在对矿业权转让时，矿产资源之上的地表应该是作为国有土地使用，因此存在将集体土地征收为国有土地的过程，在国家征用集体土地过程中，地方政府为获取更大收益往往将本应属于集体的收益变为政府收益，即政府根据《土地管理法实施条例》的规定，对土地被征用者给予补偿，补偿标准以农用地产值为依据，可见这种补偿不考虑土地

---

① 《矿产资源法（附件）——矿产资源分类细目》第 1、2、3、4 条。
② 中国大百科全书出版社编辑部：《能源百科全书》，中国大百科全书出版社 1997 年版，第 1 页。
③ 崔建远：《准物权法研究》，法律出版社 2012 年版，第 299 页。
④ 矿业权是在不断消耗矿产资源的过程中来处分矿产资源的，因此与他物权有本质区别。肖国兴、肖乾刚：《自然资源法》，法律出版社 1999 年版，第 323 页。
⑤ 《矿产资源法》第 3 条。
⑥ 《矿产资源法实施细则》第 6 条。
⑦ 郗伟明：《矿业权法律规制研究》，法律出版社 2012 年版，第 176 页。
⑧ 马克伟、张巧玲：《认清土地国情，珍惜有限国土》，《中国农业资源与区划》2001 年第 3 期。

种类和市场因素，因此补偿既非地价也非地租而是象征性补偿，而政府在征用集体土地后，按照土地的未来用途以市场价值转让给矿业权人，经过这个流转程序，政府获得原本属于集体土地所有权人的高额利润，而农民仅获得象征性补偿费，集体土地组织难以参与用地决策以及资源利益分配，无法分享集体土地流转为矿业用地后的增值收益。[1]

我国页岩气储层主要分布于准格尔盆地、吐哈盆地等地带，其中西部的大部分储层位于贫困地区，因此页岩气开发更需要良性的法律制度保护当地农民土地权益，解决其生计问题。

二 我国对开采地生态环境的修复和补偿

对页岩气开采导致的矿区生态破坏的修复，可以借鉴我国目前的矿区生态环境补偿措施。这些措施包括政府投资、生态环境修复保证金、矿区生态环境恢复专项治理基金等，这些补偿措施在一定程度上保证了矿区生态环境的修复。

（一）我国矿产资源生态补偿的政策立法

2005 年国家颁布了《关于全面整顿和规范矿产资源开发秩序的通知》，提出建立矿区生态环境恢复制度，随后相继颁布了《关于逐步建立矿山环境治理和生态恢复责任机制的指导意见》《关于建立和完善生态补偿机制的部门分工意见的通知》《关于开展生态补偿试点工作的指导意见》《矿山地质环境保护规定》和《土地复垦规定》等，确立了矿区生态环境恢复的保证金制度。继国家颁布生态补偿的政策法律之后，江西、福建、陕西、湖北等 23 个省份陆续建立了矿区生态环境恢复机制，从 2003年开始，中央和地方逐渐加大矿区生态环境治理的力度，据不完全统计，已经投入资金近百亿元。[2]

（二）我国矿产资源生态补偿制度的内容

目前我国矿区生态修复补偿的主要形式为政府直接投资，政府直接投资是政府直接向提供生态系统服务的矿区进行补偿，据统计我国生态修复72%左右的资金都由中央投资完成。

建立生态环境修复保证金，我国《关于逐步建立矿山环境治理和生

---

① 潘晔宁：《我国矿产资源产权及权益分配制度研究》，法律出版社 2014 年版，第 124 页。
② 孔凡斌：《建立我国矿产资源生态环境恢复补偿制度》，《当代财经》2010 年第 2 期。

态恢复责任机制的指导意见》以及《关于开展生态补偿试点工作的指导意见》对各省建立矿区生态环境恢复保证金制度做出规定。2007年安徽省出台了《安徽省矿山地质环境治理恢复保证金管理办法》，规定保证金的收费标准不得低于恢复费用，对保证金的使用进行监督管理，确保实行专款专用。同年《浙江省矿产资源管理条例》对具体实施恢复保证金做出详细安排，浙江确立了生态环境治理备用金制度，即采矿权人在获得采矿许可证时必须与国土资源部门签订矿区生态环境治理责任书，并按阶段缴纳备用金，备用金的征收标准为6—8元/平方米，收取的总额不得低于治理成本，政府负责废弃矿区的生态环境的治理和恢复，治理费用来源于采矿权出让费和土地收费中新增的生态环境治理收费以及政府主管部门涉及矿产资源的行政事业收益以及财政补贴。同样在2007年山西省出台了《山西省矿山环境恢复治理保证金提取使用管理办法（试行）》，制定了生态环境恢复治理保证金制度，规定生态环境恢复治理保证金按照煤炭开采量进行征收，必须出示"煤炭恢复治理保证金证明"才予办理运输手续，并设立了保证金专项账户，即保证金储存到政府部门制定的账户中，由企业按月提取用于解决生态环境恢复问题，即"企业所有、专款专用、专户储存、政府监管"。2010年江苏省出台了《江苏省矿山地质环境恢复治理保证金收缴及使用管理办法》，规定将矿产资源企业缴纳矿山环境恢复保证金，作为颁发采矿许可证的前提条件，矿产资源开采完毕根据矿业权人的申请进行验收，根据验收结果做出退还或罚没保证金的决定。

　　国家通过矿区生态环境恢复专项治理基金，保证对当地生态环境的修复。生态环境恢复治理基金来源于中央专项资金和地方配套资金，中央专项资金主要来源于矿产资源补偿费，矿业权使用费和矿业权价款，占治理资金比例的10%—20%，地方配套资金来源于采矿权出让资金，企业缴纳的恢复资金以及行政事业收益和同级财政补偿。全国性的生态环境修复工作开始于1989年，原国家土地管理局颁布《土地复垦规定》，对煤炭石油等20多个行业实行土地复垦，土地复垦面积达1500万亩，占废弃土地总量的8%，取得一定成效。我国各省生态恢复专项治理基金的征收最早开始于云南省昆阳磷矿，作为试点昆阳对每吨矿石征收0.3元，用于矿区植被和生态环境的修复。随后广西、福建、浙江、江苏等14个省份也开展生态补偿试点。1989年江苏省颁布《江苏省集体矿山企业和个体采矿业收费试行办法》，由当地环保部门对集体和私营矿山企业征收环境修复基金，用于矿区生态环境修复。随后广西、福建也出台类似规定，到 20 世纪 90 年代中期，全国很多省份进入生态补偿征收试点高峰，对植被土壤等的生态环境修复取得较理想的效果。然而这些资金投入往往无法满足矿区生态环境损害累积增长的情势，再加上我国矿产资源补偿费和矿业权使用费及价款的征收比例过低，难以保证专项治理资金的来源，使生态补偿陷于被动。

三 美国页岩气产权调整机制对我国的启示

我国与美国页岩气所有权制度不同，对美国产权制度的借鉴，不是改变国家作为唯一所有权人的法律地位，而是在坚持国家所有的前提下，完善相关权利主体的地位，我国矿产资源开采过程中对集体土地所有权人利益的侵犯，根源于集体土地所有权人民事主体地位的缺失，可借鉴美国强制联营的股份分红制度，完善立法，加强对我国相关权利主体的保护。

（一）坚持国家一元所有权制度

受"普天之下，莫非王土"思想的影响，我国从唐代开始，就规定矿产资源属于君王所有，清朝的《大清矿物章程》明确提出矿产资源归属于国家，民国的《中华民国矿业条例》以及《中华民国矿业法》继续沿袭矿产资源国家所有，① 中华人民共和国成立后鉴于矿产资源所有权的历史传统和矿产资源的战略地位，因此明确规定国家是矿产资源的唯一所有权主体，② 我国目前并未明确在法律中规定页岩气的所有权原则，但是根据国家对页岩气归属的分类，页岩气属于天然气，天然气属于能源范畴，而能源又归属于矿产资源，③ 按照这个逻辑推理，页岩气理所当然属于矿产资源，因此适用于矿产资源的所有权原则，即国家是页岩气的唯一所有权主体，国家对页岩气的开发状况和对页岩气两轮矿业权招标的实践，进一步证实了页岩气国家所有状况。

页岩气作为新兴战略能源，能有效缓解我国能源紧缺的矛盾，减少能源对外依存度，增加能源安全和能源独立，坚持国家所有权，有利于页岩气的宏观调控和战略目标的实现，因此不能改变国家作为唯一所有权主体

---

① 郗伟明：《矿业权法律制度研究》，法律出版社 2012 年版，第 130 页。
② 傅英：《中国矿业法制史》，中国大地出版社 2001 年版，第 57 页。
③ 中国大百科全书出版社编辑部：《能源百科全书》，中国大百科全书出版社 1997 年版，第 1 页。

的性质。

（二）借鉴强制联营原则维护集体土地所有权人的权益

我国法律规定土地分为国家和集体所有，因此国家和集体作为两个所有权主体应该具有平等的法律地位，而《国有土地使用权出让和转让暂行条例》规定，国家出于公共利益的需要可以征用集体土地，同时规定未经国家征用，集体所有的土地不得转让，该项条例无疑破坏了所有权制度中所有权主体排他性的转让权，使集体土地所有权人丧失对土地的处分权，导致集体土地所有者享有的所有权为"不完全所有权"。[①] 究其根源，我国民法上的民事主体包括自然人、法人和非法人组织三类，集体组织不属于任何一个类别，因此不是民事主体，集体土地所有权可以界定为享有集体土地的不完全所有权，承担国家公权力征用土地的负担，由国家控制但由集体来承受其控制结果的制度安排，[②] 因此首要问题是明确集体土地所有权人的法律地位，有学者主张将农村集体土地所有权人定义为独立的法人，当农村集体土地流转为矿业用地时，集体土地所有权人作为独立的法人通过协商，同意流转达到一定比例后，直接参与用地决策和利益分享。[③] 具体做法是参照强制联营的分配规定，集体土地所有权人通过协商选择收益分配方式，包括特许使用费或参与股份分红，[④] 通过内部协商之后，集体土地所有权人对矿业用地的流转方式、期限和收益直接与矿产资源开采商进行谈判，将土地流转纳入市场化范畴，由专业评估机构对地价做出评估，使农民作为土地流转的主要受益者，切实实现对农民土地所有权的保护。

（三）加强对土地所有权人和当地居民相邻关系保护

明确开采商的土地利用义务，对土地所有权人的相邻权加以保护，即开采商有义务合理利用土地所有权人的土地，减少对土地的干扰和破坏；

---

① 周其仁：《产权与制度变迁》，北京大学出版社 2004 年版，第 83 页。

② 房绍坤：《矿业权法律制度研究》，中国法制出版社 2013 年版，第 169 页。

③ 郗伟明：《矿业权法律规制研究》，法律出版社 2012 年版，第 130 页。

④ 特许使用费中土地所有权人不承担钻井和运营成本，对于钻井损失不承担任何责任，土地所有权人接受至少其土地下开采出天然气利润 1/8 的收益。股份分红的土地所有权人需要支付钻井和运营成本，同时所有权人有权获得其土地下开采出天然气的 1/2 直至全部利润份额。Argetsinger Beren，"Marcellus Shale: Bridge to a Clean Energy Future of Bridge to Nowhere-environment, Energy and Climate Policy Considerations for Shale Gas Development in New York State"，*Pace Environmental Law Review*，Vol. 29，2011，pp. 11–17.

防止害虫的传播；对钻井的位置以及垃圾和废物的收集与处理等要得到土地所有权人的同意，以对居民和财产最小的干扰方式使用土地。[①] 如果页岩气开采商的行为对土地所有权人造成较大干扰和损害，当地管理部门有权收回许可证。

在加强对社区居民的相邻权保护方面，仿照美国做法，在居民区、学校、公园、养老院和图书馆等一定范围内禁止钻井，禁钻区一定范围内规定压缩机等大型机械设备的噪声分贝限值和使用时间，同时在开采商使用大型机械设备时，要求钻井商与当地主管部门签订道路维护协议，或支付道路维护基金用于受损公路的维护。要求开采商缴纳环境损害保险、钻井事故保险、卡车责任险以及人身意外险等保险，并签订补偿协定，以保证在页岩气钻井发生财产损失、人身损害和伤亡时页岩气公司能够支付相应赔偿。[②]

总而言之，页岩气的开发对我国战略格局具有举足轻重的作用，而现行的矿产资源产权制度存在不足，因此应该借鉴美国经验，完善矿产资源产权制度，明确集体土地所有权人的民事法律地位，借鉴强制联营原则，使集体土地所有权人作为平等的民事主体参与土地流转的议价和协商，确保集体土地流转为矿业用地时按照市场价值获得补偿，此外加强对土地所有权人和当地居民相邻权的保护，在页岩气开采的同时，将对相关权利主体生产和生活的影响降至最低。

（四）加强对开采地生态环境的修复和补偿

我国矿产资源生态补偿制度，在一定程度上实现了生态修复的目的，但对于页岩气开采使用的水力压裂技术带来的负外部效应，显得力不从心，因此可学习美国的生态补偿制度，加强对我国开采地生态环境的修复和补偿。

首先完善生态环境恢复保证金制度，我国已经建立生态环境恢复保证金制度，但该制度仅对开发企业缴纳保证金做出较粗略的规定，不利于生态环境的修复，因此应该借鉴美国生态环境修复保证金制度，对我国保证

---

① Ehrman Monica, "Next Great Compromise: a Comprehensive Response to Opposition against Shale Gas Development Using Hydraulic Fracturing in the United States", *Texas Wesleyan Law Review*, Vol. 46, 2014, pp. 423-468.

② Argetsinger Beren, "Marcellus Shale: Bridge to a Clean Energy Future of Bridge to Nowhere-environment, Energy and Climate Policy Considerations for Shale Gas Development in New York State", *Pace Environmental Law Review*, Vol. 29, 2011, pp. 321-343.

金制度加以完善和细化。页岩气开采商在申请采矿权和探矿权许可证时，需向相关管理部门提交土地和生态环境修复计划，在生态环境恢复计划中要注明页岩气开采的干扰面积，大气、水、土壤污染的防治情况，噪声防控设施的安装以及其他公共基础设施的维护情况等，在计划拟定好之后，交由专业评估机构评估。其次，缴纳保证金，评估合格后，页岩气开采商在规定时间内缴纳保证金，保证金可以采纳履约担保债券、不可撤销信用证、信托财产证书等形式，保证金的征收主体为国土资源管理部门，采用一次性和分阶段征收的方式，保证金用以确保开采商不能完成生态环境修复任务时，由监管部门使用保证金，代替矿业权人完成修复任务。再次，颁发生态环境修复许可证。[①] 在页岩气开采商生态环境修复计划审核获批并缴纳保证金后，由环境保护部门向开采商颁发类似于土地复垦许可证的生态环境修复许可证。只有获得修复许可证，才能进行新的探矿和采矿工作，验收合格的发放生态环境修复认证书，并享受税收和政策优惠。最后，建立联营保证金制度。页岩气开采需要民营企业的加入，为了减轻保证金给民营企业带来的经济负担同时防止其逃避生态环境修复的责任，开采商可采取联营保证金的形式进行担保。联营保证金是页岩气公司加入联营保证金，共同分担恢复矿区生态环境治理任务的保证体系。该保证体系要求参与联营保证金的企业按年度支付一定的保证金，存放到联合基金储备机构，用于开采区域生态环境的修复治理，以及突发环境事故包括水污染、大气污染以及页岩气泄漏的处理等，联营保证金同样要求各企业缴纳的保证金总额大于修复基金的实际治理费用。

　　生态环境修复认证制度是指开采商按照其提交的生态环境修复计划书规定的标准和方式，对因页岩气开发而对受损的土地和环境进行修复后，经专业评估公司审核认证，达到标准的，由相应部门颁发环境修复认证书，证明开采商具备环境修复能力和完善的环境管理系统。[②] 开采商获得环境修复认证书，是要求政府退还修复保证金和进行新的页岩气开采的前提。进行生态修复认证的部门既可以是政府管理部门，也可以是第三方认证机构，认证部门向页岩气开采商颁发认证书还要求企业建立独立的环境审计部门和风险防范体系。我国应该建立生态环境修复认证制度，组建环

---

　　① Catino Ann M., "Is the Abandoned Mine Reclamation Fee Discharged", *Journal of Mineral Law and Policy*, Vol. 2, 1986, pp. 245-247.

　　② 宋蕾:《矿产资源开发的生态补偿研究》，中国经济出版社 2012 年版，第 95 页。

境审查和认证机构，监督企业按照环境修复计划书完成生态修复工作，同时为获得认证书的企业制定优惠政策，例如保证金费率优惠、税收减免以及优先获取矿业权等，鼓励企业自发进行生态修复的积极性。

对生态环境的修复除由第三方认证机构的监督之外，还应通过听证会、座谈会和论证会等形式，把页岩气开采区域生态环境修复的事项向公众公开，让受生态环境影响的公众参与当地环境的修复工作，鼓励公众参与对修复事项的监督。

第三节　美国页岩气开发的行政管制机制对我国的启示

我国在《宪法》中规定，我国实行单一制的国家结构形式，[①] 单一制的国家只有一部宪法，一个国家最高权力机关和中央政府，公民只有一个国籍，只有中央政府才能代表国家行使外交权。[②] 我国从秦朝开始建立了以郡县制为核心的中央集权政体，奠定了单一制国家结构形式的基础，我国作为统一的多民族国家，采用单一制的国家形式，能够有效发挥中央的宏观调控，充分利用各种资源，平衡各种因素进行社会建设，最大限度地保障国家和公民的利益。借鉴美国能源监管体制的经验，主要是学习美国能源监管的权责分明、各部门协调配合的管理模式，从而对我国能源部门的监管职责进行明确具体的划分。此外对于页岩气开发环境保护监管权限的划分与联邦制的政治体制关联不大，主要是以事权为依据，即道路维护、废水处置、噪声防控、信息披露等地方事务，由地方政府监管，可以通过信息获取优势使政府服务更加符合公众需要，便于当地居民参与对公共事务的管理，提高政府的管理效率，美国环境保护管理权限的具体划分可以为我国所借鉴。

一　我国页岩气开发的行政管制机制

（一）我国页岩气开发的能源行政管制机制

参照能源行政管理体制，我国对页岩气资源实行一级管理体制，即由

---

① 《宪法》第3条。
② 江国华：《宪法哲学导论》，商务印书馆2007年版，第24页。

中央负责页岩气资源的勘探开发主体资格的审批、许可证的发放以及相关法规政策的制定等。页岩气开发的中央能源行政管理部门主要有国务院、国家能源局、国家能源委员会、国家发展和改革委员会、自然资源部，此外水利部、住房和城乡建设部、农业部、商务部、科技部负责其职权范围内的页岩气等能源管理工作。

国务院是统一领导页岩气等能源产业发展和改革的决策机关，主要负责：对页岩气产业战略发展和重大方针政策的决定；对外合资合作项目和一定数额以上重大投资项目的审查审批；批准对页岩气产业重大方案重组的批准；授予境外企业在中国境内勘探开发页岩气资源的经营资格。

国家能源局是我国页岩气产业发展的中央行政主管机关，主要负责制定常规和非常规天然气发展战略规划、发展政策，审议页岩气发展中的重大问题、确定国内能源销售价格、协调国内页岩气发展与国际页岩气开发合作的事项、确保能源政策的实施，国家能源局通过经济激励等方式促进页岩气产业的开发，将页岩气确定为战略产业。

国家能源委员会是级别最高的能源行政管理部门，在 2008 年成立国家能源局之后，作为国务院能源改革的后续于 2010 年成立。国家能源委员会的职责是拟定国家能源发展战略，统筹国内外能源开发和能源国际合作的重大问题，对能源安全和能源发展的重大问题做出决议等。

国家发展和改革委员会是对页岩气发展进行总量平衡和宏观调控的部门，负责决定页岩气的价格；发布页岩气的指导价；对页岩气管道运输费进行审批；负责对一定数额以上的页岩气投融资项目的审批；决定页岩气输送管网的服务价格；负责对部门中外合资和中外合作项目的审批；负责国家层面的能源政策的制定以及能源结构和产业转型，国家发展和改革委员会在其制定的《"十三五"发展规划》中，要求完善能源安全储备制度，加快放开石油、天然气等自然垄断行业的竞争性业务等，《"十三五"发展规划》还要求继续促进国家页岩气的发展。

自然资源部是进行页岩气资源与土地资源的规划、管理和合理利用的部门，负责对国家页岩气的管理开发以及探矿权、采矿权的招投标以确保矿业权的实现；颁发探矿权许可证并征收相关税费；对页岩气采矿权转让申请进行审查批准；对页岩气开采区块对外合作勘查进行审查批准；解决页岩气探矿权和采矿权的争议纠纷；对页岩气勘探企业进行资质认定；制定与页岩气相关的政策和技术标准；解决矿业权和土地所有权的冲突。

住房和城乡建设部是规制页岩气城市利用管理秩序的部门，负责制定城市页岩气利用规划；制定页岩气配输管网规划建设的政策方针；签发页岩气配输、销售、工程设计和建设等相关企业的资质证书；制定页岩气配送和销售的安全质量标准，并对标准的执行进行监督；对页岩气供需关系进行协调等。

商务部是对页岩气开发国内外合作进行统筹规划的部门，负责页岩气企业国际合作的发展与规划；发放页岩气进出口许可证；决定页岩气产品的进出口配额。财政部是拟定和执行页岩气税收发展战略和方针政策的部门，其职能主要是制定页岩气企业税费标准及税收减免和其他优惠政策。此外，水利部、农业部、科技部在其管辖权限范围内，负责协调页岩气管理工作，包括页岩气等能源开发的水资源利用、能源技术研发、农村能源开发等事项。

地方能源管理机构主要表现为：国家能源局在 12 个省份设置了派出机构，主要负责能源市场、能源行业、能源企业资质的监管事项等。其他地方政府的能源主管部门负责执行中央的具体事务以及能源监管事项。县级以上政府的土地管理、水资源管理、农业主管部门、发展和改革部门等负责管理其职责范围内的能源开发利用管理工作。①

（二）我国页岩气开发的环境行政管制机制

与页岩气开采相关的中央环境行政管理部门为生态环境部，协调配合部门包括农业农村部、水利部等。

生态环境部负责管理全国范围内的环境保护，主要负责制定保护大气、水和土壤质量，生态系统保护，核辐射和安全的国家政策和立法。生态环境部的前身国家环境保护总局建立了污染物排放标准，并与地方政府合作确保监管标准的有效执行。国家发展和改革委员会负责国家层面的包括能源和环境保护方面的政策制定以及能源结构和产业转型，国家发展和改革委员会在其制定的《"十三五"发展规划》中，将环境问题整合到国家政策中，例如在《"十三五"发展规划》中，要求减少能源密集型产业，实行最严格的水资源管理制度、健全环境信息公布制度、建立全国统一的实时在线的环境监测系统。此外，中央政府的相关部门也在其职责范

---

① 金自宁、薛亮：《环境与能源法学》，科学出版社 2014 年版，第 83 页。

围内从事与页岩气开采相关的环境保护工作，如农业农村部对农村地区页岩气生产过程中的农业与农村环境的污染防治和生态保护进行监管，水利部负责水力压裂水资源的开发利用的监管，这些部门相互协调配合，负责其职责范围内的相关管理事项。

页岩气开发的地方环境管理机构为地方政府及地方政府的环保部门，其环境管理职责为执行国家环境保护政策、根据企业呈报的环境影响报告书，对页岩气开采的环境影响进行审批，对辖区范围内的环境质量状况进行调查和评价，制定产业发展环境保护规划，对页岩气开采征收排污费，对环境突发事件采取应急措施，减轻环境危害和人身财产损失等，此外地方政府的农业、森林、水利等管理部门负责其职权范围内的环境管理事项。

二　我国行政管制机制的弊端及改善路径

（一）我国行政管制机制的弊端

页岩气开发的行政管理权限划分不明确，生态环境部和国家能源局负责对包括页岩气在内的能源开发和环境保护工作实施统一监管，但作为页岩气发展的主要监管部门，仅对原则性事项做出规定，缺少明确的职责划分。水利、土地、矿产和农业等部门分管能源开发的工作，在实行统管和分管相结合的同时，导致权力重叠，例如，生态环境部、水利部等对于水量和水质都执行各自的管理权限。生态环境部的环境监测司负责环境监测以及环境质量和生态状况的环境信息发布，拟定环境监测的政策法规、规划和标准，制定环境监测管理制度并组织实施环境监测工作等，与此同时水利部水资源司负责指导水资源调查、评估和监测工作；组织引导水功能区划的划分并组织实施，指导省际水质水量监测、调查和评价等工作。对于环保部的环境监测司和水利部的水资源司在水资源环境监测的具体职责划分，缺少明确的规定，导致实践中职权重叠冲突现象严重。同时国家能源局与国家发展和改革委员会都有制定能源政策、确立能源销售价格以及确保能源政策实施的职责，出现职责交叉，其主要原因在于对于页岩气的生产开采和环境管理缺乏有效的管理机制和目标，页岩气开发涉及水力压裂技术的应用，需要考虑对于环境的潜在风险，需要建立明确的管理机制，加强国家对页岩气开采的监管。

2016 年开始，我国对省级以下环保机构进行垂直管理改革。根据垂直管理改革，省级环保部门对全省（自治区、直辖市）环境保护工作实施统一监督管理，在全省（自治区、直辖市）范围内统一规划，建设环境监测网络，对省级环境保护许可事项等进行执法，对市县两级环境执法机构给予指导，对跨市相关纠纷及重大案件进行调查处理。市级环保部门对全市区域范围内环境保护工作实施统一监督管理，负责属地环境执法，强化综合统筹协调。县级环保部门强化现场环境执法，现有环境许可等职能上交市级环保部门，在市级环保部门授权范围内承担部分环境保护许可具体条件。① 在环保机构垂直管理体制中，页岩气开发的环境保护监测监察由省级部门统一监督管理，市级环保部门对页岩气开采地环保机构的工作给予监督指导，县级环保机构只对上级环保部门负责，垂直管理改革有助于遏制环境保护中的地方保护主义，但县级环保部门和县级地方政府不同的管理体制，在页岩气开采的环境保护中容易产生冲突和衔接困难。页岩气开采地的县级环境保护部门作为环保部门的派出机构，不再是开采地县级政府的组成机构，而页岩气开采的环境保护规划、污染物排放总量控制、页岩气开采环境测评等由县级政府承担的职能却没有具体承接机构，使县级政府的环保责任无法落实。县级环保部门从县级政府中脱离出来，而环境保护管理需要多部门配合，页岩气开采环境监管中的人事关系、业务关系、后勤保障等仍依赖于县级政府，垂直管理不利于各部门协调配合。另外地方环保机构在其辖区范围内对行政级别较高的中央和省级国有大中型企事业单位行使管理权限时，往往遭到级别管辖的限制，弱化了地方环保部门的管理职能。

（二）完善我国页岩气开发行政管制机制的路径

一些学者建议构建环保垂直监管体系，在中央和地方设立两套垂直管理系统，即中央一级的环境保护垂直管理体系和省级以下的环境垂直管理体系，构建中央、大区和市三个层次的垂直管理，使上级环保部门执掌下级环保部门一定的事权和财权，② 改变地方政府为追求地方经济的发展而干预环保部门独立行使环境监管权限，环境保护部门应对同级政府的环境保护工作行使统一监督管理，政府负责环保部门与各部门之间的综合平

① 中共中央办公厅、国务院：《关于省级以下环保机构监测监察执法垂直管制制度改革试点工作的指导意见》，《人民日报》2016 年 9 月 23 日第 1 版。

② 杨朝霞：《论我国环境行政管理体制的弊端与改革》，《昆明理工大学学报》（社会科学版）2007 年第 5 期。

衡，如地方发展改革部门、国土资源部门、水资源管理部门等在行使各自权限时与环保部门环境监管权的配合协调。

通过立法，规范行政授权方式，明确地方的监管权限，使中央和地方政府管理各自职责范围内的事务，明确中央与地方政府间的纵向权能，通过法律而不是政策性行政授权来确定中央和地方的职权范围，使中央和地方在法律范围内行使各自权限，避免权力收放的随意性。对页岩气开采而言，要保证中央能够在页岩气开采过程中协调全国性的公众产品和服务（如天然气管网建设等），对于页岩气产业发展的战略规划等涉及国家利益的事项，仍由中央政府行使，地方政府主要负责对地方自主事务的管理。

应根据页岩气产业发展的经济和社会需要，合理划分央地政府之间的事权，提高地方政府管理页岩气开发环境保护的积极性，凡属于地方环境保护的事务，应该归属于地方政府，保证当地居民对页岩气开采地方事务的参与权，便于公众对地方政府实施近距离监督，提高政府的监管能力。[1]

三　明确我国行政管理机构具体的职权划分

页岩气作为天然气的一种，首先适用能源行政管理体制，此外对于其开发带来的环境污染和生态破坏又适用环境行政管理体制，因此对我国页岩气开发行政管理体制的完善也分别从能源行政管理体制和环境行政管理体制两个方面进行分析。

（一）明确划分我国页岩气开发的能源行政管理机构的权限

我国与美国有截然不同的政治体制，借鉴美国能源监管体制的经验，主要学习美国能源监管的权责分明、各部门协调配合的管理模式，从而对我国能源部门的监管职责进行明确具体的划分。

2008 年国家能源局的设立以及 2010 年最高级别的国家能源管理部门国家能源管理委员会的成立，解决了长期以来我国缺少统一能源监管机构的问题，但应该进一步明确能源管理部门对页岩气发展的监管权限。

国家能源局负责制定页岩气发展战略规划，负责统一管理包括页岩

---

[1]　张千帆、肖泽晟：《宪法学》，法律出版社 2004 年版，第 432 页。

气在内的石油天然气等资源市场的运行，起草页岩气发展法律法规，监管油气管网等基础设施的公平开放，完善油气管网向第三方公平开放的制度，对民营企业参股建设油气管网运营的条件和标准做出规定，包括企业的资金和技术条件，并鼓励页岩气开发技术向民营企业转移，并与国有企业开展合作，对油气基础设施工程质量安全进行监督管理、制定页岩气发展规划，统筹页岩气发展基础设施建设，拟定页岩气发展行业标准，指导页岩气和可再生能源的综合利用工作，承担页岩气开发对外合作事项等。

国家能源委员会主要负责页岩气发展战略的制定，对页岩气发展的和页岩气能源安全的重大问题的审议，统筹协调页岩气开发和页岩气国际合作的重大问题，并指导能源局和其他能源监管机构的工作。

国家发展和改革委员会负责拟定与页岩气产业相关的经济和社会发展政策；拟定并组织实施页岩气产业和价格政策，并对产业和价格政策的执行效果进行分析；安排页岩气重大建设项目国家拨款，引导民间资本科学投资页岩气产业；推动页岩气产业的技术发展并提供宏观指导；管理页岩气资源的国家储备；促进各种所有制主体在页岩气产业的公平竞争；制定鼓励中小企业和私营企业的发展政策，加强宏观指导。

自然资源部负责协调土地和页岩气资源的合理利用，优化国土资源配置，规范国土资源产权，承担土地利用的数据发布，规范国土资源市场秩序，勘查页岩气资源储量，保护地质环境，进行页岩气税费的征收和使用，拟定土地、页岩气的经济调控政策，组织起草国土资源的立法草案，管理页岩气的探矿权、采矿权和矿业权市场。

国家能源局的地方派出机构主要负责的监管事项包括：监管辖区内页岩气等油气资源市场的运行，负责页岩气法律法规的实施，监管辖区内油气管网设施的准入情况，负责辖区内管网等基础设施的建设和安全管理，负责页岩气发展规划的实施，在本辖区内可制定高于国家页岩气标准的区域标准，负责能源行政执法工作，监督能源服务工作，能源应急工作的管理以及能源事故的调查处理和国家能源局交办的其他事项。

（二）明确划分我国页岩气开发的环境行政管理机构的权限

长期以来中央承担的权力过于集中，而页岩气开采的属地色彩较浓厚，因此应该在中央实行统一管理的情况下，使地方享有更多的自主权力①，在进行中央与地方对页岩气环境监管权力的配置时，应该在保持中央宏观调控的基础上，保证地方积极性的充分发挥。在页岩气开发的同时，切实保护当地居民的环境利益，中央环保部门侧重于环境保护的宏观调控职能，负责决策全局性的跨地区的重大环境问题，协调省际跨行政区的环境利益冲突，根据法律进行府际间的环境权力配置，包括起草环境法律法规，制定页岩气环境发展规划，统筹环境保护设施的建设，拟定环境保护标准，制定页岩气发展有关环境保护的基本制度等。②

省级政府侧重于中观调控，协调省内页岩气开发环保利益的冲突，对于省内跨市县的空气污染和水污染承担监管职责，执行中央政府制定的页岩气发展环保规划和法律法规的执行，发挥承上启下的作用。首先，对水污染进行监管。③ 除水资源的省际污染由中央实施监管外，省内的水资源供应和地下水污染主要由省实施。省根据水质和总量控制标准对页岩气生产区域的水资源使用进行分类，制定各市的水质控制目标，对全省的污染物排放总量进行控制，并向各市分配排放配额，防止饮用水质的下降，使省内的水资源达到国家设定的水质标准。制定全省的水资源使用规划，对各市的水污染防治系统的设施建设进行检查，审批各省上报的污染防治规划，加强省内页岩气生产地区公共废水处理厂的建设。其次，制定防止页岩气开采地区空气质量恶化计划，制定区域污染防治计划。④ 根据国家制定的国家环境空气质量标准，制定区域污染防治计划，要求未达标的市县制定空气质量达标计划，在污染物排放地区制定防止空气质量恶化计划，包括页岩气开采区域达到国家初级和二级环境空气质量标准的时间、达标规划、污染防治措施、设备的建设和运行情况等。最后，制定省内页岩气开采的环境标准和法规规章。国家制定了《石油炼制工业污染物排放标

---

① 朱丘祥：《中央与地方行政分权的转型特征及其走向》，《政治与法律》2009 年第11 期。

② 吴帅：《分权、制约与协调：我国纵向府际权力关系研究》，博士学位论文，浙江大学，2011 年。

③ Spence David B., "Federalism, Regulatory Lags, and the Political Economy of Energy Production", *University of Pennsylvania Law Review*, Vol. 16, 2013, pp. 141-190.

④ Wurzer. Molly, "Taking Unconventional Gas to the International Arena", *Texas Journal of Oil, Gas, and Energy Law*, Vol. 2, 2011-2012, pp. 357-382.

准》《石油化学工业污染物排放标准》《合成树脂污染物排放标准》《无机化学工业污染物排放标准》《页岩气开采的套管和固井标准》等与页岩气开采相关的标准，① 各省可在此基础上制定严于国家标准的地方标准，并制定苯、氮氧化物和挥发性有机物的排放标准以及相应的技术规范。

市县等地方政府负责页岩气开采的具体环境监管事项，包括页岩气开采过程中的固体废物处理，回流水排放和垃圾处理、水泥浇筑、套管和水力压裂等事项。仿照美国，市县等地方政府有权制定分区条例，② 合理划分页岩气生产区和非生产区，并设置缓冲区，即要求开采商将水力压裂中使用的化学物质的浓度和成分向公众部分披露，涉及商业秘密的部分，向管理者披露，对不符合标准者不予批准以便管理者评估水力压裂对水质的影响。开采地政府因地制宜，确定开采商可以采取的废水处置方式，包括地下注入，污水处理厂处理，土地填埋以及废水循环利用等，防止压裂废水回流到地表，造成土壤污染和水污染，鼓励开采商循环利用压裂废水，以减少废水的产出和对淡水的使用。③ 此外，开采地政府负责对水资源利用情况的审批和通报，水资源主管部门督促开采商提交用水计划，包括拟用水质、水量和提高用水效率的方案，在钻井过程中，主管部门通过水质数据库对水质进行实时监测，防止污染。根据开采商提交的用水计划以及主管部门的监测结果，对其水资源的利用效率以及对循环用水的使用情况，做出取水评价通报，促进开采商使用循环水，提高用水效率，最大限度实现对水量和水质的保护。④ 地方政府还应该承担绿色完井的审查工作，开采地政府环境保护部门可以仿照美国做法，派遣巡视员，对绿色完

① David S. Steele ， Jennifer M. Hayes， "Environmental and Social Implications of Hydraulic Fracturing and Gas Drilling in the United States：an Integrative Workshop for the Evaluation of the State of Science and Policy"，*Duke Environmental Law and Policy in the Forum Syposium*，Vol. 22，2012，p. 254.

② William Yuksta， "Manageing Fractions：the Role of Local Government in Regulating Unconventional Natural Gas Resource－Recommendations for New York"，*Cardozo Pub Law*，*Policy and Ethics*，Vol. 563，2013，pp. 34-42.

③ Verschuren Jonathan， "Hydraulic Fracturing and Environmental Concerns：the Role of Local Government"，*Journal of Environmental Law*，Vol. 27，2015，pp. 431-458.

④ Kinchy Abby J.， Perry Simona L.， "Can Volunteers Pick up the Stack－efforts to Remedy Knowledge Gaps about the Watershed Impacts of Marcellus Shale Gas Development"，*Duke Environmental Law and Policy forum*，Vol. 22，2012，pp. 303-340.

井状况进行检查登记，并向社会公布。① 此外为防止页岩气泄漏和发生井喷，地方政府有权力要求开采商安装井喷防止装置并进行抗压测试，防范钻井过程中风险的发生。地方政府有权向开采商征收保证金，页岩气开采使用的水力压裂和水平钻井两种技术，对环境的危害远远大于常规天然气，为保证发生页岩气泄漏或井喷时，开采商能够承担清除费用，地方政府负责征收保证金，保证金的数额和征收方式，地方政府根据井的深度自行规定。总之，中央、省和页岩气开采的市县等地方政府之间对页岩气开采的权力划分明确，确保地方政府承担主要的监管职责，使地方政府权力的行使能够代表地方居民的诉求，发挥其主动性和积极性。

第四节　美国页岩气开发的经济激励机制和社会监督机制对我国的启示

　　美国页岩气开发的经济激励机制对我国的启示主要是指矿产资源税费制度和排放权交易制度。我国目前的矿产资源税费制度税目混乱，税目设置重复，不能体现国家所有者权益，实现提高资源开采效率和加强环境保护的税费设置初衷。2021年我国开始对页岩气征收矿产资源税费，因此有必要借鉴美国矿产资源税费制度，弥补我国税费设置的不足。本书介绍的另外一种经济激励机制是排放权交易，美国排放权交易创立于20世纪70年代，已经建立了完备的交易制度，页岩气产业发展以后，美国又在页岩气领域进行了排放权交易的初步探索，希望美国页岩气排放物的排放权交易的初步探索能够为我国排放权交易的发展提供启示。本书对页岩气开采环境保护的社会监督主要是指公众参与，我国公众参与主要的无效参与和假参与，使环保领域和能源领域中企业和居民的利益冲突频发，借鉴美国页岩气开发的公众参与形式，使我国的公众参与得到完善和发展。

一　美国矿产资源税费制度对我国的启示

　　我国矿产资源税费体系主要包括矿产资源税、矿产资源补偿费、矿业

---

① David S. Steele , Jennifer M. Hayes, "Environmental and Social Implications of Hydraulic Fracturing and Gas Drilling in the United States: an Integrative Workshop for the Evaluation of the State of Science and Policy", *Duke Environmental Law and Policy in the Forum Syposium*, Vol. 22, 2012, p. 254.

权价款和矿业权使用费，然而目前税目设置重复，税目混乱，不能体现矿产资源税费设置时体现国家所有者权益，规范开采行为和提高开采效率的初衷。

（一）我国矿产资源税费体系和对页岩气的税收减免

我国 2021 年开始对页岩气的开发征收矿产资源税费，目前对页岩气实行税收减免政策，因此对矿产资源税费体系和适用页岩气的税费减免分别介绍。

矿产资源税是国家作为矿产资源所有权人，根据级差地租理论，为调节矿业权人因矿产资源禀赋、开采条件、交通情况等不同而造成的级差收入，为促进市场公平竞争和矿产资源的高效利用而向矿业权人征收的税收。矿产资源税的征收开始于 20 世纪 80 年代，根据 2011 年修订的《资源税暂行条例》，针对原油、天然气、煤炭等 7 类资源产品征收资源税，并对单位税额标准做出规定，用以调节级差地租 I 中优等土地和劣等土地的差别，以促进矿产资源的合理开发利用。税收所得的一部分用于矿产资源开发的生态环境恢复治理。

矿产资源补偿费是国家作为矿产资源的所有者因出让探矿权或采矿权，而由探矿权人和采矿权人向所有者支付的费用，征收目的是维护国家对矿产资源的财产权益，征收依据是级差地租和绝对地租，征收对象为探矿权人和采矿权人，征收费率是按照开采出的矿产品价格征收 0.5%—4%，补偿费的 50% 归属中央，另外 50% 划拨给地方，[1] 是绝对地租、级差地租的体现，其实质是国家将附着于矿产资源所有权之上的探矿权和采矿权让与矿业权人，由矿业权人分享所得收益，类似于所有权人与经营权人订立合同，在向经营权人转让占有权、使用权和转让权的同时，转让部分收益，所有权人保留部分收益，进而与经营权人按一定比例分享收益，[2] 补偿费主要用于矿产资源的勘查开发。

矿业权费包括矿业权价款和矿业权使用费。矿业权价款是根据《矿产资源勘查区块登记管理办法》和《矿产资源开采登记管理办法》的规定，申请国家出资探明的矿产地的矿业权时，需向国家缴纳探矿权价款和采矿权价款，探矿权价款和采矿权价款的数额需由相应评估机构评估后，

---

[1] 《矿产资源补偿费征收管理规定》第 3、4、6、9、11、12 条。

[2] 陈华彬：《物权法》，法律出版社 2015 年版，第 65 页。

矿业权人根据评估结果缴纳矿业权价款，矿业权价款是对国家前期矿产资源勘查的补偿，避免国家地质勘查投资和收益的流失。[①] 探矿权价款是探矿权人对于先期勘查探明的矿产区块而支付的价款，采矿权价款是采矿权人对已经勘探查明的区块的采矿权支付的对价费用，探矿权价款和采矿权价款主要的区别在于探矿权价款是对地质勘探预查和普查阶段对探明地块形成的收益，是矿产资源寻找和发现阶段，采矿权价款是在探矿完成之后，在勘探详查阶段形成的收益，是探明矿产资源并将其转化为矿产的过程。[②] 矿业权价款实质为级差地租Ⅱ，级差地租Ⅱ是在同块土地上追加投资所产生的超额利润而转化的地租，对矿业权价款而言，是矿业权人在进行矿产资源勘探开发时，在同一个勘查区块上追加的勘查技术、投资和管理等生产要素产生的超额利润，凝结着勘查人在勘探阶段的劳动，使矿产资源变成矿产品而产生超额利润，因此应该是级差地租Ⅱ的收益体现。根据《矿产资源勘查区块登记管理办法》，矿业权使用费是矿业权人因排他性占用矿产地，由矿业权人在领取勘查许可证和开采许可证时，根据勘查和开采面积，向登记机关缴纳的费用，[③] 是国家资源有偿取得的重要组成。

　　适用页岩气的税收优惠政策。页岩气作为我国新兴能源，尚未形成配套的产业发展政策，但对于煤层气已经制定了税费法律法规，由于页岩气与煤层气在物理性质和国家发展规划方面较相似，因此可借鉴煤层气的税费政策，包括《国务院关于调整进口设备税收政策的通知》《关于加快煤层气抽采利用的若干意见》《关于煤层气开发利用补贴的实施意见》《国家发展改革委印发关于利用煤层气发电工作实施意见的通知》，这些立法中规定的税费内容包括：在国内从事煤层气开采的企业均有获得财政补贴的资格，中央补贴标准为每立方米煤层气 0.2 元，地方政府可在此基础上，结合当地实际情况给予补贴，补贴实行先征后退的政策；采用煤层气发电的企业，优先在本矿区使用，在有富余存量的情况下，电网企业应优先给予其优先上网的份额，为其接入系统提供各种便利条件，煤层气发电企业，不参与市场竞争，不承担电网调峰任务；地面开采煤层气暂不征收矿产资源税，企业研发新技术、新工艺对于煤层气开采有确实改进的，在免除资源税的基础上，允许应缴税额的 50%，在税前扣除。国家规定到

① 《矿产资源勘查区块登记管理办法》第 13 条，《矿产资源开采登记管理办法》第 10 条。
② 刑新田：《矿业权价款的理论思考》，《中国国土资源经济》2013 年第 2 期。
③ 马长海：《矿产资源税费制度研究》，博士学位论文，西南财经大学，2010 年。

2021 年，取消对页岩气的税收优惠和补贴，因此在税收制度正式适用于页岩气之前，应该进行完善。

（二）我国矿产资源税费体系的缺陷

矿产资源税的缺陷主要体现为：首先矿产资源税征收的依据与税收的学理依据不符，所谓赋税，就是国家不付任何报酬而向居民收取东西，[①]即税是国家凭借其政治权力征收的，具有强制性、无偿性和固定性的特点，与国家的所有者权益无关。而我国的矿产资源税的实质是国家凭借所有者权益而征得的收益，是调整级差地租，平衡优等矿业权人和劣等矿业权人的收入而征收的税，被归入矿产资源有偿使用范围，不符合税收的本质，可见其实际征收依据与资源税设置的学理依据之间存在矛盾。其次，矿产资源税与矿产资源补偿费税目设置重复，矿产资源税的设立目的是调整级差地租，但在实践中，矿产资源税的征收采用"普遍征收、级差调节"的原则。"普遍征收"是凡经营应税矿产品的矿业权人都应依照法律规定，缴纳资源税；"级差调节"是指不同矿种或同一矿种由于资源禀赋的差别，对矿业权人征收不同的税额。[②] 普遍征收体现的是绝对地租，级差调节体现的是级差地租，都是国家作为矿产资源所有者权益的体现，而矿产资源补偿费是国家作为矿产资源所有权人向矿业权人征收的费用，征收目的也是维护国家所有者权益，可见资源税与补偿费有着相同的目的和性质，导致税目设置重复。最后，不能有效遏制无序开采和浪费开采的现象，将调整级差收益作为征收矿产资源税的初衷，限制了资源税作用的发挥。在调整级差收益这种征税理念的指导下，矿产资源税率的高低取决于矿产资源开发者开采和生产的矿产资源的销售数量而不是开采量，即对于企业开采而未销售或无法销售的矿产资源不征收矿产资源税，可见资源税率的高低与资源利用效率无关，因此无法通过征税将矿产资源开发的负外部性问题内部化，不能遏制掠夺开采和浪费开采的现象，反而鼓励矿产资源开采者的无序开采。

矿产资源补偿费与资源税目重复，混淆了二者的性质，过低的矿产资源补偿费与资源税出现本末倒置，补偿费过低的矿产资源补偿费率，不能体现矿产资源的资源价格，资源税的税率达到 13%，而矿产资源补偿费

---

① 陈洪：《财政学》，中国人民大学出版社 2009 年版，第 211 页。

② 曹明德：《对建立生态补偿机制的再思考》，《中国地质大学学报》（社会科学版）2010年第 5 期。

大体包括 20 个不同等级的费率，平均费率为 1.18%，但美国为 12.5%，远远低于其他国家。[①] 面对持续走高的矿产资源价格，补偿费率多年保持不变，导致资源浪费。同时收取的补偿费的 50% 上缴给中央财政，剩余的 50% 再在省、市、县之间划分，开采地区所得的收益不足 25%，[②] 使地方政府缺乏积极性，税费挪用现象严重。矿产资源补偿费率过低，不能体现矿产资源的价值，实际上我国的矿产资源补偿费相当于美国的权利金，是矿业权人向矿产资源所有权人交付的地租，征收目的是维护国家的财产利益，同时调节优等矿区和劣等矿区的级差地租，然而在实践中并未得到体现。另外，矿产资源补偿费不足以满足生态补偿的要求。地方将矿产资源补偿费作为生态补偿经费，但这些补助不足以支付生态补偿的需要。[③] 安徽淮南矿区就实施了生态补偿，生态补偿费用为 1200 元/亩，然而由于缺少长效的资金补偿机制外加矿区生态恢复缺少统一规划，资金浪费严重，导致实施效果不佳。探矿权和采矿权使用费在开采者资源税费支出中，所占比例最小，仅占产品销售收入的 1%—2%，而国外的权利金占产品销售收入的 10%—20%。不能充分体现国家矿产资源所有者权益，并且不能有效遏制实践中采富弃贫、采厚弃薄等浪费矿产资源的现象。

矿业权价款制度设计不合理。矿业权价款是在国家出资探明的矿业地转让给他人后，对国家勘探费用的补偿，是国家投入的劳动价值的体现。但我国法律对于矿业权价款的内涵和外延尚未做出规定，造成理论和实际征收中的混乱。矿业权价款与矿产资源补偿费和矿业权使用费界限不清，相互交叉，重复征收。

此外，我国矿产资源特别是油气资源价格居高不下，油气资源开采企业从中赚取高额利润，并且在高额利润的驱使下，追求短期利益，盲目无节制开采资源，这种税费设计必然导致页岩气的低效无序开采，不能体现市场调节矿产资源配置的初衷，因此完善现行税费制度尤显必要。

（三）美国矿产资源税费制度对我国的启示

我国从 2021 年开始，对页岩气征收矿产资源税，[④] 因此为了提高页

---

① 马长海：《矿产资源税费制度研究》，博士学位论文，西南财经大学，2010 年。

② 江峰：《矿产资源税费制度改革研究》，博士学位论文，中国地质大学，2007 年。

③ 杜群：《生态保护法论——综合生态管理和生态补偿法律研究》，武汉大学出版社 2012 年版，第 370 页。

④ 曹明德：《对建立生态补偿机制的再思考》，《中国地质大学学报》（社会科学版）2010 年第 5 期。

岩气的开采效率，遏制不良开采行为，调节收入差距，应该完善现行的矿产资源税费制度；应与国际接轨，将矿产资源税与补偿费合并为权利金，建立以权利金为主的税收体系。而权利金体现的是绝对地租，因此设立体现级差地租的红利制度，作为调节资源开采收入不公的手段。除权利金和红利等体现国家所有者权益的税费制度之外，应将矿业权价款、矿业权使用费纳入国家矿产资源税费体系的范畴，实现对国家先期勘探费用，以及排他性占用矿产地的补偿。

首先，建立以权利金为主、以红利为补充，体现国家所有者权益的税费体系。

将矿产资源税与补偿费合并为权利金，矿产资源税是国家向矿业权人征收的税收，体现了所有者权益，是级差地租的体现，矿产资源补偿费是国家作为矿产资源所有权人向矿业权人征收的费用，征收目的也是维护国家所有者权益，是绝对地租的体现，两者出现交叉重叠，权利金是国家作为矿产资源所有者向矿业权人因开采矿产资源而征收的价金，作为一种财产性收益，也是所有权权益的体现，同种矿产资源适用统一税率，可见权利金与矿产资源补偿费具有相同的性质，只是征收方式、缴费环节以及费率有所区别，鉴于资源税与补偿费的重叠混淆以及补偿费与权利金性质相同的现状，应该将矿产资源税与补偿费合并为权利金。权利金作为国际上通行的财政收费，已经形成了完备的征收管理制度，其优势主要体现为：首先采用税前征收的方式，只要矿产资源企业进行了探矿和采矿活动就承担缴纳义务，与企业的销售量无关，可见权利金具备稳定性和可预期性，有利于保证国家所有者权益的实现。其次，权利金能有效遏制矿业权人无序开采和浪费开采的现象。矿产资源税将调整级差收益作为征管的初衷，以开采的矿产资源的销售量作为征税依据，已经开采而未销售的矿产资源不属于征税范围，造成实践中采富弃贫的现象，权利金参照市场价格的税前征收方式能够有效遏制无序开采和低效开采的现状。此外，借鉴国际的成熟经验，确立权利金征收的基本内容，合理分配权利金。权利金的征收范围是所有开采矿产资源的企业，只要矿业权人进行了探矿和采矿活动，即使没有获得利润，也必须向国家缴纳权利金，是国家作为所有者参与矿产资源开采获得的收益，因此对各类矿产资源企业都要征收。权利金的费率参照国际做法，目前美国对石油天然气的权利金的费率为 12.5%，[①] 我国可根据矿产资源的丰度、品位、采选难易度进行确定，并且依据矿产资源的发展情况适时调整，改变矿产资源补偿费率过低的现状。权利金的使用方向主要支持矿产资源合理开采利用以及对勘探进行补贴。

设立红利制度，作为权利金的必要补充。目前矿产资源税费制度体系较完善的国家，除设立权利金之外，设立红利制度作为权利金的必要补充。权利金的征收范围是所有矿产资源开采者，对同一矿种适用统一税率，是绝对地租的体现。设立红利制度更多考虑资源差异状况，有效调节优等矿产资源与劣等资源之间的利润差异，实现资源收入公平，体现了级差地租。红利是以招标拍卖方式出让矿业权时，支付的现金超过权利金的部分，通过市场出让方式，收取矿业权经营的利润，是一次性向矿业权人支付的"权利金"，成为权利金的有效补充。

国家作为页岩气资源的唯一所有者，只要开采企业进行了探矿和采矿活动，就应该向其征收权利金，这不是国家政治权力的体现，而是所有者权益的体现，此外由于页岩气储层发育条件不均，南方地区的储层深度和地质条件明显好于华北、东北和西北地区，因此应该通过征收红利，调节劣等和优等储层之间的差异，调节收入差距。

此外，除体现国家所有者权益外，完善矿业权使用费和矿业权价款，作为占用矿地和对国家先期勘查的补偿。对于矿业权价款和矿产资源使用费而言，我国应该保留这两项税费制度，在此基础上加以完善，作为矿产资源有偿使用制度体系的必要组成部分。对于矿业权价款而言。提高收费标准，适时进行动态调整。我国矿业权价款多年来维持较低的费率，难以保证国家先期勘查费用的回收，因此在大幅度提高矿业权价款费率标准的基础上，根据市场价格进行动态调整，改变税费征收过于机械的不足，发挥经济杠杆的调节作用。对于页岩气而言，作为国家鼓励开发的新兴战略能源，在发展初期，应该对页岩气矿业权价款的费率制定较低标准，从而实现页岩气的蓬勃发展。矿业权使用费是矿业权人根据申请到的矿产地的范围，按照一定的面积以年度为单位缴纳的费用，属于行政性收费，是矿产资源管理部门对矿业权人的勘查开采的监督和指导，单独征收矿业权使用费，在于防止矿业权人在开采过程中采富弃贫，乱采乱掘，加强矿产资

---

① 杨人卫：《中外资源税制比较及我国资源税制的完善》，《四川环境》2005 年第 5 期。

源主管部门对矿业权人探查开采的指导监督和管理，在提高矿业权使用费的同时，取消对外国投资企业减免矿业权使用费的规定，防止页岩气资源为外商企业大量占有。

二　美国排放权交易制度对我国的启示

我国的排放权交易开始于 1994 年，目前在 18 个省市建立了排放权交易所，其中江苏、浙江等省发展较快，然而页岩气储层分布区域的排放权交易发展较缓慢，并且主要进行的是二氧化碳和二氧化硫的交易。① 在我国页岩气产业发展的起步阶段，可借助氮氧化物和氨氧化物指标核定出台的契机，逐步开展页岩气开采产生的污染物和温室气体的排放权交易实践，通过市场手段，减少污染物的排放。

（一）我国排污权交易的现状

我国排污权交易以 1994 年中美两国签署的《在中国运用市场机制减少二氧化硫排放的可行性研究意向书》为起点，并于 2001 年在江苏南通完成了首例二氧化硫排污权交易案，双方以 50 万元的价格转让了 1800 单位的二氧化硫排污权，供买方在六年内使用。② 目前地方出台了一系列排放权交易法规，包括《江苏省电力行业二氧化硫排污权交易管理暂行办法》《太原市二氧化硫排污交易管理办法》《浙江省水污染排放总量控制和废水排污权有偿使用管理试行办法》等。2007 年浙江成立了嘉兴排污权储备交易中心，成为全国第一个排污权交易平台。储备交易中心仿照美国排放储备银行的做法。排污企业可以将排放配额的赋予存量存放到储备交易中心，获得以利息形式表现出来的排放配额，使排放交易制度化规模化。③ 2012 年 3 月，浙江开创了排污权电子拍卖形式，使排污权交易的成交价格远远高于指导价，而对于中小排污企业面临的购买排放权的资金问题，金融机构为其提供排污权抵押贷款，企业可以将排污权作为抵押获得贷款，确保交易市场的正常运行。目前我国已经在 18 个省市建立了排污权交易所，这些排污权交易所主要进行节能减排、能源利用权益、二氧化硫和二氧化碳的排污以及与排污相关的技术交易，为排污权交易的全面展

---

① 沈满红等：《排污权交易机制研究》，中国环境科学出版社 2009 年版，第 196 页。
② 史玉成、蒋春华：《排污权交易法律制度研究》，法律出版社 2008 年版，第 169 页。
③ 王清军：《排污权初始分配的法律调控》，中国社会科学出版社 2011 年版，第 217 页。

开进行了有益探索。①

（二）排放权交易的完善

我国页岩气资源分布在西南、西北和华北地区，这些区域缺乏成熟的排污权交易实践和立法，因此应该借鉴美国和我国浙江、江苏等东部地区的经验。页岩气在生产过程中会排放大量甲烷、氮氧化物、正己烷和乙苯等污染物，美国马萨勒斯页岩气生产地区预计将甲烷和氮氧化物纳入排放交易市场的范围，我国对于氮氧化物和氨氮等排污权交易的指标核定及初始权的分配已经制定出相应的技术办法并已经在浙江等省市陆续开展，这些技术标准和实践为页岩气排污权交易提供了范例。应在页岩气储层分布的西北、西南地区建立页岩气开发污染物排放储备交易平台，政府环境管理部门根据页岩气的排污状况，向企业发放年度排放配额，企业可以将富余的排放配额存放到储备交易平台，用于交易或储备。此外，我国页岩气开采已经进行两轮招标，两家私营企业已经获得页岩气的探矿权，而页岩气发展需要大量的资金投入，因此应该仿照浙江的做法，为页岩气私营企业提供排污权抵押贷款以鼓励页岩气开采市场主体的多元化。再者，我国西北地区水资源匮乏，农业灌溉用水为当地水资源使用的大头，美国卡罗莱纳州和尤蒂卡州农民自觉种植节水作物，并将节省下来的水资源带到水权市场，与页岩气开采商进行交易，② 鉴于此，西北页岩气开采地区除建立排污权交易市场外，还应建立水权交易市场，缓解页岩气开采过程中西部地区的水资源短缺问题。

三　美国社会监督制度对我国的启示

（一）我国能源领域和环保领域的公众参与现状

党的十九大报告明确提出，构建"政府为主导、企业为主体、社会组织和公众共同参与的环境治理体系"，为公众参与提供政策依据。此外，我国与公众参与相关的立法有《环境保护法》（第 5 章第 53—57 条），《环境信息公开办法》（第 5 章第 29 条），《环境保护公众参与办法》《企业事业单位环境信息公开办法》等，这些法律法规规定了公民的

---

① 赵爽：《能源变革与法律制度创新研究》，厦门大学出版社 2012 年版，第 234 页。

② Morgan Michael, Check Mary Jo., "Local Regulation of Mineral Extraction in Colorado", *Colorado Lawyer*, Vol. 22, 1993, pp. 51-52.

环保参与权、环境信息知情权，公众参与环境保护的原则、形式、范围，企业事业单位公开污染信息的领域、内容，政府信息公开的职责、内容、方式、范围和程序等。但是对公众参与的具体内容、程序，环境信息公开具体如何展开，却没有明确规定，因而导致环境污染群体事件频发。

例如，广州番禺垃圾焚烧厂由广州市政府和广日集团共同出资筹建，广日集团享有建成后的垃圾处理专营权，该项目于2004年开始筹划，政府在选址决策阶段并未考虑公众的意见。当选址已确定为番禺区并准备开工建设时，当地居民才从网络媒体等渠道了解到当地要建垃圾焚烧厂的消息。不少市民对项目的环境影响评价提出了质疑，认为该工厂将对周边环境和居民健康造成重大危害。然而，政府并未对此诉求进行有效回应，仍坚持按预先的选址计划开始筹备，最终引起了当地居民的强烈反弹，并逐渐演变为大规模的群体性事件。随后，中央电视台对该事件进行了报道，并引发了全国范围内的关注和讨论。广州市政府在意识到问题的严重性后，紧急出台了有关公众咨询的通知，要求立即暂缓该项目，重新开始讨论选址问题。在新一轮的选址过程中，政府为公众提供了5个可供选择的项目地址，公众可以通过公众咨询和听证会的方式参与。最终新的垃圾焚烧厂改迁到了南沙区大岗镇。但根据对当地居民的调查，许多居民在后续的公众咨询过程中仍未实际参与到决策过程中。一方面，是由于他们并不了解项目以及选址相关信息，且其诉求只是让该项目撤出番禺区；另一方面，政府虽然开展了公众咨询，但最终的决策权仍握于政府手中。广州市政府在群体性事件发生前后均处于绝对的主导地位，公众参与仍然属于假参与。①

无独有偶，2010年青海大通回族自治县下浪村由于采沙厂规模化采沙，使全村1.5千米的河段惨遭破坏。河床水位下降达5米，河床两岸50亩树林被毁，300亩农田无法灌溉，村民水井干涸、取水困难。采沙污染下浪加村空气、土地、河道，村民多次向多林镇政府反映无果，采沙厂反而扩大规模，并建立混凝土搅拌站，占用大量农田，在诉求不能得到回应之后，村民李某某等人集结村民阻碍采沙厂施工，被县公安局给予行政拘留的处罚。

2018年贵州省修文县城市建设投资开发公司关于城南路网建设项目

① 夏高峰等：《PPP项目公众参与机制的国外经验和政策建议》，《建筑经济》2018年第1期。

环评报告书获得修文县生态文明建设局的批复。公众代表郑学武、陈天才等15人，不服修文县生态文明建设局的批复，向贵州省清镇市人民法院提起行政诉讼案件、争议的焦点是公众参与的信息公开。生态文明建设局认为，建设单位在环评报告书的制作过程中，已经通过张贴公告的形式进行信息公开，又通过问卷调查和专家论证的方式进行了公众参与，鉴于反馈意见无较大分歧，没有召开听证会。生态文明建设局将专家论证等同于公众参与引发公众不满。①

此外，2010年邵定文不服贵州环保厅批复毕节宝黔煤矿采矿项目环评影响报告书一案，② 方明、李轶夫等不服深圳市人居环境委员会关于罗兰斯建设项目环境影响审批申请表一案等，都是公众参与不足，导致居民与行政部门和企业矛盾激化的表现。

（二）美国公众参与制度对我国的启示

近些年来，在NGO的协调下，某些地方公众已经进行了实质有效的参与。广东省四会市原采用土地填埋的方式处理生活垃圾，土地填埋带来侵占土地、大气污染、水污染和土壤污染等环境问题，在自然之友等NGO的督促下，政府采用可再生能源发电技术对生活垃圾进行无害化焚烧的处理方式，有效解决了垃圾填埋带来的环境问题。③ 此外云南省大众流域管理研究及推广中心带领公众参与云南怒江建坝的决策和发展讨论，防止了水电工程的盲目动工，为迁移民众争取到应得的利益。④ 我国应借鉴美国页岩气开发的公众参与制度，实现公众从规划的起草到实施的全程参与，完善参与程序和参与形式。

本章小结

页岩气的开发对我国战略格局具有举足轻重的作用，能够有效缓解能源紧缺的矛盾，改善能源结构，促进能源安全和能源独立的实现。然而页岩气开发过程中，面临很多待解问题，包括健全页岩气立法体系，健全页

---

① 贵州省清镇市人民法院（2013）清环保行初字第3号判决书。
② 贵州省清镇市人民法院（2012）清环保行初字第17号判决书。
③ 杨明：《环境问题与环境意识》，华夏出版社2002年版，第56页。
④ 高丙等：《社会合作见证社会领域的成长——怒江事件和南都基金会案例》，《石河子大学学报》（哲学社会科学版）2015年第3期。

岩气开发的市场机制，完善输气管网的第三方准入机制，完善页岩气产权制度，完善页岩气开发的行政管理体制，改善页岩气开发的经济激励机制和社会监督机制。美国作为页岩气开发的先驱，在这些方面提供了宝贵经验：建立了完备的适用于页岩气的能源立法和环境保护立法；通过一系列判例，建立了页岩气产权制度并注重对当地居民等利益关联方的权利保护；能源行政管理机构之间权责分明、各部门协调配合，环境行政管理体制中形成以开采地政府为主导的纵向权力划分；建立适用于页岩气的排放权交易制度、矿产资源税收制度和公众参与制度。然而即便如此，美国也开始放缓页岩气的开发步伐，纽约州等停止水力压裂的使用，而我国大力发展页岩气，2014年中石化宣布中国提前进入页岩气商业化开发时代，应该在开发页岩气的同时，谨慎前行，通过法律调控的完善，规避负面效应，促进页岩气开发正效应的充分发挥，实现经济效益、社会效益和环境效益的协调发展。

结语和后续的讨论

一　结语

页岩气作为新兴战略能源改变了全球能源格局，传统化石能源的影响力正逐渐减弱，非常规油气资源和可再生能源所占的比例大幅度增加。传统化石能源的战略地位将逐渐被取代，并因此产生了地缘政治效应。美国从2011年开始首次超越俄罗斯成为全球最大天然气生产国，成为俄罗斯天然气出口的强大竞争对手，增加了其在欧洲、日本和韩国的影响力，削弱了俄罗斯的地缘政治地位。页岩气大规模的商业化开采严重影响伊朗和沙特阿拉伯的油气出口量，未来油气资源将由中东地区转移至西半球，降低中东在全球地缘政治中的重要性，出现油气中心西移的局面。

中国作为世界上最大的能源消费国，实现能源安全和能源独立，是长期以来的战略目标，对油气资源的需求量呈现持续增长的趋势。2010年天然气的消耗量为1200亿立方米，对外依存度为47%，2017年天然气消耗量达到1900亿立方米，2018年天然气消费量达到2050亿立方米，增长7.3%，能源供需矛盾日益突出。我国作为全球页岩气的最大储量国，利用页岩气储量丰富的优势，大力发展页岩气，使页岩气成为我国必不可少的能源，可减少对俄罗斯和中东地区油气资源进口的依赖，通过页岩气产业实现能源独立和能源出口。

我国从2011年将页岩气批准为独立矿种以来，页岩气发展较为迅速，目前已经掌握了实现页岩气规模化开采的全套技术，掌握了产能评价和设计开发方案，为使输气工程与实际产量相适应，到2018年已经建设完成油气管网13.6万千米，并且积极借鉴美国经验，推动天然气管网向第三方公平开放，并在2021年之前，对页岩气实行每立方米0.2元的补贴。然而由于我国页岩气分布地区的地质结构复杂，储层埋藏深，地下暗河溶洞多，将开发技术应用于页岩气开采仍然面临很多难题，天然气管道的建设与美国 49 万千米长度仍有差距，短期内难以打破国企垄断油气资源的局面，这些将限制页岩气产业的发展。

美国页岩气开发的法律调控主要包括能源政策立法和环境保护立法等，从 20 世纪 70 年代开始，美国的能源政策经历了尼克松、福特时期政府主导"能源独立，应对能源危机"的能源政策，到里根和克林顿时期的"市场主导型"的能源政策，以及小布什、奥巴马、特朗普时期的将能源新政结合起来，推动新能源发展的新时期能源政策。① 此外，对于页岩气适用的能源立法而言，以能源基本法为核心，包括石油天然气在内的能源政策立法以及鼓励对新能源税收减免的立法，促进了页岩气产业的发展。目前联邦尚未制定页岩气监管的环境法律法规，美国的页岩气监管以常规油气资源为参照，形成了联邦立法和各州立法在内的完备的立法体系，联邦立法包括《安全饮用水法》《清洁水法》《清洁空气法》《综合环境反应补偿和责任法》《资源保护和恢复法》《濒危物种法》《候鸟保护条约》《危机处理与社区知情法》《有毒物质控制法》《石油污染和控制法》，各州立法主要有《德克萨斯州自然资源法典》《德克萨斯州行政法典》《德克萨斯州水法》《洪水防治法案》《宾夕法尼亚州石油天然气法案》《密歇根州水资源利用法案》《纽约州石油天然气和矿业法》《2012 马萨勒斯页岩水力压裂规则法案》《俄亥俄州预防天然气泄漏和控制对策法案》《北达科他州应急处置法案》《怀俄明州环境质量法案》《西弗吉尼亚州土地复垦法案》《萨斯奎哈纳河滞洪区土地使用条例》等，这些法律对大气污染、水污染、废弃物处置、地方物种和天然气泄漏等提供了有效的保护措施。我国从 2011 年以来出台了一系列政策鼓励页岩气产业的发展，包括制定页岩气质量目标、明确页岩气示范区建设和技术扶持政策、页岩气监管和环境保护政策以及对外合作和行业标准等，使页岩气产业发展更具可操作性。我国页岩气开发适用的立法包括能源基本法、石油天然气立法、油气资源产权立法、环境保护立法以及其他相关的法律，然而缺少石油天然气专项立法，环境保护法律中缺少针对页岩气开发的环境保护，将成为我国立法需改进之处。

美国页岩气的产权制度是通过一系列判例和立法确定的，美国矿产资

---

① 胡德胜：《美国能源法律与政策》，郑州大学出版社 2010 年版，第 57 页。

源适用于天空原则，即土地所有权人拥有上至土地上的天空，地表土地下至地心的所有权，由于地下矿产资源属于土地的一部分，因此土地所有权人拥有地下的矿产资源。但由于石油天然气具有流动性，美国没有理所当然地适用天空原则，而是通过杜哈姆原则将石油天然气排除在矿产资源的补偿范围外，因为按照公众的理解，矿产资源应该是固态金属物质，因此石油天然气不属于矿产资源，其产权分配原则也不适用天空原则，并成为美国近两个世纪以来一直沿用的产权原则。杜哈姆原则排除了石油天然气的适用，随后美国又通过判例确定了石油天然气的产权归属原则——获取原则，即以合理方式使他人土地之下的天然气处于自己的实际掌控之下，石油天然气所有权则发生转移。由于页岩气开采技术的特殊性，又对获取原则做出变通适用，获取原则在鼓励油气开采的同时，也导致资源的浪费，国会通过矿产资源合同法，确立强制联营原则，实现油气资源的成片开采，避免资源浪费。随着页岩气产业的发展，各州对页岩气是否适用强制联营原则态度不一，根据本州的实际情况，因地制宜，做出不同规定。美国在注重页岩气产业发展的同时，特别注意对土地所有权人和当地居民的相邻权的保护，通过对页岩气开采商进入土地的限制和生态补偿制度，加强对当地居民的补偿和生态环境的修复。我国页岩气产权适用矿产资源产权制度，即国家是唯一的矿产资源所有权人，虽然与美国的页岩气产权制度不同，但是美国的立法思维以及强制联营原则和对相邻权的保护，都可以为我国所借鉴。

对页岩气开采的法律调控还包括行政监管以及经济激励和社会监督机制。行政管制机制包括能源行政管制机制和环境保护行政管制机制，对行政管制机制的研究，必然要考察美国联邦制的政治体制，联邦权力来源于地方的让渡，联邦和各州能源监管部门之间不是行政隶属关系，联邦监管权限主要限于州不能有效行使之事项，因此美国的能源监管权主要由各州承担，联邦只承担地方无力监管的事项。我国与美国有截然不同的政治体制，介绍美国能源管理体制的目的，主要是学习美国能源监管的权责分明、各部门协调配合的管理模式，弥补我国页岩气能源行政监管体制的不足。美国页岩气开发的环境保护行政管理体制主要包括联邦、州和地方政府。联邦政府主要负责制定污染防治的基本政策、法律法规和排放标准等宏观管理事项，其监管机构主要由联邦环境质量委员会、联邦环保局、联邦能源部，各州对于页岩气开采的监管包括制定土地利用规划，确保联邦制定的基本政策、法律法规和排放标准的贯彻执行，州可以制定严于联邦标准的地方标准，对地下水污染进行监管，颁发页岩气开采许可证，制定空气质量标准的实施计划以及页岩气生产统一的标准和规则。地方政府对于页岩气开采的环境保护承担着更为实质的职责，包括制定分区条例，对噪声进行监控，要求开采商缴纳保险，提交环境影响报告，对道路维护做出规定等，美国环境管制机制的特点是各部门权责明确，地方政府承担更多的监管职权，有利于地方政府发挥自主管理地方事务的积极性，这些特点恰巧是我国页岩气开采的行政监管所不具备的。因此在明确环境保护各相关部门的权力分配的基础上，加强各部门的分工合作，确保中央对宏观决策等全局性和战略性事务的管理的同时，授予地方政府更多的环境监管职责，发挥地方政府管理当地事务的优势，通过事权的明确划分，使环境行政管理职能得到有效的发挥。

　　页岩气开采的经济激励机制主要是通过经济手段提高开采效率、遏制污染物排放和生态破坏，美国主要采用排放权交易和征收矿产资源税收的方式。美国通过排放量削减信用、泡泡政策和封闭市场体系，建立了排污权交易制度，排污权交易在页岩气产业的适用主要包括氮氧化物和甲烷等温室气体的排放权交易以及水权交易。我国在江苏、浙江等地区已经进行了排污权交易，但并未适用于页岩气领域，页岩气储藏较为丰富的西部和东北部地区的排污权交易较为薄弱，因此应该加强对这些地区的排污权交易制度的完善。经济激励机制的第二种模式是对页岩气征收的矿产资源税收，美国主要包括权利金、红利和矿业权租金，以及环境税和矿产地租费。我国目前征收资源税、矿产资源补偿费、矿业权价款和矿业权使用费，导致税费重叠，不能有效实现防止资源浪费，提高开采效率的目的，对于现行税费制度进行改革，是有效发挥市场调节初衷的必由之路。页岩气开采的社会监督机制主要是公众参与，德克萨斯州页岩气开发中公众的全程有效参与，将成为我国页岩气开发中公众参与的有益借鉴。

　　由于页岩气是新兴战略产业，因此研究它的法学学术论文较少，这也使本书有很多创新点，具体来讲包括梳理各州制定的使用页岩气开采的环境保护立法，以及建立钻井前、钻井中和钻井后监管模式；通过对美国判例的梳理，阐述了美国页岩气的资源类别及权属制度；通过对美国判例和立法的梳理，介绍了强制联营原则，以及强制联营原则对各州的适用情况；此外对美国页岩气开采地区的土地所有权人和当地居民的相邻权的保护进行了分析；本书的原创还包括分析美国页岩气开采的环境行政管理体制中的地方监管权限，页岩气开采的市场调节中的创新包括排污权交易在页岩气产业的适用。

二 后续的讨论

伴随页岩气的蓬勃发展，廉价页岩气的普及将对可再生能源带来致命冲击，本书尚未对页岩气发展对可再生能源的影响及解决对策进行研究，这也成为继本书之后，后续讨论的内容。

可再生能源包括太阳能、风能、地热能、氢能、海洋能、生物能和核能等。美国、德国、中国、日本、西班牙等国家的可再生能源产业已经达到较高水平。自从 20 世纪 70 年代，由于石油天然气的高价格、技术进步以及财政投入和政策支持，太阳能、生物质能和风能在 21 世纪初期得以快速发展，其发展速度已经超过核能发电。

可再生能源特别是风能和太阳能的发展类似于 20 世纪 70 年代的页岩气，未来在很大程度上能够改变世界能源结构，但总体上技术发展水平较低。随着全球开发页岩气的热潮到来，廉价页岩气开采技术在全球普及后，大量廉价、清洁的页岩气对可再生能源的发展必然带来革命性的冲击，天然气价格出现近几十年来的最低值，美国页岩气从 2008 年的10.52 美元 mmbtu 降低到 2.33 美元 mmbtu，天然气地下储存设施中储存的页岩气量达到峰值，民用和商用天然气价格出现不同程度回落，低廉的天然气价格使可再生能源的开发商很难得到电力供应合同，联邦能源部预计到 2020—2030 年，天然气的价格才能回升到 4—5 美元 mmbtu，天然气价格对于可再生能源的发展产生重大影响。按照成本利润估算，页岩气价格只有高于 6 美元 mmbtu，才能为可再生能源的发展留有生存空间，现今2.33 美元 mmbtu 的价格，无疑限制可再生能源的发展。鉴于此，有必要重新划分传统化石能源、页岩气和可再生能源的消费格局。首先，减少联邦和各州对传统化石能源以及页岩气的投资，目前政府对其投资仍然超过50%。其次，通过生态补偿方式将水力压裂带来的环境成本内部化给页岩气开采公司，联邦已经着手对页岩气征收碳税，即每千万时 2.2 美分。最后，对可再生能源的发展增加政策扶植力度，加强税收补贴和技术研发，俄亥俄州要求到 2025 年之前，发电产业购买的可再生能源至少达到 25%，基于此项政策鼓励，美国太阳能安装能力已经从 2005 年的 4.5GW 增加到目前的 65GW，预计 2020 年将达到 250GW，从 2006 年开始，太阳能发电能力每年增加 58%，太阳能光伏技术得到极大进步，使发电成本得以降低，太阳能的市场价格也因此降低了 7%。此外风能发电保持了年均 37% 的增长速度，市场价格降低了 14%。[①] 通过这些措施，才能确保可再生能源的发展，保证环境保护目标的实现。

此外，可再生能源发展面临另一个问题仍然是传输设施的建设，风能发电区域往往与传输中心距离较远，由于技术和成本问题，不能满足可再生能源的电力传输，美国对此制定了州际页岩气销售上限，同时联邦电力管理委员会要求公平无歧视地对可再生能源入网，美国目前有 29 个州颁布了可再生能源比例标准，另外有 8 个州采取自愿标准，各州的初期计划是到 2020—2030 年，可再生能源发电在本州达到 30% 左右的比例。由于天然气发电地区和风能发电区域部分重合，联邦鼓励建立可再生能源和页岩气发电项目，将两者的传输线路整合，这种整合是利用页岩气基础设施投资的资金，可再生能源发电的大型能源公司通过与页岩气公司合作，利用技术、发电结构和经济手段等方式以最低的成本实现利润最大化，并产生 6 个页岩气可再生能源合作发电区域。[②] 我国对可再生能源的鼓励政策是可再生能源发电优先上网，并由用电企业按照政府定价全额收购，由用户分担可再生能源发电上网的多余成本，这些行政限制措施一定程度上促进了可再生能源的发展。此外可借鉴美国做法，建立页岩气与可再生能源合作发电区域，确保传输设施的高效利用。我国可再生能源的发展方向仍然是具备优势地位的风能和太阳能，发挥能源利用优势，降低太阳能、光伏发电、风能发电成本，加强对可再生能源的技术研发，通过技术转移、税收减免、财政补贴等方式，鼓励多元主体进入可再生能源市场，促进可再生能源的发展。

---

① Kate Sinding, "Protecting New Yorkers'Health and the Environment by Regulating Drilling in the Marcellus Shale", *Duke Environmental Law and Policy Forum*, Vol. 29, 2012, p. 167.

② April Lee, Owen Zinaman and Jeffrey Logan, "Opportunities for Synergy Between Natural Gas and Renewable Energy in the Electric Power and Transportation Sectors", *Pace Environmental Law Review*, Vol. 32, 2015, p. 721.

参考文献

一　中文著作

白鹏飞：《行政法总论》，商务印书馆 1927 年版。

曹剑光：《公共服务的制度基础——走向公共服务法治化的思考》，社会科学文献出版社 2011 年版。

曹明德等：《环境资源法》，中信出版社 2004 年版。

陈慈阳：《环境法总论》，中国政法大学出版社 2003 年版。

陈慈阳：《人权保障与权力制衡》，翰芦图书出版有限公司 2007 年版。

陈洪：《财政学》，中国人民大学出版社 2009 年版。

陈华彬：《物权法》，法律出版社 2015 年版。

蔡守秋：《调整论——对主流法理学的反思与补充》，高等教育出版社 2003 年版。

崔建远：《准物权法研究》，法律出版社 2012 年版。

董保华：《社会法原论》，中国政法大学出版社 2001 年版。

杜群：《环境法融合论：环境、资源、生态法律保护一体化》，科学出版社 2003 年版。

杜群：《生态保护法论——综合生态管理和生态补偿法律研究》，武汉大学出版社 2012 年版。

杜群等：《能源政策与法律——国别和制度比较》，武汉大学出版社 2014 年版。

范健：《商法学》，高等教育出版社 2011 年版。

高红贵：《中国环境质量管制的制度经济学分析》，中国财政经济出版社 2006 年版。

管从进：《权利制约权力论》，山东人民出版社 2008 年版。

管欧：《中国行政法总论》，台湾蓝星打字排版有限公司 1981 年版。

管斌：《混沌与秩序：市场化政府经济行为的中国建构》，北京大学出版社 2010 年版。

顾祝轩：《民法系统论思维：从法律体系转向法律系统》，法律出版社 2012 年版。

郭道久：《以社会制约权力：民主的一种解析视角》，天津人民出版社 2005 年版。

过孝民：《环境保护与产业政策》，台北前卫出版社 1994 年版。

韩德培主编：《环境保护法教程》，法律出版社 2007 年版。

黄茂荣：《法学方法与现代民法》，法律出版社 2007 年版。

黄锡生：《水权制度研究》，科学出版社 2005 年版。

胡静：《环境法的正当性与制度选择》，知识产权出版社 2009 年版。

金瑞林主编：《环境与资源保护法学》，高等教育出版社 2006 年版。

金自宁：《公法、私法二元区分的反思》，北京大学出版社 2007 年版。

金自宁等：《环境与能源法学》，科学出版社 2014 年版。

蒋庆等：《以善致善》，上海三联书店 2004 年版。

柯坚：《环境法的生态实践理性原理》，中国社会科学出版社 2012 年版。

蓝虹：《环境产权经济学》，中国人民大学出版社 2005 年版。

李昌麒等：《经济法学》，法律出版社 2013 年版。

李国平等：《矿产资源有偿使用制度与生态补偿机制》，经济科学出版社 2014 年版。

林海平：《环境产权交易论》，社会科学文献出版社 2012 年版。

李惠宗：《行政法要义》，元照出版有限公司 2010 年版。

梁慧星等：《物权法》，法律出版社 2010 年版。

李挚萍：《环境法的新发展——管制与民主互动》，人民法院出版社 2006 年版。

林关征：《水资源的管制放松与水权制度》，中国经济出版社 2007 年版。

刘超：《页岩气开发法律制度研究》，法律出版社 2019 年版。

刘建辉：《环境法价值论》，人民出版社 2006 年版。

刘福元：《政府柔性执法的制度规范建构：当代社会管理创新视野下的非强制行政研究》，法律出版社 2012 年版。

刘诗白：《产权新论》，西南财经大学出版社 1993 年版。

刘天齐等：《环境经济学》，中国环境科学出版社 2003 年版。

罗豪才等：《软法的挑战》，商务印书馆 2011 年版。

吕忠梅：《论矿产资源所有权及其实现》，武汉大学出版社 2001 年版。

马新彦主编：《民法现代性与制度现代化》，吉林人民出版社 2002 年版。

莫于川等：《法治视野中的行政指导》，中国人民大学出版社 2005 年版。

马中：《环境与自然资源经济学概论》，高等教育出版社 2006 年版。

潘皞宁：《我国矿产资源产权及权益分配制度研究》，法律出版社 2014 年版。

漆多俊：《经济法基础理论》，武汉大学出版社 2000 年版。

钱德勒：《看得见的手——美国企业的管理革命》，商务印书馆 1987 年版。

任勇等：《中国生态补偿理论与政策框架设计》，中国环境科学出版社 2008 年版。

沈满洪：《环境经济手段研究》，中国环境科学出版社 2001 年版。

宋蕾：《矿产资源开发的生态补偿研究》，中国经济出版社 2012 年版。

史尚宽：《民法总论》，中国政法大学出版社 2000 年版。

王大敏：《行政法制约激励机制研究》，中国人民公安大学出版社 2010 年版。

王嘉：《公共产品供给主体选择与变迁的制度经济学分析》，经济科学出版社 2009 年版。

王清宪：《论中国政府在经济市场化进程中的作用》，中国统计出版社 2004 年版。

王树义等：《环境法前沿问题研究》，科学出版社 2012 年版。

王广成：《矿区生态系统健康评价理论及其实证研究》，经济科学出版社 2006 年版。

王绍光:《分权的底线》,中国计划出版社 1997 年版。

王小龙:《排污权交易研究环境法学的视角》,法律出版社 2008 年版。

汪新波:《环境容量产权解释》,首都经济贸易大学出版社 2010 年版。

王金南:《环境经济学——理论、方法、政策》,清华大学出版社 1994 年版。

王金南:《生态补偿机制与政策设计》,中国环境科学出版社 2006 年版。

吴健:《排污权交易——环境容量管理制度创新》,中国人民大学出版社 2005 年版。

汪劲:《环境法学》,北京大学出版社 2006 年版。

王曦:《美国环境法概论》,武汉大学出版社 1992 年版。

吴风章:《生态文明构建:理论与实践》,中央编译出版社 2008 年版。

肖国兴等主编:《2008 中国能源法研究报告》,法律出版社 2009 年版。

谢庆奎等:《府际关系的理论与实践》,天津教育出版社 2007 年版。

肖乾刚:《能源法》,法律出版社 1996 年版。

肖国兴、肖乾刚:《自然资源法》,法律出版社 1999 年版。

徐孝明:《石油危机与美国石油安全政策研究》,中国社会科学出版社 2012 年版。

夏正林:《社会权规范研究》,山东人民出版社 2007 年版。

许庆雄:《社会权论》,众文图书公司 1991 年版。

许中缘:《民法强行性规范研究》,法律出版社 2010 年版。

杨解君:《中国行政法的变革之道——契约理念的确立及其展开》,清华大学出版社 2011 年版。

叶必丰:《行政法与行政诉讼法》,中国人民大学出版社 2006 年版。

叶俊荣:《环境行政的正当法律程序》,翰庐图书出版有限公司 2001 年版。

叶俊荣:《环境政策与法律》,中国政法大学出版社 2003 年版。

于立深:《契约方法论——"以公法哲学为背景的思考"》,北京大学出版社 2007 年版。

闫伟:《区域生态补偿体系研究》,经济科学出版社 2008 年版。

于维生:《博弈论与经济》,高等教育出版社 2007 年版。

张瑶:《环境产业的法律调整——市场化渐进与环境资源法转型》,科学出版社 2005 年版。

朱谦:《环境法基本原理:以污染防治法律为中心》,知识产权出版社 2009 年版。

张文显:《法哲学范畴研究》,中国政法大学出版社 2001 年版。

张翔:《基本权利的规范建构》,高等教育出版社 2008 年版。

张剑虹:《中国能源法律体系研究》,知识产权出版社 2012 年版。

张千帆等:《宪法学》,法律出版社 2004 年版。

张维迎:《博弈论与信息经济学》,上海格致出版社 1996 年版。

张勇:《能源资源法律制度研究》,中国时代经济出版社 2008 年版。

张忠民:《能源契约论》,中国社会科学出版社 2013 年版。

赵庆寺:《美国能源法律政策与能源安全》,北京大学出版社 2012 年版。

二 中文译著

[美] 阿兰·斯密德:《制度与行为经济学》,刘璨等译,中国人民大学出版社 2004 年版。

[德] 埃尔玛·沃夫斯岱:《高级微观经济学——产业组织、拍卖和激励理论》,范翠红译,上海财经大学出版社 2003 年版。

[英] 安德鲁·海伍德:《政治学核心概念》,吴勇译,中国人民大学出版社 2012 年版。

[法] 埃米尔·涂尔干:《社会分工论》,渠东译,生活·读书·新知三联书店 2013 年版。

[美] R. M. 昂格尔:《现代社会中的法律》,吴玉章等译,中国政法大学出版社 2001 年版。

[美] 理查德·波斯纳:《法理学问题》,苏力译,中国政法大学出版社 1994 年版。

[美] 查尔斯·哈珀:《环境与社会》,师海玲等译,天津人民出版社 1998 年版。

［美］埃德加·博登海默：《法理学：法律哲学与法律方法》，邓正来译，中国政法大学出版社 2004 年版。

［澳］德里安·布拉德布鲁克：《能源法与可持续发展》，曹明德等译，法律出版社 2005 年版。

［美］杰弗里·亚历山大主编：《国家与市民社会：一种社会理论的研究路径》，邓正来译，上海人民出版社 2005 年版。

［美］保罗·萨缪尔森：《经济学》，高鸿业等译，中国发展出版社 1992 年版。

［英］阿瑟·塞西尔·庇古：《福利经济学》，金镝译，商务出版社 2009 年版。

［美］冯·诺伊曼等：《博弈论与经济行为》，王文玉等译，生活·读书·新知三联书店 2004 年版。

［英］弗里德利希·冯·哈耶克：《法律、立法与自由》，邓正来等译，中国大百科全书出版社 2000 年版。

［德］汉斯·沃乐夫、奥托·巴霍夫等：《行政法》（第 1 卷），高家伟译，商务印书馆 2002 年版。

［德］威廉姆·黑格尔：《哲学史讲演录》（第 1 卷），贺麟等译，商务印书馆 1959 年版。

［英］卡罗尔·哈洛、理查德·罗林斯：《法律与行政》（上卷），杨伟东等译，商务印书馆 2004 年版。

［美］克里期·郎革：《美国环境管理的历史与发展》，广红译，中国环境科学 2006 年版。

［美］卡罗尔·帕特曼：《参与和民主理论》，陈尧译，上海人民出版社 2006 年版。

［美］丹尼尔·科尔：《污染与财产权》，严厚福等译，北京大学出版社 2009 年版。

［美］罗纳德·科斯：《财产权利与制度变迁》，刘守英译，上海三联书店 1994 年版。

［法］雅克·卢梭：《社会契约论》，何兆武译，商务印书馆 1988 年版。

［美］约翰·罗尔斯：《正义论》，何怀宏等译，中国社会科学出版社 1988 年版。

［新西兰］迈克尔·塔格特：《行政法的范围》，金自宁译，中国人民大学出版社 2006 年版。

［日］鸟越唯之：《环境社会学：站在生活者的角度思考》，宋金文译，中国环境科学出版社 2009 年版。

［美］埃兹拉·庞德：《通过法律的社会控制》，沈宗灵等译，商务印书馆 1984 年版。

［美］E. S. 萨瓦斯：《民营化与公私部门的伙伴关系》，周志忍等译，中国人民大学出版社 2002 年版。

［美］唐纳德·凯特尔：《权力共享：公共治理与私人市场》，孙迎春译，北京大学出版社 2009 年版。

［日］原田尚彦：《环境法》，于敏译，法律出版社 1999 年版。

三　期刊论文

曹明德：《对建立生态补偿机制的再思考》，《中国地质大学学报》（社会科学版）2010 年第 5 期。

陈宇等：《论〈能源法〉环境保护价值及实现进路——以完善企业环境责任规范为视角》，《西南大学学报》（社会科学版）2016 年第 3 期。

崔成、牛建国：《页岩气革命带给日本的产业机遇和影响》，《中国能源》2013 年第 7 期。

董勤：《美国气候变化政策分析》，《现代国际关系》2007 年第 6 期。

杜群、万丽丽：《美国页岩气能源资源开发的法律管制及对中国的启示》，《中国政法大学学报》2015 年第 6 期。

丁贞玉等：《美国页岩气开采的水环境监管经验研究》，《油气田环境保护》2013 年第 8 期。

富景筠：《页岩气革命与美国的能源新动力》，《东北亚论坛》2019 年第 2 期。

高丙中、梁文静：《社会合作见证社会领域的成长——怒江事件和南都基金会案例》，《石河子：石河子大学学报》（哲学社会科学版）2015 年第 3 期。

顾场：《我国页岩气产业的现状和对策研究》，《产业经济》2018 年第 4 期。

郭悦苗：《页岩气勘探开发技术现状与对策研究》，《中国石油和化工标准与质量》2018 年第 1 期。

金云峰等：《存量规划中大型公共空间更新的公众参与机制研究——以美国东海岸防灾项目为例》，《研究》2019 年第 5 期。

景普秋等：《矿产开发中资源生态环境补偿的理论基础评述》，《产经评论》2010 年第 4 期。

孔凡斌：《建立我国矿产资源生态环境恢复补偿制度》，《当代财经》2010 年第 2 期。

孔祥永：《地缘政治视角下的美国石油安全战略——基于中东和非洲地区的分析》，《世界经济与政治论坛》2012 年第 3 期。

李雷等：《基于绿色发展需要推进中国页岩气革命的策略思考》，《中外能源》2019 年第 1 期。

林立民：《世界油气中心西移及其地缘政治影响》，《现代国际关系》2012 年第 9 期。

刘超：《我国页岩气开发管理的法律制度需求——以波兰页岩气开发管理制度为镜鉴》，《社会科学研究》2015 年第 3 期。

马忠玉等：《绿色发展视角下我国页岩气产业发展支持政策研究》，《中国物价》2017 年第 12 期。

求实：《拉美：页岩气开发不断增长的力量》，《产业国与石油组织》2014 年第 3 期。

王军山：《论我国油气资源开发利用生态税费制度》，《新疆大学学报》（哲学人文社会科学版）2018 年第 3 期。

王龙林：《页岩气革命及其对全球能源地缘政治的影响》，《中国地质大学学报》（社会科学版）2014 年第 3 期。

王淑玲等：《非常规能源开发利用现状及趋势》，《中国矿业》2013 年第 2 期。

王淑玲等：《全球页岩气油气开发进展及发展趋势》，《中国矿业》2016 年第 2 期。

王莹等：《基于演化博弈的矿产资源生态补偿机制研究》，《环境科学与技术》2019 年第 6 期。

王泽鉴：《请求权基础理论体系》，《北京大学学报》2009 年第 2 期。

夏高峰：《PPP 项目公众参与机制的国外经验和政策建议》，《建筑经济》2018 年第 1 期。

徐小杰：《美国能源独立趋势的全球影响》，《国际经济评论》2013年第 2 期。

刑新田：《矿业权价款的理论思考》，《中国国土资源经济》2013 年第 2 期。

杨朝霞：《论我国环境行政管理体制的弊端与改革》，《昆明理工大学学报》（社会科学版）2007 年第 5 期。

张财陆：《影响我国页岩气开发的因素简析》，《当代石油石化》2012年第 4 期。

中华环保联合会：《中国环保民间组织发展状况报告》，《环境保护》2006 年第 10 期。

舟丹：《全球页岩气开发动向》，《中外能源》2019 年第 1 期。

朱谦：《环境公共利益的宪法确认及其路径选择》，《中州学刊》2019年第 8 期。

朱丘祥：《中央与地方行政分权的转型特征及其走向》，《政治与法律》2009 年第 11 期。

邹才能等：《中国非常规油气资源开发与理论技术进展》，《地质学报》2018 年第 6 期。

四　学位论文

（一）博士学位论文

陈书全：《环境行政管理体制研究》，博士学位论文，中国海洋大学，2008 年。

李秀慧：《全球天然气供应格局研究》，博士学位论文，中国地质大学，2013 年。

马长海：《矿产资源税费制度研究》，博士学位论文，西南财经大学，2010 年。

聂立：《我国碳排放权交易博弈分》，博士学位论文，首都经济贸易大学，2013 年。

彭江波：《排放权交易作用机制与应用研究》，博士学位论文，西南财经大学，2010 年。

吴帅：《分权、制约与协调，我国纵向府际权力关系研究》，博士学位论文，浙江大学，2011 年。

魏晓莎：《石油危机后美国能源政策制定的政治经济学研究》，博士学位论文，吉林大学，2013 年。

张海龙：《中国新能源经济发展研究》，博士学位论文，吉林大学，2014 年。

（二）硕士学位论文

程垣：《南华北盆地二叠系地特征与页岩气勘探前景分析》，硕士学位论文，中国地质大学，2012 年。

陈子楠：《美国能源战略立法保障及启示》，硕士学位论文，华北电力大学，2013 年。

崔巍：《环境保护行政管理体制研究》，硕士学位论文，河南大学，2010 年。

康玮：《页岩气资源税费制度研究》，硕士学位论文，中国地质大学，2012 年。

黎晓东：《我国环境管理体制的若干问题研究》，硕士学位论文，华中科技大学，2007 年。

刘洪源：《矿区土地复垦保证金制度研究》，硕士学位论文，中国政法大学，2006 年。

任世丹：《外国生态补偿机制及对我国的启示》，硕士学位论文，武汉大学，2007 年。

苏彤：《美国能源独立战略的实施及其影响》，硕士学位论文，吉林大学，2014 年。

王威：《中国页岩气资源开发管理法律制度研究》，硕士学位论文，中国地质大学，2012 年。

杨敏：《我国页岩气开发管理法律制度研究》，硕士学位论文，中国政法大学，2012 年。

五 报纸

樊志刚等：《页岩气革命与全球能源市场大变局》，《上海证券报》2012 年 6 月 22 日。

郭丁源：《民营企业参与页岩气需政策再加力》，《中国经济导报》2014 年 4 月 12 日。

郭丁源：《"气"壮山河：普光"奇迹"与涪陵页岩气大开发》，《中国经济导报》2019年11月19日。

管清友等：《美国能源革命与中国战略瓶颈》，《中国化工报》2019年7月19日。

山石等：《页岩气盛宴，民企在哪》，《中国化工报》2014年5月9日。

王传军等：《美国为"页岩气革命"降温》，《光明日报》2014年6月5日。

于宏源等：《特朗普能源政策转变及意义》，《中国石油报》2017年4月11日。

六　外文文献

（一）英文论文

Aladeitan Lanre and Nwosu, Chisom, "Shale Gas Development: Their Gain, Our Pain and the Cost", *Journal of Politics and Law*, Vol. 6, 2013.

Anderson Owen L., "Shale Revolution or Evolution: Opportunities and Challenges for Europe", *Global Business Law Review*, Vol. 4, 2013.

April Lee, Owen Zinaman and Jeffrey Logan, "Opportunities for Synergy Between Natural Gas and Renewable Energy in the Electric Power and Transportation Sectors", *Pace Environmental Law Review*, Vol. 32, 2015.

Argetsinger Beren, "Marcellus Shale: Bridge to a Clean Energy Future of Bridge to Nowhere-environment, Energy and Climate Policy Considerations for Shale Gas Development in New York State", *Pace Environmental Law Review*, Vol. 29, 2011.

Bagnell Snyder, "Environmental Regulation Impacting Marcellus Shale Development", *Penn State Environmental Law Review*, Vol. 19, 2011.

Barth P., "A Model Oil and Gas Conservation Law", *Tulane Law Review*, Vol. 3, 1952.

Benincasa Armando, "Water and Shale Gas Development in Appalachia", *Administrative and Regulatory Law News*, Vol. 3, 2012.

Beren Argetsinger, "The Marcellus Shale: Bridge to a Clean Energy Future or Bridge to Nowhere? Environmental, Energy and Climate Policy Considerations for Shale Gas Development in New York State", *Pace Environmental, Law Re-*

view, Vol. 29, 2011.

Bernard D. Goldstein ed. , "Challenges of Unconventional Shale Gas Development: So What's the Rush?", *Notre Dame Journal of Law, Ethics and Public Policy*, Vol. 27, 2013.

Burt J. Zach, "Playing the Wild Card in the High-stakes Game of Urban Drilling: Unconscionably in the Early Shale Gas Leases", *Texas Wesleyan Law Review*, Vol. 15, 2008.

Catino Ann M. , "Is the Abandoned Mine Reclamation Fee Discharged", *Journal of Mineral Law and Policy*, Vol. 2, 1986.

Curtotti Michael, Weibel Wayne, "Citizen Science for Citizen Access to Law", *Journal of Open Access to Law*, Vol. 3, 2011.

David S. Steele , Jennifer M. Hayes, "Environmental and Social Implications of Hydraulic Fracturing and Gas Drilling in the United States: an integrative Workshop for the Evaluation of the State of Science and Policy", *Duke Environmental Law and Policy in the Forum Syposium*, Vol. 22, 2012.

Denis P. Zuzik, "Shale Gas Leasing-Recent Legislation an Alternative Perspective", *Pennsylvania Bar Association Quarterly*, Vol. 84, 2013.

Elizabeth Burlesont, "Climate Change and Natural Gas Dynamic Governance", *Case Western Reserve Law Review*, Vol. 63, 2013.

Emily A. Collins, "Permitting Shale Gas Development", *Journal of Land Use and Environmental Law*, Vol. 29, 2013.

Ehrman Monica, "Next Great Compromise: a Comprehensive Response to Opposition against Shale Gas Development Using Hydraulic Fracturing in the United States", *Texas Wesleyan Law Review*, Vol. 46, 2014.

Eva Liedholm Johnson, "Mineral Rights-Legal Systems Governing Exploration and Exploitation", *Royal Institute of Technology*, Vol. 21, 2010.

Gaille S. Scott, "How Can Governments Accelerate International Development", *Energy Law Journal*, Vol. 36, 2015.

Jason T. Gerken, "What the Frack Shale We Do? A Proposed Environmental Regulatory Scheme for Hydraulic Fracturing", *Capital University Law Review*, Vol. 41, 2013.

Jennifer Hayes, "Protecting Pennsylvania's Three Rivers' Water Resources from Shale Gas Development Impacts", *Duke Environmental Law and Policy Forum*, Vol. 22, 2012.

John M Golden, Hannah J. Wiseman, "The Fracking Revolution: Shale Gas as a Case Study in Innovation Policy", *Emory Law Journal*, Vol. 64, 2015.

John R. Nolont, Steven E. Gavinl, "Hydrofracking: State Preemption, Local Power And Cooperative Governance", *Case Western Reserve Law Review*, Vol. 63, 2013.

Joseph P. Tomain, Helen Ziegler, "Shale Gas and Clean Energy Policy", *Case Western Reserve Law Review*, Vol. 63, 2013.

Joshua P. Fershee, "The Oil and Gas Evolution: Learning from the Hydraulic Fracturing Experiences in North Dakota and West Virginia", *Texas Wesleyan Law Review*, Vol. 19, 2012.

Kalyani Robbinst, "Awakening the Slumbering Giant: How Horizontal Drilling Technology Brought the Endangered Species Act to Bear on Hydraulic Fracturing", *Case Western Reserve Law Review*, Vol. 63, 2013.

Kate Sinding, "Protecting New Yorkers' Health and the Environment by Regulating Drilling in the Marcellus Shale", *Duke Environmental Law and Policy Forum*, Vol. 29, 2012.

Keahey James H., "Texas Mineral Interest Pooling Act: End of an Era", *Natural Resources Lawyer*, Vol. 4, 1971.

Kenneth W. Costello, "Exploiting the Abundance of U. S. Shale Gas: Overcoming Obstacles to Fuel Switching and Expanding the Gas Distribution System", *Energy Law Journal*, Vol. 34, 2013.

Kinchy Abby J., Perry Simona L., "Can Volunteers Pick up the Stack-efforts to Remedy Knowledge Gaps about the Watershed Impacts of Marcellus Shale Gas Development", *Duke Environmental Law and Policy forum*, Vol. 22, 2012.

Kramer Bruce M., "State of State and Local Governmental Relations as It Impacts the Regulation of Oil and Gas Operations: Has the Shale Revolution Really Changed the Rules of The Game", *Journal of Land Use and Environmental Law*, Vol. 29, 2013.

Krupp Fred, "Don't Just Baby – drill Carefully: How to Make Fracking Safer for the Environment", *Foreign Affairs*, Vol. 3, 2014.

Kulander Christopher S., "Shale Oil and Gas State Regulatory Issues and Trends", *Case Western Reserve Law Review*, Vol. 63, 2013.

Larry S. Eubanks, "An Economic Analysis of Oklahoma's Oil and Gas Forced Pooling Law", *Natural Resources, Energy and Environment Law*, Vol. 26, 1986.

Lindsey Trachtenberg, "Reconsidering the Use of Forced Pooling for Shale Gas Development", *Buffalo Environmental Law Journal*, Vol. 19, 2011–2012.

Mark Weinstein, "Hydraulic Fracturing in the United States and the European Union: Rethinking Regulation to Ensure the Protection of Water Resources", *Wisconsin International Law Journal*, Vol. 30, 2017.

McClenathan Edward W., "Land Use Implications on Local Governments in New York State", *Urban Lawyer*, Vol. 39, 2007.

McGinley Patrick C., "Regulatory Takings in the Shale Gas Patch", *Penn State Environmental Law Review*, Vol. 19, 2011.

Michael Esposito, "Water Issues Set the Pace for Fracking Regulations and Global Shale Gas Extraction", *Tulane Journal of International and Comparative Law*, Vol. 22, 2013.

Michael Goldman, "Drilling into Hydraulic Fracturing and Shale Gas Development: a Texas and Federal Environmental Perspective", *Texas Wesleyan Law Review*, Vol. 19, 2012.

Mikal C. Watts, Emily C., "Does He Who Owns the 'Minerals' Owns the Shale Gas? A Guide to Shale Mineral Classfication", *Texas Journal of Oil Gas and Energy Law*, Vol. 27, 2012–2013.

Minott Joseph, Skinner Jonathan, "Fugitive Emissions: the Marcellus Shale and the Clean Air Act", *Natural Resources and Environment*, Vol. 26, 2012.

Morgan Michael, Check Mary Jo., "Local Regulation of Mineral Extraction in Colorado", *Colorado Lawyer*, Vol. 22, 1993.

Nathanson Kirsten L., Bordelon Sarah, "Natural Gas Update: Federal Developments", *Trends*, Vol. 44, 2012.

Olawuyi Damilola S., "Regulating Unconventional Oil and Gas Production: towards an International Sustainability Framework", *Indonesian Journal of International Law*, Vol. 11, 2014.

Paula C. Murray, 1992, "The Case for a Texas Compulsory Unitization Statute", *The Amirican Economic Review*, Vol. 10.

Philip E. Norvell, "Prelude to the Future of Shale Gas Development: Well Spacing and Integration for the Faytteville Shale in Arkansas", *Washington Law Journal*, Vol. 49, 2013.

Pifer Ross H., "Greener Shade of Blue: Technology and the Shale Revolution, Notre Dame Journal of Law", Ethics and Public Policy, Vol. 27, 2013.

Porter B. Jim, "Louisiana Environmental Requirements for Petroleum Production", *Annual Institute on Mineral Law*, Vol. 31, 1984.

P. Tomain, Helen Ziegler, "The Law and Policy of Hydraulic Fracturing", *Case Western Reserve Law Review*, Vol. 63, 2013.

Puzzuole Bernadette, Arcuri Frank, "Pennsylvania Municipalities Planning Code: an Afterthought", *Widener Journal of Public Law*, Vol. 2, 1992.

Saeah K. Adair, Brooks Rainy Pearson, "Considering Shale Gas Extraction in North Carolina: Lessons from Other States", *Duke Environmental Law and Policy Forum*, Vol. 22, 2012.

Sheila Olmsteadand, "Managing the Risks of Shale Gas Development Using Innovative Legal and Regulatory Approaches", *Environmental Law Policy Review*, Vol. 177, 2014-2015.

Sophie R. Dales, "Federal Grants to State and Local Governments", Social Security *Bulletin*, Vol. 25, 1962.

Spence David B., "Federalism, Regulatory Lags, and the Political Economy of Energy Production", *University of Pennsylvania Law Review*, Vol. 16, 2013.

Susan D. Daggett, "NGOs as Law Makers, Watchdogs, Whistle-blowers, and Private Attorneys General", *Colorado Journal of International Environmental Law and Policy*, Vol. 13, 1984.

Sullivan Mary Anne, "Voluntary Plans Will not Cut Greenhouse Gas Emissions in the Electricity Sector 2002", *Sustainable Development Law and Pol-*

icy, Vol. 6, 2013.

Tincher, Gina., "Unconventional Gas Technical Engagement Program: How to Ensure the United States Shares Its Experience in a Socially and Environmentally Responsible Manner", *Energy Law Journal*, Vol. 36, 2015.

Theresa D. Poindexter, "Correlative Rights Doctrine, not the Rule of Capture, Provides Correct Analysis for Resolving Hydraulic Fracturing Cases", *Environmental Energy and Resources Law Review*, Vol. 17, 2008.

Thomas Swartz, "Hydraulic Fracturing: Risks and Risk Management", *Natural Resources and Environment*, Vol. 26, 2011.

Thomas W Merrill, "Four Questions about Fracking", *Case Western Reserve Law Review*, Vol. 63, 2013.

Verschuuren Jonathan, "Hydraulic Fracturing and Environmental Concerns: the Role of Local Government", *Journal of Environmental Law*, Vol. 27, 2015.

William Yuksta, "Manageing Fractions: the Role of Local Government in Regulating Unconventional Natural Gas Resource – Recommendations for New York", *Cardozo Pub Law*, *Policy and Ethics*, Vol. 563, 2013.

Wurzer. Molly, "Taking Unconventional Gas to the International Arena", *Texas Journal of Oil*, *Gas*, *and Energy Law*, Vol. 2, 2011-2012.

（二）英文判决

Ammonsv. S. PennOil Co, Supreme Court of Pennsylvania, 1900, https: // w3. lexis. com/research2/delivery/working/download. do? page Estimate = 19& jobId = 1826% 3A542085590&deliveryStateRef = 0_ 2073062655&_ md5 = 12995eca6b05866d4 c1bce 58ce46112.

Butler v. Charles Powers Estate, Supreme Court of Pennsylvania, 2013, https: //w3.lexis.com/research2/delivery/working/download.do? page Estimate = 24&jobId = 2 827%3A542044660&deliveryStateRef = 0_ 2073059183&_ md 5 = 42ea24e6289a 63990c1d0266b0095c02.

Corneliusv. Arkansas Oil Gas Commission, Supreme Court of Arkansas, 1956, https: // w3. lexis. com/research2/delivery/working/download. do? pageEstimate = 8&jobId = 2827% 3A542052736&deliveryStateRef = 0 _ 2073059198&_ md5 = 141038de611 f dcb42d61 906a04dd13 bc.

Dunham and Short v. Kirkpatrick, Supreme Court of Pennsylvania, 1881, https: // w3. Lexis. com/research2delivery/working/download. do? pageEstimate = 9&jobId = 2827% 3A542044280&deliveryStateRef = 0 _ 2073059174& _ md5 = 58153ccc18e270 ec8ec5bca88bd68467.

Highland v. Commonwealth, Supreme Court of Pennsylvania, 1996, https: //w3. lexis. com/research2/delivery/working/download. do? pageEstimate = &jobId = 1827% 3A542043661&deliveryStateRef = 0 _ 2073059156 & _ md5 = 0b17671cba4d82 ff670bf9f942c78c5e.

United Gas Improvement.Co.v.Superior Oil Co., Supreme Court of California, 1953, https: //w3.lexis. com/research2/delivery/working/download. Do? pageEstimate = 2 &jobId = 2827% 3A542051637&deliveryStateRef = 0 _ 2073059194& _ md5 = c9f 755c34 06402f121fe9b4bd7225 8a4.

United States Steel Corporation v.Mary Jo Hoge, Supreme Court of Pennsylvania, 1983, https: //w3.lexis.com/research2/delivery/working/download.do? Page Estima ate = 16&jobId = 1827% 3A542044457&deliveryStateRef = 0 _ 2073059178& _ md5 = cc591d67b8fcf184684decc60d 9f95bb.

Westmoreland v.Dwitt, Supreme Court of Pennsylvania, 1889, https: // w3. lexis. com/research2/delivery/working/download. do? Page Estimate = 17&jobId = 2827% 3A542049578&deliveryStateRef = 0 _ 2073059188& _ md5 = 4320781f8c900f843a7583160d0e2856.

后　记

　　本书是以博士学位论文为蓝本，加工整理后完成的，它是我十几年来学习环境法的一份答卷。在文章撰写的过程中，也发现自己的很多不足，这也将成为我继续深入学习环境法，为国家环境法治建设做贡献的动力。

　　本书的顺利完成，特别要感谢我的博士生导师杜群教授。几年前，我有幸来到武汉大学环境法所攻读博士学位，师从杜群教授，而当时杜群教授的新书《能源政策与法律——国别和制度比较》出版，那时我正在进行新能源研究，于是兴致勃勃地将新能源作为博士论文选题的想法汇报给老师，杜群教授高瞻远瞩，以国际政治格局和国内形势为背景，分析页岩气对我国发展的战略意义以及进行法学研究的必要性，进而使我的选题从大而泛的新能源缩小到新颖而具有实践意义的页岩气研究，良好的选题为论文的撰写扫清了很多障碍，在期刊论文、学位论文写作和本书的出版过程中，杜群教授以严谨的学识和极细致认真的态度帮我修改论文和专著，从标题结构到标点符号，老师超负荷的工作量使我们敬佩之余，更增加了继续前行的动力。博士期间，她不断为我提供一次又一次机会，让我开阔眼界的同时提高了科研能力，包括为我提供参与国际项目合作、撰写英文论文、出国访学的机会等，不胜枚举。同时杜群教授的真挚诚恳、勇敢乐观、胸怀博大也继续指引着我的人生道路，杜群教授儿子的聪明敏锐、彬彬有礼、率真可爱、思维缜密为我们枯燥的学习生活带来很多乐趣。此外环境法所李启家教授给予我经典阅读的指导，使我享受到学术的饕餮盛宴，让我领略到什么是满腹经纶。

　　感谢在我博士学习期间和进入西安工程大学后我帮助的同学和同事，感谢他们在我科研工作陷入沮丧时，给予的宽慰和关心，这无比真挚的学友同事情谊，给予我温暖，也成为我人生的宝贵财富，希望这些才高知深、幽默豁达、善良真诚的学者们在未来的人生道路上，继续严谨求是的探索精神，为中国法学的发展贡献力量，也祝福他们事业顺利、家庭幸福！

　　时值冬季，窗外挂起了一个又一个大红灯笼，忙碌着准备年货的人们洋溢着一张又一张笑脸，春节的脚步越来越近，2019 对于很多人来说是丰收之年。对于我的小家庭来说，我的女儿思菀从睡觉时也要拉着我手的稚嫩小朋友成长为六年级的少先队员，此时正值她小升初之际，压力、忙碌和高强度的学习接踵而来，相信具有良好习惯的她一定会战胜一个又一个考验，在属于她自己的舞台上大放异彩。虽然我不算优秀，但时常感慨自己的幸运，庆幸命运让我结识我的先生杜英杰副教授，每当我沮丧、犹豫、踌躇不前时，我先生的豁达胸襟和温柔的宽慰，让我感觉到爱的强大，他在承担繁重的科研任务的同时从未忽略对我和女儿的陪伴。当然最要感谢的还是我的父母——万庆安先生和魏淑华女士，感谢他们让我在温暖、和谐和充满爱的环境中成长，让我拥有了乐观、自信和包容，更感谢他们对女儿宠爱过度的照料，谁言寸草心，报得三春晖，只希望他们平安健康幸福！这些温暖的、无条件的爱让我勇往直前！

西安长安区大学城　　万丽丽
2020 年 1 月 17 日